高等学校教材

指挥信息系统需求工程方法

主　编　王智学　禹明刚
副主编　朱卫星　何红悦　罗　晨

西北工业大学出版社

西　安

【内容简介】 本书主要介绍需求工程基本原理、需求建模和指挥信息系统顶层分析的相关方法。第一章介绍指挥信息系统的相关概念,并对全书做概述。第二至五章介绍需求工程的基本概念以及需求获取、需求分析与验证、需求演化管理等方法。第六章和第七章分别介绍 IDEF 建模方法和 UML 建模方法。第八章和第九章针对指挥信息系统采办与项目管理中的需求分析和顶层设计,介绍多视图的需求描述方法。

本书作为普通高等院校教材,适合指挥信息工程专业高年级本科学员和学习军队指挥学、计算机科学与技术等学科的研究生使用;也可作为技术参考书,供装备采办管理人员和指挥信息系统开发人员学习。

图书在版编目(CIP)数据

指挥信息系统需求工程方法 / 王智学,禹明刚主编.
西安:西北工业大学出版社,2024.8. — ISBN 978-7-5612-9383-6

Ⅰ. E141.1-39

中国国家版本馆 CIP 数据核字第 20241XZ500 号

ZHIHUI XINXI XITONG XUQIU GONGCHENG FANGFA

指 挥 信 息 系 统 需 求 工 程 方 法
王智学　禹明刚　主编

责任编辑:隋秀娟　马婷婷	**策划编辑**:杨　军
责任校对:万灵芝	**装帧设计**:高永斌　李　飞

出版发行:西北工业大学出版社
通信地址:西安市友谊西路 127 号　　邮编:710072
电　　话:(029)88491757,88493844
网　　址:www.nwpup.com
印　刷　者:西安永固印务有限责任公司
开　　本:787 mm×1 092 mm　　1/16
印　　张:16.25
字　　数:395 千字
版　　次:2024 年 8 月第 1 版　　2024 年 8 月第 1 次印刷
书　　号:ISBN 978-7-5612-9383-6
定　　价:58.00 元

如有印装问题请与出版社联系调换

前　言

指挥信息系统，即西方国家习惯上讲的 C4ISR 系统，是以计算机网络为核心，具有指挥控制、侦察情报、预警探测、通信、安全保密、信息对抗等功能的军事信息系统。它是通过信息连接各种武器装备的中心枢纽，常被视作信息化战争中的兵力倍增器。随着科学技术的发展，尤其是信息化装备技术的发展，指挥信息系统的需求不仅越来越复杂，而且频繁变化。这些需求不仅涉及新装备的规划和研制，以及现有装备的改造与应用，而且伴随军事转型中作战样式、作战编程和指挥控制方法的变化，出现了许多难以把握的新问题，给指挥信息系统的研发与集成带来了新的挑战。

在过去的几十年里，我军一直致力于指挥自动化系统（指挥信息系统的前身）建设，并取得了许多重大突破，建成了覆盖全军的军事信息网和指挥自动化专网，一体化指挥信息系统获得了国家科技进步特等奖。然而，系统建设也遇到了一些问题。其中一个突出的问题表现在对系统或项目需求的分析、规划和处理等环节上。有些项目因需求脱离部队的实际应用，导致最终研制出的系统难以投入使用；有些系统缺乏顶层规划，导致系统之间不能互操作；有些系统在需求模糊的情况下仓促立项，导致在项目研制过程中需求不断变化，项目难以收尾；等等。

这些问题可以归结为指挥信息系统建设上的需求工程问题。在此方面，我军尚未建立或形成一套行之有效的需求工程管理体系和实践方法体系，更缺乏具备需求工程专业素养的人才。我国在"两弹一星"、载人航天等大型国防工程项目研制中，经过几代人的努力才摸索出了一套科学的系统工程方法，培养了大批优秀的专业人才。历史经验告诉我们，没有科学的方法指导，没有科学的工程管理体系，缺少掌握相关学科和工程知识的人才，就难以完成复杂的系统工程项目。

需求工程这个概念出现于 20 世纪 90 年代初，它是随着软件工程发展而被提出的。在计算机发展的初期，软件规模不大，软件开发所关注的是代码编写，而用户需求分析很少受到重视。后来软件开发引入了生命周期的概念，需求分析成为其第一阶段。随着软件系统规模的扩大，需求分析与定义在整个软件开发与维护过程中越来越重要，直接关系到软件的成功与否。人们逐渐认识到需求分析活动不再仅限于软件开发的最初阶段，它贯穿于系统开发的整个生命周期。

需求工程产生的历史背景,往往使人误以为它只属于软件工程范畴,仅适用于解决软件需求问题。但是,需求工程的概念现在已不再局限于软件工程,其内涵拓展到了计算机系统工程。正如 IEEE 需求工程专业组(隶属于 IEEE 计算机分会)指出:我们已经认识到需求问题不仅仅涉及软件,而是包含软件的整个系统,即基于计算机的系统(CBS)。这种系统的行为在很大程度上由计算机决定或控制。CBS 可能十分复杂,相互间频繁大量通信。其功能、性能和可靠性需求往往决定了高度集成化的信息处理方式和运行方式。在 CBS 的所有部件中,软件是最难应付的,它占据了系统开发的大部分工作。因此,CBS 又称为软件密集型系统。

从本质上讲,指挥信息系统就是一种特定领域的软件密集型系统,它与其他基于计算机的系统一样,在项目的规划、研制及应用过程中同样面临各种需求工程问题,需求工程的理论方法同样适用于该类系统项目。不过,由于指挥信息系统规模大,项目规划和研制周期长,而且涉及面广(不仅涉及各种传感器系统、通信系统和武器平台系统等,而且还包括军事条令/条例、指挥体制、作战方式、军事训练等),因此它又与一般的软件密集型系统有所区别。外军把该类系统称为系统之系统或复杂系统。最根本的区别是,该类系统的研制项目必须有一个良好的顶层设计,否则各个子系统(分系统)难以实现无缝集成和互操作,即项目需求分析和设计分两个阶段完成:第一阶段,进行体系结构分析与设计;第二阶段,开展每个系统(子系统/分系统)的需求分析和设计。为此,以美国为首的西方国家纷纷提出了国防部体系结构框架,用于指导体系结构分析与设计。从这个意义上讲,指挥信息系统需求工程应该包括两部分方法论,一部分是关于软件密集型系统的需求工程方法,另一部分是关于复杂系统顶层设计的体系结构方法。

由于需求工程和体系结构是较新的学科研究领域,属于跨学科专业(计算机学科与技术、系统工程、管理科学与工程等)的科学理论方法与实践经验总结,因此在国内的普通高等教育课程体系中很少专门开设类似课程,有的只是在高年级的专业(如软件工程)课程中穿插讲解一些相关知识。这难以满足我军信息化建设的人才培养需求。编写本书的目的就在于普及需求工程知识,尤其是针对涉及拥有信息类专业的军队院校的研究生和高年级本科生,以及广大的军工技术科研院所的一线专业技术人员,使其建立需求工程的基本概念,掌握需求工程基本方法,及复杂系统顶层分析和设计的一般方法,提升需求工程的基本素养。

本书的作者是陆军工程大学长期从事指挥信息系统工程专业人才培养和科研工作的专家教授。其中,王智学教授负责全书的纲目与内容设计;禹明刚副教授负责编写第一至第三章及第五章;何红悦副教授负责编写第六至第七章及全书统稿;朱卫星副教授负责编写第八至第九章;罗晨副教授负责编写第四章和附录。本书在编写过程中,受到了解放军陆军工程大学指挥控制工程学院和指控保障教研室的大力支持,包括人员组织和出版等事宜,在此表示感谢。

本书作为普通高等院校教材,适用于指挥信息工程专业高年级本科学员和军队指挥学、计算机科学与技术等学科的研究生学习。当本书用于本科教学时，建议安排 30 学时的理论授课和 10 学时的上机实验。理论授课重点放在需求工程的基本原理和建模方法上，上机实验主要让学员掌握 IDEF0、IDEF1X 和 UML 建模技能。对于研究生教学，可以适当增加指挥信息系统体系结构分析和设计方法等教学内容。

由于本书涉及的内容较新，部分概念尚未统一定论，再加上笔者理论水平有限，书中难免存在疏漏或不妥之处，欢迎广大读者提出批评或建设性意见，共同探索指挥信息系统需求工程理论方法，促进本书不断完善和改进。

编 者

2023 年 10 月于南京

目 录

第一章 导论 ……………………………………………………………… 1
- 第一节 指挥信息系统基本概念 ……………………………………… 1
- 第二节 需求工程理论及其发展背景 ………………………………… 4
- 第三节 指挥信息系统发展动态 ……………………………………… 7
- 第四节 需求工程对指挥信息系统建设的意义 …………………… 10
- 小结 …………………………………………………………………… 13
- 思考题 ………………………………………………………………… 13

第二章 需求工程基本概念 ………………………………………… 14
- 第一节 需求的概念 …………………………………………………… 14
- 第二节 工程的概念 …………………………………………………… 18
- 第三节 系统的概念 …………………………………………………… 20
- 第四节 利益相关方的概念 …………………………………………… 23
- 第五节 需求工程过程 ………………………………………………… 25
- 第六节 需求生命周期 ………………………………………………… 31
- 第七节 需求工程技术 ………………………………………………… 34
- 第八节 体系及体系工程 ……………………………………………… 38
- 第九节 外军需求工程 ………………………………………………… 40
- 小结 …………………………………………………………………… 45
- 思考题 ………………………………………………………………… 45

第三章 需求获取 …………………………………………………… 47
- 第一节 需求获取的基本概念 ………………………………………… 47
- 第二节 需求获取的过程 ……………………………………………… 49
- 第三节 典型的需求获取方法 ………………………………………… 51
- 小结 …………………………………………………………………… 57
- 思考题 ………………………………………………………………… 58

第四章 需求分析与验证 ……59
第一节 需求分析 ……59
第二节 需求确认与验证 ……66
小结 ……74
思考题 ……75

第五章 需求演化管理 ……76
第一节 需求演化的基本概念 ……76
第二节 稳定需求和易变需求 ……77
第三节 需求标识和存储 ……79
第四节 需求管理 ……81
第五节 跟踪管理 ……84
第六节 变更管理 ……89
第七节 基线管理 ……90
小结 ……92
思考题 ……92

第六章 IDEF 方法与技术 ……94
第一节 IDEF 方法概述 ……94
第二节 IDEF0 方法 ……95
第三节 IDEF1X 方法 ……104
小结 ……118
思考题 ……118

第七章 UML 方法与技术 ……120
第一节 UML 概述 ……120
第二节 UML 静态模型方法 ……125
第三节 UML 动态模型方法 ……136
第四节 UML 功能模型方法 ……151
小结 ……159
思考题 ……160

第八章 美国国防部体系结构分析方法（DoDAF 2.0） ……163
第一节 美国国防部体系结构概述 ……163
第二节 美国国防部体系结构描述框架 ……164
第三节 指挥信息系统需求描述方法 ……172

小结 …… 214

思考题 …… 215

第九章 指挥信息系统需求分析案例 …… 216

第一节 指挥信息系统需求视图产品的开发顺序 …… 216

第二节 指挥信息系统需求分析案例想定 …… 220

第三节 旅级防空指挥信息系统需求描述 …… 220

小结 …… 243

思考题 …… 244

附件：实验指导书 …… 245

实验一 IDEF0 功能建模 …… 245

实验二 IDEF1X 建模 …… 246

实验三 UML 建模 …… 247

实验四 指挥信息系统顶层需求分析 …… 248

参考文献 …… 250

第一章 导　论

指挥信息系统是一个复杂的人机交互系统,涉及硬件、软件和组织机构诸多方面的学科和技术。当今世界各国为此系统开发和建设投入了大量的人力、物力及财力,但失败的案例比比皆是。从历史经验教训看,把握和驾驭系统需求及其变化是系统建设的关键,失败的主要原因也是研究人员未能正确分析和理解需求或者未能把握需求变化。因此,人们逐渐认识到需求的重要性及需求相关活动的困难,需要用一种系统工程的思想体系去指导需求相关活动的开展,约束需求相关活动的行为。需求工程方法与技术在指挥自动化系统建设中将得到越来越广泛的应用。

本章作为指挥信息系统需求工程的背景知识,简要介绍指挥信息系统的基本构成及发展历史,使读者对指挥信息系统有一个基本的认识,同时,分析指挥信息系统的需求问题,从而引出需求工程的基本概念。

第一节　指挥信息系统基本概念

关于指挥信息系统有多种说法,正确理解指挥信息系统的概念,了解其发展历史,对于理解和掌握指挥信息系统需求工程方法很有必要。

一、指挥信息系统的定义

指挥信息系统,是以计算机网络为核心,具有指挥控制、情报侦察、预警探测、通信、安全保密、信息对抗等功能的信息系统。该系统以计算机为中心,通过通信网络与各种终端设备或其他系统(包括信息获取系统、信息处理系统、武器控制系统等)相连接,运行专用的信息管理软件,实现信息的收集、传递、处理和显示等功能,并能为各级指挥员提供情报获取、态势共享、辅助决策、命令下达、作战活动监控、作战效果评估以及战损统计等指挥控制活动相关的功能支持。

指挥信息系统是指挥自动化系统发展到一定阶段后形成的新概念,其含义与原有的指挥自动化系统基本一致,但定位更为准确,可以看作指挥自动化系统在信息时代发展的一个里程碑。西方国家称之为 C4ISR[指挥控制(Command and Control)、通信(Communication)、计算机(Computer)、情报(Intelligence)、监视(Surveillance)与侦察(Reconnaissance)]系统。类似的术语还有军事电子信息系统、军事信息系统等。

如何区分这几个相近的概念或术语,目前尚没有一个统一的定论。笔者认为,原有的指挥自动化系统的概念比较模糊。在早期的指挥自动化系统建设中比较偏重于通信系统建设，后来又定位于指挥系统的软硬件系统集成，但指挥自动化系统的概念始终与自动化理论和自动控制技术相距甚远。其实，人们发现基于定量分析和处理的自动控制理论很难表达复杂的指挥控制系统，不能解释各种涌现的非确定现象，传统的自动控制技术也难以直接用于由人主导的指挥控制活动。而在信息时代的指挥控制活动中，信息流是贯穿所有活动的中心枢纽，确保高效的信息流是军队信息化建设和指挥控制管理的关键，信息系统就是提高指挥控制信息流效率的核心技术手段。因此，称之为指挥信息系统，比指挥自动化系统更为贴切。这样，我们可以将指挥信息系统理解为用于军队指挥控制的信息系统。该类系统的规划、研制、应用与维护等都符合一般信息系统的发展规律，可以用信息科学和软件科学技术的理论解释基于信息系统的指挥控制活动中的种种现象。

军事信息系统则是比指挥信息系统涵盖面更广的信息系统。虽然从核心内容上看，它与指挥信息系统的概念几乎相同，都包括军事通信、指挥控制、情报侦察、预警探测、安全保密、信息对抗等，但是它还可以指非作战指挥类业务的管理信息系统，比如军队政工、军队医疗、军事教育与训练等管理系统。

二、指挥信息系统的基本结构

从功能结构上看，指挥信息系统是集指挥控制、情报侦察、预警探测、通信、电子对抗和作战信息保障功能于一体的复杂系统。从应用范围上看，系统纵向可分为战略、战役、战术三级层次，不同层次的指挥信息系统在信息处理上有所区别，当然有些系统可以是跨层次的；系统横向可分陆军、海军、空军、第二炮兵等不同军种的指挥信息系统，不可否认，现有的系统往往都是从军兵种各自建设的信息系统发展而来的。从技术特征上看，它涉及通信技术、计算机技术、情报侦察技术、预警探测技术、电子对抗技术、数据链技术、信息融合技术、信息安全技术等，因此指挥信息系统是一种多技术融合的信息系统。从组成结构上看，指挥信息系统由信息获取、信息传输、信息处理、信息呈现、指挥决策和执行六个分系统组成，各分系统的信息流关系如图1-1所示。

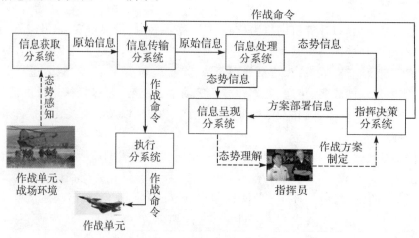

图1-1　指挥信息系统的基本构成与信息流

(一)信息获取分系统

信息获取分系统是指挥信息系统中与传感器设备或系统直接连接的接口信息处理子系统(分系统),通过各种技术手段收集、获取各种军事情报,包括敌军和友军的军事相关信息。信息获取的技术方法和手段很多,获取的信息内容及需求也各不相同。如,采用各种雷达、红外、声呐、超/次声波等传感器技术手段从水下、地面、空中和空间不同层面对战场目标进行搜索、探测、定位和跟踪。再如,采用无线、有线和计算机网络技术窃听和窃取敌方通信信息,等等。由该系统从物理系统感知到的并经过初步加工的信息称为原始信息。

(二)信息传输分系统

这些通过不同来源和不同技术获得的原始信息,需要传输到相关指挥机构的中央处理系统进一步加工处理,才能成为真正有用的信息。由于传输的途径和方法很多,因此需要信息传输分系统完成此项工作。此外,指挥员的作战命令也要通过这个传输系统分发到各作战单元或武器平台系统。

信息传输的技术手段有很多,总的来说可以分为有线网络和无线网络两种类型。有线网络(准确说是计算机网络)在广域网范围大多采用光纤通信技术,在局域网范围通常采用以太网技术。有线网络的特点是传输容量大,信道质量高,因此一般作为信息传输系统的骨干网络。无线网络因电磁振荡的频率或波长不同,采用的通信技术也不同,其特点是传输容量较小,信道容易被干扰,但移动性或机动性强,一般在野战通信中普遍使用。卫星通信是一种覆盖地域很广的无线通信技术,由于其特殊的工作原理和广泛的应用领域,已成为一项单独的通信技术,有别于一般的无线通信网络技术。在现代化战争中,往往将这些技术综合运用在一起,构成一个跨地域、跨军兵种、跨武器平台、跨前后方的综合通信系统,使指挥控制变得更加灵活、迅捷、高效。

(三)信息处理分系统

信息处理分系统对原始信息进行收集、分类、加工、存储、更新、检索、复制和计算等,根据不同的业务需求设计成不同的应用系统。例如,情报处理子系统需要将来自不同情报源的陆情、海情、空情等信息进行汇总、分类、态势标绘等处理,使这些信息能够以简明清晰的方式在态势图上呈现出来。有时,某些情报信息可能存在重叠、间断或不一致现象,因此需要借助数据融合技术对信息进行融合处理。经过处理的信息称为态势信息。

(四)信息呈现分系统

信息呈现分系统采用信息展现技术手段将各种态势信息(包括作战情报、敌我态势、作战方案、命令和命令执行情况等)以简明清晰的方式(文字、符号、表格、图形、图像等多种形式)在态势图上呈现出来,供指挥员和参谋人员研究使用。它除了应用计算机技术以外,还要用到显示技术,包括电子显示、液晶显示、大屏幕显示、光学投影、激光显像等技术。软件技术也是信息展现的重要组成部分,可通过地理信息系统技术、多媒体技术、流媒体技术等以最形象、直观、清晰的方式展现态势情报和战场实况。

(五)指挥决策分系统

指挥决策分系统是一个人机交互式系统,主要用于辅助指挥人员制定作战方案、下达作战命令、实施指挥控制。在作战过程中，指挥员可随时针对不同的情况，通过该系统调整作战方案，重新部署作战任务。决策支持系统是其中的一个核心子系统，其决策应用包括战场态势分析、威胁评估、作战方案拟定、作战效果分析等。另一个核心子系统是任务协同子系统，根据指挥员制定的作战方案形成作战命令，下达各执行系统或作战单元，并随时跟踪监控战场的态势变化。

(六) 执行分系统

该系统既可以是执行命令的作战单元的指挥信息系统，也可以是自动执行指令的装置，如导弹的制导装置、火炮的火控装置等。

第二节 需求工程理论及其发展背景

对于许多人来说，需求工程还是一个新名词。追溯需求工程概念的来源，纵览需求工程的主要方法，了解形式化规约的基本手段，可以为学习需求工程相关知识做好铺垫。

一、需求工程概念的来源和定义

需求工程（Requirement Engineering，RE）是系统工程和软件工程交叉学科的分支。英国计算机学会给出的定义：需求工程是关于系统需求的获取、定义、建模、文档化和验证，它综合了软件工程、知识获取、认知科学和社会科学等多门交叉学科技术。

需求工程概念的提出与软件工程的发展历程密切相关。20 世纪 80 年代，软件危机再度爆发，使软件工程处于十分尴尬的境地，认为引入软件工程能够解决软件危机的观点受到了挑战。20 世纪 90 年代以来，软件的规模以难以想象的速度膨胀。科学家们发现，导致软件规模及其复杂性剧增的主要原因在于与日俱增、复杂多变的软件需求。软件自身的特点决定了其需求不可能像硬件需求那样管理，最根本的区别是，软件需求的产生是迭代过程，因而难以控制和管理。于是，人们对需求方法的研究越来越重视，讨论越来越热烈，因此，一门新的学问——需求工程诞生了。从以下国际学术团体的形成以及学术活动的开展中可以看出需求工程的发展历程。

最早将需求工程纳入专题讨论的国际学术会议是 1987 年在加拿大蒙特利尔举行的"软件规约与设计国际研讨会"。该会议将需求工程的各种问题纳入了深入研究专题。随后的 1998 年第九届研讨会主要由来自需求工程领域的专家主持。

自 1993 年以来，"需求工程系列国际研讨会"每两年举办一次，专门讨论需求工程问题。1994 年开始，"需求工程国际会议"每两年举办一次，将学术研究与实践结合起来，由学者和开发商共同探讨需求工程问题并交流经验。这些学术活动受到了 IEEE（Institute of Electrical and Electronics Engineers，电气与电子工程师协会）计算机分会等学术团体的支持，论文发表在 IEEE 计算机分会主办的杂志上。

同时，*IEEE Transactions on Software Engineering* 和 *IEEE Software* 等著名的软件工程杂志开始重点收录需求工程方面的论文。施普林格出版社还主办了需求工程专题杂志 *Requirements Engineering*。英国计算机学会成立了需求工程专委会，专门研究需求工程所涉及的获取、定义、建模、分析、规约及验证等问题。此外，国际信息处理联盟（International

Federation for Information Processing,IFIP)也于 1996 年成立了专业委员会,提供专题研讨和交流需求工程经验的论坛。

20 世纪 90 年代中期以后,需求工程的概念已不再局限于软件工程,其内涵拓展到了计算机系统工程。正如 IEEE 需求工程专业组(IEEE Task Force on Requirements Engineering,隶属于 IEEE 计算机分会)指出的:我们已经认识到需求问题不是仅仅涉及软件,而是包含软件的整个系统,即基于计算机的系统(Computer-Based System,CBS)。这种系统的行为在很大程度上由计算机决定或控制。CBS 可能十分复杂,相互间频繁大量通信。其功能、性能和可靠性需求往往决定了高度集成化的信息处理方式和运行方式。在 CBS 的所有部件中,软件是最难应付的,它占据了系统开发的大部分工作。因此,CBS 又称为软件密集型系统。

笔者认为,指挥信息系统虽然包含了大量的武器平台及传感器硬件接口技术,但其中央控制部分仍然是基于计算机的系统。其中,软件的优劣起着决定性作用,是整个系统成败的关键。需求工程的理论方法和技术同样适用于指挥信息系统开发和应用。

关于需求工程的定义有多种说法。这里,介绍两位学者给出的定义:

Macaulay 在 1996 年提出将需求工程定义为一种系统化的需求开发过程,他认为需求工程就是通过这种互操作的迭代过程分析问题,用各种方式表达结果,并检查对所获结果理解的准确性。

Easterbrook 在 2005 年提出将需求工程定义为一套关于识别和交流软件密集型系统的目的以及用途的活动。他认为,需求工程起着一种桥梁作用,将现实世界各种用户的需求与软件密集型技术所带来的能力和机会联系起来。

Macaulay 的定义强调从需求过程认识需求工程。Easterbrook 的定义则认为需求工程来源于软件工程,偏重于软件应用与用户需求的结合。笔者认为两个定义的结合才能反映需求工程的全貌。

二、需求工程方法综述

大多数需求工程的方法来源于软件工程的理论与实践,后者分为三个层次:过程、方法和工具。在最基础的过程层中,最重要的就是一组被称为关键过程域(Key Process Areas,KPAs)的框架。关键过程域构成了软件项目管理控制的基础,并且确立了上下文各区域的关系,其中规定了技术方法的选取,工程产品的模型、文档、数据、报告、表格等的产生,里程碑的建立,质量的保证及变化的恰当管理等。方法层主要是过程在技术上的实现,它解决的问题是如何做。软件工程方法涵盖了一系列的任务:需求分析、设计、编程、测试、维护。同时,它还包括了一组基本原则,用于控制每一个关键过程域。工具层比较容易理解,它就是对过程层和方法层提供的自动和半自动的支持。这些辅助工具被称为计算机辅助软件工程(Computer Aided Software Engineering,CASE)工具。

需求工程方法学发展很快。目前来看,需求工程方法大致分为四类:面向过程、面向数据、面向控制和面向对象。

面向过程的分析方法主要研究系统输入输出的转化方式,对数据本身及控制方面并不很重视。这种方法来源于 20 世纪 70 年代流行的面向过程的程序设计,也称为结构化的程序设计。SA/SD、SADT、DFD等属于这类方法。

20世纪80—90年代,开始流行面向数据的方法。该方法强调围绕信息构成及其结构描述系统需求,通过分析实体之间关系获取需求。因为,此时人们发现大多数信息系统都是基于数据库的应用系统,而数据结构的分析与设计是问题的关键所在。E-R图(Entity Relationship Diagram,实体-联系图)、IDEF1X等属于这类方法。

几乎在同一时期,人们开始研究适用于实时控制系统的需求分析与设计方法,由此出现了不少面向控制的建模方法。该方法偏重于事件驱动的控制逻辑的描述,强调同步、死锁、互斥、并发及进程激活和挂起等。Statechart、Petri-Net等就是典型的面向控制的方法。

20世纪90年代,随着面向对象的软件开发方法成为主流,人们开始普遍研究面向对象的建模方法。面向对象的方法把分析建立在系统对象以及对象间交互的基础上,通过对象的属性、分类结构和聚合结构定义进行需求沟通。OMT、OOSE、UML等就是典型的面向对象的方法。其中,UML(Unified Modeling Language,统一建模语言)通过静态模型、动态模型和功能模型对问题进行描述,几乎吸取了其他各种方法的优点。

三、形式化规约与需求工程

所谓的形式化规约就是采用有效手段规范、严谨、精确地定义需求问题,使问题表达的准确性和理解的正确性能够得到充分的保证。对需求工程来说,提高需求规约的形式化程度是需求获取、分析及验证的关键所在。因为,大多数需求工程问题都出现在项目初期,用户方难以准确描述需求或者开发方没有正确理解需求。提高形式化程度主要从两个方面着手:①研究需求建模语言;②研究形式化验证技术。

形式化方法从本质上看是一种数学方法。该方法的核心是形式化的建模语言。用它描述系统属性及其行为,可以帮助开发人员获得对所描述系统的深刻理解,有助于发现需求中隐含的不一致性、二义性、不完整性,发现早期设计中的错误和缺陷。形式化的需求建模语言要求有严格定义的语法和精确的语义,并在此基础上采用形式化验证技术,给出需求模型的验证,以确保尽早发现设计中的错误。但形式化方法也有它的局限性:其一是方法和技术难以掌握。由于它是以严格、抽象的数学为基础,用公理集合论、抽象代数或各种逻辑数学语言描述实际问题,因此对系统的设计、开发、测试人员及用户的素质提出了较高的要求。其二是抽象世界与现实世界差距较大。由于形式化方法的研究对象是抽象的数学模型,与要解决的现实世界的事物差距较大,因此无法从现实世界直接获取模型。其三是随着系统规模的增大,模型的复杂性和建模的工作量急剧上升,模型计算效率也将影响需求分析与验证。

由于形式化方法的局限性,形式化方法的使用要有所选择,需要从两个方面加以折中。第一是方法,即选择适用于描述需求问题领域的形式化理论、建模语言和工具;第二是程度和范围,根据系统对正确性的要求以及系统的规模,选择形式化方法的轻重程度以及适用范围。

长期以来形式化问题一直是困扰需求工程的一个难题。目前流行的半形式化方法及可视化建模技术是解决矛盾的一种有效途径。

第三节　指挥信息系统发展动态

指挥信息系统的核心是指挥控制系统，即 C2 系统。随着科技的发展，作战样式及其对指挥信息系统的需求变化，C2 系统逐步发展成 C3I 系统、C4ISR 系统等。这些概念是美国等西方国家最先提出的，从中可看到指挥信息系统的发展历程。同时，军队信息化进程快速推进，需求工程在其中发挥着举足轻重的作用。

一、指挥信息系统的发展历史

指挥控制系统是指挥员为完成作战任务对所属部队实施指挥与控制的系统，是指挥机构中人员、装备、网络以及软硬件系统所组成的一体化系统。

"C2"(Command and Control)这个概念最先出现在 20 世纪 50 年代，是指挥员在完成任务过程中对所属部队行使权力和下达指示等活动的总称。第二次世界大战以后，随着信息技术的应用，指挥控制系统逐步形成。20 世纪 50 年代，美国最先建成并使用赛其(Semi-Automatic Ground Environment, SAGE)系统等半自动化地面防空指挥控制系统；20 世纪 60 年代初，美国又首先建成了世界第一批指挥信息系统，如空军战略指挥控制系统、弹道导弹预警系统、空军战略核攻击指挥系统等。这些系统都属于国土防空与核攻击的战略级 C2 系统，被认为是现代战争的兵力倍增器，其技术包括无线电、计算机、卫星、局域网等现代最先进的技术。

20 世纪 70 年代初，美军认为通信系统是 C2 系统最关键的基础设施，C2 系统的优劣取决于通信系统，因此要优先发展军事通信技术，在 C2 概念的基础上增加了通信(Communication)的内容，C2 系统也由此成为 C3 系统。

1977 年以后，美国国防部将"C3"与情报(Intelligence)结合起来，正式提出 C3I 系统的概念。C3I 系统是集指挥、控制、通信和情报为一体的指挥信息系统。该系统强调与情报的结合，树立了指挥、控制、通信和情报不可分的概念，也确立了以指挥控制为龙头、以通信为依托、以情报源为生命线的真正意义上的指挥信息系统。

20 世纪 80 年代末期和 90 年代是美国的 C3I 系统向综合型、一体化过渡的阶段。在 80 年代初率先提出了战略力量现代化计划后，美国把战略 C3I 系统与支持它的武器系统置于同等重要的地位，并提出"2000 年空地一体化"理论，有力地推进了战术 C3I 系统的建设。1990 年到 2000 年前后，是美国 C3I 系统继续繁荣并趋于成熟的阶段。

20 世纪 80 年代中期，考虑到计算机(Computer, "C")在 C3I 系统中的广泛渗透性，美军正式提出了 C4I 系统的概念；后来，又把监视(Surveillance, "S")和侦察(Reconnaissance, "R")这两个反映信息化指挥控制的重要技术特征加了进来，构成了集指挥控制、通信、情报、计算、监视和侦察于一体的完整的指挥信息系统概念，即 C4ISR 系统。

美参谋长联席会议于 1992 年 6 月颁发了美军 21 世纪通信和协同作战总体规划框架文件，即"勇士 C4I"计划。"勇士 C4I"的近期目标是实现各军种重要 C4I 系统的互通，远期目标是在全球范围内建立一个称为"信息球"的无缝隙连通的、保密的和高性能的综合 C4I 网络。为实现"勇士 C4I"计划，美国国防部采取的一个重大措施是用全球指挥控制系统

(Global Command and Control System,GCCS)取代美军沿用了约30年的战略指挥控制系统——全球军事指挥控制系统(World Wide Military Command and Control System, WWMCCS)。1995年,美军成立了"C4I一体化支持行动处"和"C4ISR综合任务委员会",从较高的层次上研究C4ISR一体化与互操作问题;此后又成立了联合C4ISR决策支援中心,进一步加强C4ISR一体化的研究和领导工作。1996年,美军颁布了《C4ISR体系结构框架1.0版》,开始从指挥信息系统的顶层设计入手,全面解决C4ISR系统的互操作问题。

着眼未来,指挥信息系统将向以下几个方面发展:

(1)加强系统的一体化建设,适应联合作战需求。美参谋长联席会议于1996年颁布了《C4ISR体系结构框架1.0版》,将各军兵种的"烟囱式"系统统一成联合的可互操作的体系结构;美国国防部于2003年颁布了《国防部体系结构框架1.0版》,将C4ISR系统一体化的研究和领导工作由军方上升到国家战略发展层面。

(2)强调系统能力的规划与发展,以适应未来多样化军事任务的需求。面对"9·11"以后新的国际形势和军事使命的变化,美军信息系统发展的战略需求由原先的针对单一威胁转为面向未来不确定威胁。美国国防部于2004年制定了新的C4ISR系统采办管理制度,以"联合能力集成与开发系统"(Joint Capabilities Integration and Development System,JCIDS)取代了传统的"需求生成过程"(Requirement Generation Process,RGP),将信息系统的建设和发展与完成多样化军事任务的能力紧密结合起来。

(3)以全球信息栅格(Global Information Grid,GIG)建设为龙头,带动信息资源的全面整合与高效利用。自2001年美国国防部发布了《全球信息栅格顶层需求文件(最后草案)》,美国经过十年发展已经基本建成了立体的、覆盖全球的、集战略和战术于一体的信息基础设施——全球信息栅格,为联合作战部队提供全球一致的、方便迅捷的、资源丰富的信息共享能力。

(4)突破传统的作战空间,开辟信息作战的新战场。随着指挥信息系统的广泛应用,战争的对抗焦点将由传统的争夺物理空间转向在信息域和认知域中夺取信息优势和决策优势。美军将这种新的作战空间称为赛博空间(Cyberspace)。赛博空间是指整个电子和电磁频谱空间,它不仅涉及计算机网络,还包括使用各种电磁能量(红外波、雷达波、微波、伽马射线等)的所有物理系统。美国国防部部长盖茨于2009年6月宣布成立赛博司令部。这不仅意味着信息安全设施将成为指挥信息系统建设的重点,而且新的作战样式的引入可能引发指挥控制方式的改变,带来新的指挥信息系统建设需求。

二、军队信息化发展动态

战略重心的转变、新兴作战概念的逐渐成熟以及信息技术的迅猛发展,推动美军加快新一轮信息变革。近年来,美国军事战略重心从反恐战争向大国竞争转变;人工智能、5G、云计算、量子、区块链等信息技术迅猛发展并呈现出越来越显著的军事应用效果。在新的战略需求以及前沿技术发展的推动下,美国先后发布一系列顶层战略文件,认为未来与竞争对手之间将是全球层面,覆盖陆、海、空、天、网全域的对抗;此外,先后发布多项信息化领域纲领性文件,推进新一轮信息变革,意图保持其对其他国家的技术"代差"优势。

美军信息化建设的重点体现在以下几个方面:

一是加速创新作战理论,充当信息化建设的"发动机"。作战理论创新一直是美军信息化建设发展的灵魂,从信息战、数字化部队、快速决定性作战、基于效果的作战、网络中心战、空海一体战到多域战、算法战、马赛克战,美军以概念和理论创新推动军事技术发展、武器装备建设以及军事力量建设。

二是强化顶层设计,整体谋划、统一考量。顶层设计是对发展战略在时间、空间的展现形态和发展路线的整体设计,是战略意图和建设实践之间的"蓝图",是体系建设和运用的重要前提,是构建体系和形成效果的关键和基础。顶层设计一般包括需求分析、架构设计、标准研制等工作。

三是突出前沿技术在系统中的应用,打造新能力。人工智能、5G、云计算、量子、区块链等前沿技术的国防应用前景日益清晰、效果逐渐凸显,美国积极推进前沿技术在指挥控制、情报等领域的应用。

四是强调试验鉴定,保证装备质量。美军武器装备试验与鉴定贯穿于整个装备采办过程,是装备采购管理和决策的基本依据,也是保证装备质量、提升装备综合性能的重要环节。因此,美军将试验鉴定作为检验其军事战斗力的把关手段,以及提升其国防实力的重要途径,采取各种措施以保证试验鉴定工作的顺利开展。

五是注重实战检验,在实践中不断完善作战理论。美军一直以来重视实战演习,一方面检验其装备能力,另一方面对作战概念进行验证。近年来,美军围绕多域战、算法战、马赛克战等作战概念,开展了多项演习。

从美军近几年在信息化顶层设计方面的发展动向可以看出,新兴作战概念不断发展成熟,信息技术迅猛发展并在军事领域强化应用,驱动世界战略环境日益复杂。面对复杂多变的安全威胁,前瞻军事电子领域的数字化、网络化、智能化发展趋势必须树立整体观,着眼体系发展全局,加强顶层设计、增强能力检验手段、夯实信息环境基础,通过自主可控掌握发展主动权,加快技术创新与应用,以赢得军事竞争的战略主动权。

三、需求工程在信息化建设中的作用

信息化建设是满足业务需求的重要措施,信息系统建设由需求工程、系统设计、开发、测试、维护组成。系统建设的首要任务是明确建设的目的,因此需求工程在系统建设过程中具有方向性和决策性的作用。

需求工程的作用主要表现在:可以增强利益相关方对复杂产品特征在细节和相互依赖关系上的理解,增强利益相关方对需求尤其是复杂需求的掌握;可以增进利益相关方之间的交流,减少可能的误解和交流偏差;需求管理能够更加有效地处理需求变更,提高系统开发效率;需求跟踪信息能够更加准确地反映项目的进展情况,以便进行更好的项目决策;良好的需求分析和管理工作,可以把系统的功能描述和性能指标转化为具体的软件需求规格说明书,成为系统建设的依据和基础。

信息化建设要把需求工程贯穿始终。要坚持体系工程方法,突出顶层设计,带动体系整体发展。自顶向下做实顶层设计,多视角勾画体系蓝图,找到真正的需求,设计合理的架构,提出管用的标准,确保各要素在规划设计时就融入体系,使顶层设计与实战相结合、与装备建设相衔接,带动体系整体发展。美军在信息化建设中非常注重需求工程思维的运用,制定

了一系列有关体系结构的指导性文件,为整个综合信息系统体系结构的开发、表述和建立,确定了技术标准、法规和惯例。在这些指导性文件的引导下,美军综合信息系统的一体化进程明显加快,系统的互操作性逐步提高。

第四节 需求工程对指挥信息系统建设的意义

指挥信息系统开发有过不少失败的经验教训,了解这些经历,分析系统开发的难点,才能真正理解需求工程对指挥信息系统建设的重要意义。

一、指挥信息系统开发的难点与常见问题

(一)指挥信息系统开发的难点

指挥信息系统在需求分析上存在其固有特点或难点:

(1)该系统许多功能的实现都要通过传感器等设备与物理环境共同作用,有些偶然出现的情况非常难以想象和捕获。

(2)该系统的功能涵盖了传统的人工活动,承担这些任务需要理论和实践的培训,且需要不断积累经验。这种"认知"工作的内容十分复杂,而且难以准确、详尽地描述。

(3)该系统涉及基于信息的辅助决策。其中涉及各种高难度技术和人为因素,比如需要融合不同来源的信息,得到一个较为完整和精确的战场画面,同时还要降低信息复杂度,简化决策过程等。

(4)该系统是一个复杂的、以信息为主体的系统,其中包含许多相互交织、并行运行的组件,很难将它们割裂开来独立分析和设计。

(5)该系统涉及的任务经常带有很大的可变因素。

(6)该系统一旦设计完成,往往需要人和机器交互执行。

指挥信息系统的这些特点使得需求获取、分析和管理都非常困难。首先是需求难以准确、详尽地描述,一旦出现模糊不清的现象就会为后续的开发带来许多隐患。其次是需求具有易变性,经常发生变更的需求对于需求管理是一个挑战,如果对需求变化的影响缺少准确分析,则可能造成项目难以收尾。再者是系统的复杂性使需求分析工作涉及多人或多部分协调以及多层次、多阶段的组织管理,如何解决需求冲突和一致性问题对系统开发又是一个挑战。

通过以上分析可以看出,指挥信息系统是一种集软硬件于一体的、十分复杂的人机交互式系统。系统需求分析和获取的过程不仅需要相关的技术领域和业务领域的知识,还涉及语义学、认知科学、行为科学等交叉学科知识。许多失败的经验教训告诉我们,需求形成与变化管理是整个系统研发的关键,必须走工程化道路,应该有一套良好的系统化方法和技术作支撑。

美国 Standish Group 公司专门研究了各种 IT 项目经验,从 1994 年到 2000 年对上万家 IT 企业及几十万个项目进行了跟踪调查,发现成功的不足 1/3,大部分项目都是失败的或者面临危机的,具体数据如图 1-2 所示。

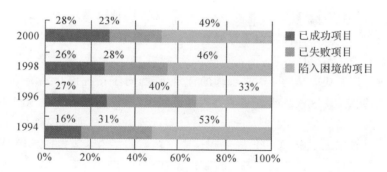

图 1-2 Standish Group 公司对 1994—2000 年上万家 IT 企业的 IT 项目成败情况的统计分析

图 1-2 显示了从 1994 年到 2000 年期间的调查结果。Standish Group 公司在分析项目不成功的原因后发现,约 50% 的项目出现问题是缺乏需求工程化管理导致的,其中主要原因包括:①用户没有参与,占 13%;②不完整的需求,占 13%;③变化的需求,占 9%;④非现实的期望,占 10%;⑤不明确的目标,占 5%。

对于这种现象,著名的计算机科学家、图灵奖获得者弗莱德·布鲁克斯(Fred Brooks)在《没有银弹》一文中深有体会地总结道:"开发一套软件最难的部分在于确定要构建什么。没有一个概念设计比构建需求细节更难……而一旦犯了错误,没有哪项工作比它更容易使最终系统报废,没有哪项工作比在后期纠正这种错误更艰难。"

(二)指挥信息系统开发的常见需求问题

指挥信息系统开发中常见的需求问题主要有以下几个方面:

(1)需求不完整、不准确。用户在描述需求时,不能准确、完整地说出个中缘由,只提大概。大多数用户在调研过程中只提系统在正常情况下出现的结果,但未考虑异常情况,对一些常识性的业务忽略不提;用语不准确,不能准确表达需求;基于个人在认识上的不足所提出的解决方案往往不完善,但又被当作需求而与真正的需求混淆在一起;功能性和非功能性在需求上存在复杂的联系。

(2)用户参与度不够。有些用户在整个需求开发过程中只充当旁观者,不愿参与到需求开发活动中,认为这是项目建设方的义务和责任,这些活动都是系统建设方面的内容,与用户的工作无关,用户参与与否对整个项目没有影响。部分建设方认为用户参与到需求开发活动会带来频繁更改的问题,根据经验,自己可以做出让客户满意的需求规格说明。

(3)需求动态变更。对业务的熟悉程度不够、建设者和用户不能密切合作、需求工作不细致、接受不合理建议等都会造成需求不断更改。用户不能一次性全面地提出具体的需求,导致反复地访谈,在沟通过程中,用户可能会产生许多新想法和新需求,为了满足客户的新需要,多次修改需求方案,导致背离最初的目标值。

(4)资源不足。因项目成本不足或项目周期短,建设方对需求工程阶段的投入不够,将用户提出的需求弱化,裁剪部分功能模块,降低产品的质量,最终导致进入系统设计、程序开发阶段时,许多工作无法开展,甚至需推翻原有的需求规格。

二、指挥信息系统项目需求管理

因需求工程中出现问题导致项目进度拖延、项目成本增加、项目质量失控和系统生命期缩短等后果，给指挥信息系统建设带来巨大损失。需求管理对指挥信息系统的建设至关重要。从需求的获取、变更、综合协调等环节实施指挥信息系统项目需求管理，不仅要对每个管理环节的因素进行系统性分析，还要对项目整体执行统筹管理。

需求调研与信息获取是展开需求管理的首要步骤，对于指挥信息系统项目的有序执行具有十分重要的意义。这就意味着在项目实施过程中，项目管理者对于项目本身各环节的描述及分析都要准确到位，尽可能大量收集用户的合理需求，从而保障项目管理的可行性。但在实际的项目管理进程中，不可能完全根据需求调研的结果来实施信息化项目内容，每一个指挥信息系统项目在执行过程中都进行了或多或少的需求变动，在后期要根据客户的需求变化而进行项目需求调整，这就涉及信息化项目实施中的需求变动管理步骤。

信息化项目在构建过程中，加强需求管理可以有效提升项目的质量。但需求管理不是一蹴而就的，需要一些辅助措施对项目执行的重点环节加以维护，同时注意规避不利因素。需求管理过程所要注意的事项较多，不仅要注意信息化项目的目标需求的变化，针对需求变更来执行相应的处理，而且在执行之前就要制定明确的项目规范，以便于加强信息化项目实施各重点环节中的需求管理。

三、典型案例分析

美国五角大楼近年来采取了一系列加速武器装备研发并推动其尽快服役的措施，XM25榴弹发射器研发就是典型案例。为加快研发进度，以便在与其他国家同类产品的竞争中占据优势，五角大楼一再干预该项目研发进程，导致其一直处于试验与修改阶段，研发时间长达20余年。尽管最终设计版本被采用，但XM25榴弹发射器造价大幅增加，从原计划每件4.1万美元上涨至每件9.3万美元。另外，该榴弹发射器过于沉重，不适合单兵使用，而且其发射的25mm口径弹药在效能上并不比美陆军装备的25mm穿甲弹强，再加上2013年发生测试事故，该项目最终被取消。

以洛克希德·马丁公司研制F-35战斗机为例。为加快研发以便其尽快服役，五角大楼对F-35战斗机采取并行式采购方式，即在设计定稿前便开始制造战斗机，出现问题后再把先前制造的飞机"回炉"，进行全面更新。这实际上是一种揠苗助长式的流程——F-35战斗机在制造时还未完成全部试验工作。F-35战斗机项目办公室"匆匆忙忙，急着冲过终点线"，以至于做出了一些影响战斗机性能的决定，结果导致该战斗机缺陷达1 000余处。

对五角大楼近20年来的主要武器研发项目进行调查发现，这些项目的平均研发成本比立项时增加54%。上述武器研发项目最终装备部队通常要比预定计划晚两年，有些项目甚至中途被迫放弃。比如MBT-70坦克、AH-56高速直升机、理想单兵战斗武器等研发项目，均由于成本不断攀升和性能难以充分发挥而被取消。

在五角大楼武器项目中，美军官员考虑更多的是完成项目为自己赢得的影响力，很少考虑研发者是否具备相应能力。"事实上，大部分研发者具备的知识和能力无法满足五角大楼的急迫心情，导致武器项目不得不在技术成熟前即进入开发阶段。在五角大楼的催促下，武器研发不断提速，不能按照最初计划进行。本就力有不逮的研发者最终只能敷衍了事，结果相当危险。"

一种武器从研发、测试到装备部队，本身就是一个由多个部门和零部件供应商组成的庞大产业链。五角大楼的"催促"和不恰当的介入,往往会导致其中一个或多个环节出现问题,致使这种武器在研发过程中出现成本攀升和其他难以预料的问题。违背系统研发规律,偏离需求工程标准化过程,导致武器研发项目成本攀升、计划混乱、性能不达标等事与愿违的结果。

小　　结

　　本章介绍了指挥信息系统的发展背景,分析了需求工程在军事应用领域的重要意义。通过学习本章内容,读者可了解指挥信息系统的一些基本概念,为接下来的学习奠定基础。由于需求工程是一种通用的方法和技术,因此在后续章节(除第八章和第九章外)的相关理论学习中并不刻意强调军事应用背景,而主要介绍需求工程的一般原理和方法。

思　考　题

　　1. 如何理解指挥信息系统?
　　2. 列举与指挥信息系统概念相近的其他术语。
　　3. 与人的器官相比拟,解释信息获取、信息传输、指挥决策和执行四个分系统在指挥信息系统中发挥的作用。
　　4. 请列举需求导致项目失败的主要因素。
　　5. 按照指挥信息系统分析的难点,分析1991年美军爱国者Ⅱ型导弹拦截系统失败的主要根源。
　　6. 请阐述需求和需求工程的定义。

第二章 需求工程基本概念

上一章介绍了指挥信息系统的基本概念及需求工程的意义。需求工程是一个较新的概念,仅仅通过简单的定义很难理解其内涵实质。本章通过讨论需求工程理论涉及的相关概念以及需求工程过程、生命周期等,让读者对需求工程有一个完整的认识,建立一个较完整的概念,为后续章节的学习奠定基础。同时,介绍外军在需求工程应用中较成熟的方法,使读者对需求工程的军事应用有一定的了解。

本章的学习要点包括以下几点:
(1)理解和把握需求工程中的需求、工程、系统和利益相关方等概念;
(2)理解需求开发的一般过程,掌握需求过程模型;
(3)理解需求工程所期望的目标,把握需求生命周期管理的一般规律;
(4)了解需求工程中的一般技术和工具,了解外军的需求工程管理方法。

第一节 需求的概念

在本节中,我们要研究这样一些问题:什么是需求? 我们面对的是什么样的需求? 需求有哪些相关要素?

一、需求的定义

根据 IEEE 计算机学会对需求的定义,所谓需求指的是:①解决用户问题或达到系统目标所需要的条件;②为满足一个协约、标准、规格或其他正式文档,系统或系统组件所需要满足和具备的条件或能力;③对上述条件的文档化描述。

这个定义从用户的角度(系统的外部行为)和开发者的角度(系统的内部特性)刻画了需求的主要特点。对于用户来说,需求就是从系统外部所能看到的满足用户要求的特征、功能及属性等。它强调系统是什么样的,而并非是如何设计或构造的。对于开发者来说,需求就是系统所应实现的功能或非功能规格说明。它描述了系统的行为、特性或属性,是对系统设计开发的约束。

但这个定义并没有告诉我们,为什么需求往往很难处理,需求的哪些特性导致了各种需求工程问题。为此,需要讨论需求工程一般面对的是什么样的需求,这些需求有什么特点。

(一)需求工程所面对的需求

我们开发任何一个硬件或软件系统,制造一台机器或设备,或者建造一幢楼房,都是需求驱动的。那么,这些需求有区别吗?从本质上看,它们都是为了满足人类生活或其他方面的需要,似乎都差不多。这就是它们可以统称为需求的原因。然而,这些需求的特性有着相当大的差别。

举一个生活中的例子。当你要建造一栋楼房,你请设计师策划蓝图(效果图),并提出了各种要求,建筑师为你设计了建筑图,你对各项设计都比较满意,因此签字确认了。可是,在楼房建好以后,你走进去一看,发现建筑物与你的想象有很大的偏差。怎么办?只能凑合着用。或许你可以向设计方和建筑方去讨一个说法,在付款上做一些文章,但绝对不会想推倒重建。然而,当你面对的是一个软件开发需求,情形还会一样吗?你可能就会想,让开发方去改吧,不然他们一分钱都别想拿。尽管你当初也在需求规格说明书上签了字,但你仍然坚持认为,虽然你不懂软件技术,但需求规格上写的与真正做出来的就是不一样。

计算机软件的需求因支持人类的复杂活动而变得复杂,因人类的思维表达而模糊不清,甚至也说不清楚。因为,将需求搞清楚是一个认知的过程。如果去仿制一个以前曾经做过的类似东西,需求将变得十分简单。但如果去创造一个从未有过的事物,则需求将变得十分复杂,风险也随之增加。软件的开发属于一种创造性活动,因为几乎每个软件都是一件艺术作品。

从这个意义上说,并不存在一个绝对清晰、毫无二义性的需求,真实的"需求"实际上仅存在于人们的脑海中,任何文档形式的需求仅是一个模型、一种叙述。关键是用户与开发人员必在描述需求的那些词汇和术语的理解上达成共识。这就是需求问题的难点所在。

因此,我们可以将需求划分为硬需求和软需求两大类。前者指在有现成样例去模仿的情形下,根据实际需要提出指标参数,按照现成的规程和方法去重复制造产品。后者指在没有可参照先例的情形下,从实际出发,根据设想的指标参数,按照不同的方式去创造产品。前面所列举的建筑或机械制造等方面的需求都属于硬需求,而计算机软件开发的需求属于软需求,需求工程中的需求一般就是指这种软需求。需求工程就是关于如何开发和管理软需求问题的方法论。

指挥信息系统开发需求属于哪一种呢?在信息时代的今天,指挥信息系统的主要需求就是信息处理和指挥管理,当然也有部分涉及武器系统的控制。但指挥信息系统的核心部分就是一个软件密集型的应用系统。因此,指挥信息系统的需求应划为软需求。

(二)需求的特点

软需求究竟为何比硬需求复杂,是什么使它变得复杂而模糊不清?首先让我们来看一下软件相对硬件的一些特点:

(1)无形性:软件是不可见、摸不着的,抽象的。
(2)依附性:离开了硬件,软件本身是没有用的,其价值难以独立度量。
(3)无规律性:目前尚不存在描述软件行为的一般物理定律。
(4)无约束性:不存在约束软件复杂性的物理限制。
(5)永久性:软件不会因磨损而老化,只要愿意就可以永久使用。
(6)可复制性:软件可以被精确复制,只要不被刻意保护就可以无限扩散。

基于软件的这些特点,人们对待软件的态度自然与硬件不同。上一节列举的例子就是一个很好的佐证。正是由于人们对待软件的态度,使软件需求无限膨胀(规模越来越大),而人们愿意在需求上所付出的代价相比之下越来越小,对需求的重视程度越来越低,需求也就越来越无法控制。

然而,造成需求复杂性的还远不止这些原因。由于软需求来自于对人类活动的支持,因此这些需求往往与人的活动纠缠不清。人们对需求的获取、理解和把握需要一个认知的过程,一些隐藏在人思维中的"常识"(即业务经验或背景知识)是最难捕捉的需求。这才是造成需求复杂性的根本原因,也是区别软需求与硬需求的重要标志。下面让我们再来看一个例子。

例 2.1　小张为某所高校开发一个成绩档案管理应用,方便教务管理人员完成学生各项课程成绩的统计,并能够对学生进行学习成绩排名。在与教务处反复讨论之后,小张将需求与教务处确定下来。一个月后,小张满怀信心地拿着软件给教务处安装演示。但是,教务人员很快就发现了一个严重缺陷,即软件在统计成绩时未考虑按所学专业进行统计和排名。这几乎使得软件无法使用,因为不同专业的学生所学课程不同,只有在相同专业范围内的比较才有意义。教务人员责怪道:"搞了半天的需求分析,连这点都没有考虑到呀。"小张十分委屈,说道:"你们也没有明确说要按照专业进行统计。"教务人员道:"这还用问吗?无论如何,软件必须要改,否则没法用。"

让我们来分析一下,问题究竟出在哪里。小张不是教务管理人员,不具备教务管理的经验,甚至没有起码的常识性知识。而这种经验性或常识性知识,用户通常不会在需求分析中刻意强调,因为他们根本不知道那些业务经验或知识在需求中会起到关键性作用。双方对需求理解的差异,造成软件的改动或重做。接下来,我们再看看对软件改动的影响。由于没有考虑专业,所以必须在数据库设计中增加一个字段,这涉及多张数据库的表,因此与这些表相关的应用模块都必须改动,软件几乎需要重做。本例中所涉及的改动仅仅在 2 张表和 3 个模块之间,因为这是一个很小的应用。但是如果是一个中等规模或大型应用,则可能牵扯十几个模块甚至几百个模块的变化。更让有经验的开发人员头痛的是,往往因此而产生若干隐含的缺陷(BUG),为今后的应用推广埋下"定时炸弹"。

以上的例子说明,需求不仅涉及对信息系统的功能或非功能要求,而且与系统的运行环境密切相关。而这个环境中人的活动往往造成许多复杂的、不可预见的因素。在需求工程中对人类活动、他们的业务背景知识等分析显得十分重要。这些因素都属于需求的范畴。对领域知识建模、业务行为建模等已成为学术界研究的热点问题,软件科学家们试图把领域专家的经验知识获取到计算机辅助软件工具中,以便在需求工程中复用。

指挥信息系统的需求也存在同样的问题。因为,指挥管理的复杂过程以及相关的经验对于一般系统开发人员来说几乎是一个难以逾越的屏障(没有业务经验的开发人员根本不会有实际体验)。而且,随着信息时代作战模式的改变,作战业务的变化使得作战指挥人员自身都难以把握某些作战需求,因此需求分析也就越来越困难,常常会遇到不同的专家对同一业务的理解各不相同的问题。因此,在这种情况下,对业务领域的分析显得更为重要。

二、需求的层次分类与作用分类

(一)需求的抽象层次分类

为了全面把握需求的概念,我们还需进一步讨论不同类型的需求。按照不同的抽象层次,需求可以分为业务需求、用户需求和功能(或非功能)需求三类,如图2-1所示。

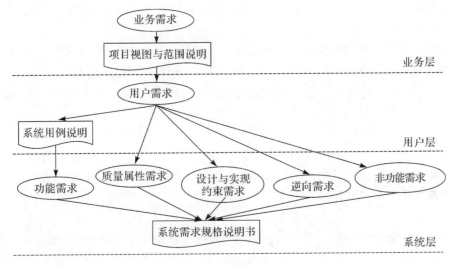

图 2-1 需求的构成

(1)业务需求抽象层次最高,反映了组织机构或客户对系统高层次的目标要求;它们可以在项目视图与范围文档中予以说明。

(2)用户需求描述了用户使用产品必须要完成的任务,这在系统用例文档或方案脚本中予以说明。

(3)功能需求定义了开发人员必须实现的系统功能,使用户能完成他们的任务,从而满足业务需求。

虽然这三个层次的需求有一定联系,一般可以从上层需求导出下层需求,但是它们之间有很大的落差,在下层需求细化中需要填补很多内容。需求获取和分析的作用就是填补其中的空缺,逐步明确和细化需求中各个细节问题。

在例2.1中,"成绩档案管理"就是该应用的业务需求,它反映了客户(组织机构)对该系统的笼统的、抽象的目标要求;"完成学生各项课程成绩的统计,并能够对学生进行学习成绩排名"是一个用户需求,它反映的是用户(使用人员)对系统功能的希望或相对具体的要求;"对学生进行学习成绩排名"是一个功能需求,而"按所学专业进行统计和排名"是该功能的一个特征。该例中出现的问题,就在于没有分析到这个关键特征。

(二)需求的作用分类

从系统开发人员的角度看,需求还可以分为功能需求、非功能需求、逆向需求和设计与实现约束需求四种类型,它们对于系统设计开发的作用是不同的。

(1)功能需求:它是对应用系统功能方面的要求,即系统须完成的功能。这种需求最为常见。对于一般的信息系统,功能需求是必须满足的。如果设计的系统无法满足部分功能,则必然造成需求偏差。

(2)非功能需求:它是对应用系统的可靠性、安全性、易用性、高效性、可移植性、可测试性以及模块化等性能方面的要求。对于一般的信息系统来说,这些需求往往是辅助性的要求,除非特别说明,否则它们是非强制性的。但对于高可用系统(critical system)来说,非功能性需求往往是强制性的。比如,对于航天应用的测控系统而言,高效性、可靠性和安全性要求则应放在首位。

(3)逆向需求:它是说明应用系统不能做的事情的。比如,指挥信息系统往往提出安全性或保密性方面的需求,严禁未按要求加密的文电在系统内传递,未经授权不能访问某些资源,等等。逆向需求可能来自于某些功能性要求,因此它们可以作为一种特殊的功能性需求。

(4)设计与实现约束:它是对于应用系统的硬件、软件以及体系结构设计或者实现上的约束性要求。比如,要求信息系统是B/S应用结构,采用J2EE体系结构,用JAVA语言进行软件开发。设计与实现约束有时也被当作必须满足的非功能性需求提出,因此也可以被视为一种特殊的非功能性需求。

一个复杂应用系统可能包含多种类型的需求。无论从抽象层次分类还是从作用分类,各种需求最终都反映在系统需求规格说明书中,都可以看作是需求的一个组成部分。图2-1是一个完整的需求所应包括的各类需求。之所以将最下层称为"系统层"而不是"功能层",主要考虑到该层包括的需求不仅仅是功能需求,还有其他三类需求。该层的各种需求都是系统需求的组成部分。

在需求规格说明书中说明的功能需求充分描述了系统所应具有的外部行为。需求规格说明在开发、测试、质量保证、项目管理以及相关项目功能中都具有重要的作用。对一个大型系统来说,功能需求也许只是系统需求的一个子集,另外一些则属于子系统(或部件)的内部需求,还需要进一步细化分析。

作为功能需求的补充,需求规格说明还应包括非功能需求。一个完整的需求规格说明应包括构成系统的产品必须遵从的标准、规范和合约,外部界面的具体细节,性能要求,设计或实现的约束条件及质量属性等。所谓约束是指对开发人员在系统产品设计和构造上的限制。质量属性通过多种角度对产品的特点进行描述,从而反映产品功能。多角度描述产品对用户和开发人员都极为重要。

第二节 工程的概念

把需求与工程结合在一起,就是要以科学的态度谨慎地对待需求,按照工程管理方式来处理和管理需求。那么,什么是工程?如何以工程化方法处理需求?

一、工程的定义

简单来说,工程就是应用科学知识和方法,针对实际问题求得性价比高的解决方案。从这个简单的定义中,可以理解工程中所涉及的一些关键概念。

(1)科学方法:所谓的科学方法建立在一定的数学理论基础之上,能够抽象而准确地描述客观世界的一般规律,同时给出求解问题的一般方法,而且这种描述和求解问题的方法在实践中已经得到验证,是有效的、可行的。在工程中,不同问题的求解方法各不相同。而且,有时面临的问题十分复杂,往往需要综合运用多方面的科学知识、方法和技术,才能圆满解决问题。因此,其中也存在不断探索和创新的过程。不过,对于工程的问题一般总是运用成熟的科学理论方法去解决。

(2)实际问题:它来源于人类在实践活动中所面临的机遇和挑战。比如,随着通信技术的发展,传统的电话和电报通信指挥方式就会有所改变,数据通信成为通信指挥中的主要技术手段。那么,如何充分利用宽带数据通信技术帮助指挥员充分了解战场态势,准确判断敌情,快速完成作战部署,就成为指挥信息系统开发中的一个实际问题。

(3)性价比:性价比是解决工程问题的重要约束条件。只有在可接受的代价范围内,解决工程问题的方案才是可行的。而且,从工程角度出发,还要寻得较高性价比的解决方案。

(4)解决方案:在解决方案形成过程中,强调充分利用现有的构件或者从解决方案中提取可复用的构件。此外,工程问题的解决方案通常需要遵循相关的工程标准和规范,如果待解决的问题没有任何规范和范例可遵守,则它就不是一般意义上的工程问题,而是一个研究性、探索性的复杂设计问题。

二、解决工程问题的方法

虽然工程的定义说明了运用科学知识和方法去解决工程问题,但是,人类数千年的文明积累了大量的科学方法,如何合理选择和有效运用这些方法,是工程上的关键问题。解决工程问题的思路可以分为两类:常规设计和复杂设计。

(1)常规设计:当所遇到的问题是以前所经历过的常见问题,我们应该采取常规设计策略,尽可能符合工程标准规范,选择最恰当的方法和技术。这类问题具有以下特点:

1)解决方案是众所周知的;
2)设计方法不依赖于具体的项目;
3)理论模型(即数学模型)与现实差距较小。

(2)复杂设计:与上述问题相反的是从未解决过的问题,或者过去的解决方案经常失败。在解决这类问题时,需要综合运用各种设计手段,探索一个新的方法。这类问题的特点如下:

1)难以找到一种针对解决方案的简化理论或数学模型;
2)解决方案往往是弹性的,没有统一的评价准则。

例如,大部分的硬件工程涉及的是常见设计问题;所有的系统工程涉及的都是复杂设计问题;绝大多数的软件工程涉及的是复杂设计问题。

从上述分析中可以看出,需求工程涉及的也是复杂设计问题。因此,需求工程就是运用系统工程思想方法解决需求问题,其目标是尽可能变复杂设计为常规设计。从这个意义上来讲,需求工程与软件工程是十分类似的。那么,引入工程的概念去处理需求有何不同?或者说,如何解决去需求工程问题?

首先是从工程化角度出发,需要将解决问题的过程一致起来,最好进行需求过程标准化。这是保证工程质量的关键。只要不解决需求过程的随意性问题,则需求的质量就无法保证。ISO 9000/5000(软件开发过程管理部分)和能力成熟度模型(Capability Maturity Model,CMM)标准都是通过固化或标准化问题求解的过程,使工程管理有章可循,从而使软件工程质量得到保证。本章的第五节和第六节将讨论需求工程的过程模型和生命周期模型,为解决需求工程问题提供一些工程化管理的思路。

其次是如何运用科学的方法解决实际问题。由于需求工程所面临的是复杂设计问题,因此不存在一种简单、通用的解决方法。但工程中也不应排除任何有效的科学方法。人们从长期的系统工程和软件工程中总结和研究了许多方法,为解决需求工程问题提供了宝贵的经验。选择方法的根本依据就是在减少工程风险的同时尽可能提高性价比。本书的后续章节将详细讨论需求工程中的方法和技术。

第三节 系统的概念

之所以将系统作为理解需求工程的一个重要概念,是因为不同的人在对系统的理解上有所区别。技术人员往往把系统理解为待研制的信息系统,而使用人员往往将系统理解为现实中人机交互的工作环境。那么,从需求工程角度应该如何理解系统?

一、理解需求工程中的系统

人们把系统理解为基于计算机的信息系统,或者是软件密集型系统,因此很容易将需求的研究范围聚焦在计算机硬件系统、软件系统、网络支撑环境以及外部接口环境等。但是,从需求工程角度看,这是一个认识误区。因为,一个成功的系统并非只取决于系统本身,而是与运行环境密切相关,其中包括系统的使用环境、业务环境和开发环境,涉及各种技术因素和非技术因素。它们构成了一个软件密集的人类活动系统,如图2-2所示。如果想要正确理解需求世界,把握需求的要素,则必须对这四个系统有一个完整、深刻的认识。

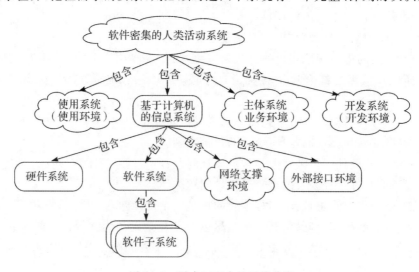

图2-2 需求工程中的系统分类

(一)主体系统

首先,让我们认识主体系统。主体系统是人创造出来的,用于改善人与自然之间的关系,以自动化手段控制或驾驭自然。如果我们需要开发的是一个自动控制系统,则主体系统就是被控制对象,如机械设备、电子设备、传感器等。只有理解被控制对象的各种性质和行为,才能设计和开发有效的控制系统。在信息化战争中,飞机、坦克、舰船等武器平台都是指挥信息系统需求工程中的主体系统。

如果我们需要开发的是一个信息系统,则主体系统就是描述客观世界各种事物的信息。只有深入分析客观世界各种事物及其规律,才能将其正确地抽象和描述成所需的信息,才能开发有效的信息系统。因此,主体系统是需求最直接的来源。

相比较而言,信息系统的需求难度更大。这是因为主体系统与其描述的客观世界难以清晰划分,其中涉及的因素较复杂,包括人、机构、事物、管理模式、操作规程等。要认识和理解客观世界并不容易,例2.1就反映了这个问题。理解主体系统的过程是对客观世界认知的过程。

(二)信息系统

基于计算机的信息系统是我们需要开发的目标系统,它可以是控制系统,或者是信息系统。如果是控制系统,则它的主要作用是接受人类的指令,高效、自动地控制主体系统的运行。如果是信息系统,则它的主要作用是帮助人类高效处理来自主体系统的各种信息,是人脑的延伸。只有理解主体系统的需求,才能开发出有效控制主体系统的控制系统,或者能够有效管理主体系统的信息系统。

(三)开发系统

开发系统指开发控制系统或信息系统的人员数量、人员素质、技术条件、场所及过程管理等的总和。从工程角度来讲,开发系统是工程项目的约束条件之一。在需求工程中,开发系统是理解需求意图、研制目标系统的主体,往往同时也是开发需求的主体。因此,开发系统的能力与解决需求工程问题所应具备的能力密切相关。一个有经验的开发人员或团队,会尽早发现需求中的缺陷,从而避免在项目研制过程中走弯路。相反,能力相对较弱的开发系统则不可能开发出理想的目标系统。开发系统的能力主要体现在研发实力和能力成熟度这两个关键指标上。美国于20世纪90年代将能力成熟度模型作为评价国防科技研发能力的标准,以此筛选指挥信息系统研发单位。此外,我们还不难发现,随着信息技术日新月异,指挥信息系统不断更新,开发系统已成为保障系统顺利运行、承担各种重大演习任务的核心力量。因此,如果忽视了开发系统,那么将对需求工程产生重大影响。

(四)使用系统

使用系统指拥有和使用指挥信息系统的人、组织及管理方式。系统的需求往往来源于使用系统,不仅包括组织和管理方式,而且还涉及使用人员的教育背景和技术训练。如果不考虑这些因素,将系统设计得过于复杂,或者让使用人员通过计算机系统底层技术维护指挥信息系统,则目标系统将难以推广应用。

此外,使用系统有时以不懂技术为理由,不愿投入需求工程中,希望开发系统替他们完成几乎所有的需求工作,这是不正确的。事实上,无论是使用系统中的管理者还是使用者,他们对目标系统的认识和看法往往都决定了系统的需求,是决定项目成败的关键因素。指挥信息系统的采办不是买商品,如果他们不深入参与需求研究,最终将难以获得满足要求的系统。一般的软件开发也如此,例2.1或多或少存在这种因素。

二、理顺系统关系和需求特点

处理和管理需求是一个多方博弈的过程。充分认识这四个系统的存在,理顺它们之间的关系,对于需求工程十分重要。只有这样,才能从更高层次上认清需求管理的特点,分清楚需求的来源,有效组织需求工程,妥善处理不同来源需求之间的矛盾。

(一)需求的合约性

需求具有合约性,其变更也应该是正式的。通常,项目合同是使用系统和开发系统签订的,需求规格说明书应该是作为合同附件的正式文件。因此,从理论上讲,它应该与合同一样,具有相应的法律效应。任何变更都不能是随意的,而应该慎重对待和广泛研究,通过正式审批程序。对于合约性的理解,人们(尤其是系统用户或客户)往往只强调需求的强制性,而忽视了其易变性。事实上,软件需求的变化往往比较频繁,很难严格做到正式审批。这就是软需求的特点,每一次随意的变更都可能为后期的开发带来很大的隐患。能否妥善处理需求变更管理,与需求本身的质量以及使用系统和开发系统的文化密切相关,具体方法将在第五章详细讨论。总之,使用系统和开发系统都需要从需求的合约性出发,正确对待需求及其变更。

(二)需求的多样性

需求具有多样性,不同来源的需求往往反映出需求的不同侧面。这种多样性决定了需求调研和获取工作应该是多方面的,涉及不同的系统。主体系统反映的是客观存在的事物或现象,从中可以获得大量一手的需求资料。比如,在例 2.1 中,成绩单、学生名单、课程表等都是信息管理需求的重要组成部分。使用系统反映的是系统用户的要求或愿望,是需求必不可少的组成部分和对系统的强制性要求。它在形式上是多样的,可能是通过访谈了解的信息,也可能是政策规定、作业规范等,还可能包括一些用户业务的常识性知识。有些是用户明确提出的,有些则可能是非明喻的业务规则或背景知识。因此,对需求分析人员的领域背景知识要求较高。信息系统是开发人员较为熟悉的领域,但技术相关的知识对于用户可能是陌生的,因此需要分析员与用户很好地沟通,阐明选择相关技术的理由,与客户一起对技术路线的选择进行决策。为了解决需求的多样性问题,美国国防部体系结构框架中设计了多个视角(视图),通过这些视角组织需求产品,可以较好地反映来源于不同系统的需求。

(三)需求的主观性

需求具有主观性,系统开发存在一定风险。需求的主观性产生于两个方面:其一是使用系统对待建系统的要求或愿望是主观的,不同用户对需求的看法可能不一致,他们表达需求的细节可能有出入,而开发系统中不同人员对需求细节的理解也会有差异。其二是在系统建成之前不知道真实的系统是什么样的,所有的需求都是人脑中想象的,一直到系统建成以后才可能对其有实际体验。充分认识需求的主观性,对于需求工程来说十分重要,它是系统开发风险的主要原因之一。当然,从技术上可以通过原型演示、系统仿真、模型验证等手段使各方对系统有一个早期认识,在一定程度上缓解矛盾。但更主要的是,用户和开发人员自身要意识到主观性的风险,尽可能采取各种措施去统一各方对需求的认识,消除差异和认识误区。

第四节 利益相关方的概念

什么是系统用户？是系统使用者还是系统资产的拥有者？他们对需求的看法是否一致？开发系统中有哪些角色？他们是如何看待需求的？这些概念必须在需求工程中澄清，因为他们对需求的态度直接影响到项目的成败。

一、利益相关方的含义

在软件工程中常用客户和开发人员表示系统的用户方和开发方，但这个概念对于指挥信息系统或大型信息系统来说就不够准确。因为参与需求工程的用户方可能是项目主管单位、使用单位或应用试点和推广单位，甚至包括资金管理单位等，而开发方也可能是一个或多个主承包商，甚至包括分承包商等。各方可能代表各自的利益，对需求的认识和态度可能各不相同，但他们的目标是一致的，即把项目做好。这就像多人合伙投资一个项目一样。因此，我们常把需求工程中的各方，尤其是项目的投资单位和使用单位及其相关人员，统称为利益相关方。

利益相关方这一术语来源于金融界，本意为投资者或持股者。在资本运作中，一个投资项目往往涉及多个投资者，他们都是该项目的利益相关方。近年来，该词汇已越来越多地应用于非金融业的其他行业。在政治活动中，多方从各自立场出发为了某个重要政治问题进行筹划，他们也被称为该问题的利益相关方。比如，2006年底美国国务卿赖斯在访华时就声明，美、中、日、韩都是朝核问题的利益相关方。

对于大型信息系统的需求工程，利益相关方可能很多，按照他们在需求工程中的作用，大体上可以分为三类：研制方、使用方和投资方。软件工程常说的客户往往指投资方，用户指使用方，但经常又将这两方统称为用户或用户方(后续章节提及的用户方就是笼统指投资方和使用方)。由于各方对需求的态度都直接影响到项目的成败，因此摸清楚利益相关方的态度及其在需求工程中的作用，对于需求工作的顺利开展十分重要。

二、研制方的角色及其作用

研制方是承担项目研发工作的所有单位和人员的总称。他们往往既是系统开发者，也是需求工作的主要承担者，在许多情况下由他们驱动需求工作的开展。他们是否具备足够的领域经验和领域知识，是最终能否获得高质量需求的关键。

在研制方中，涉及需求的角色可能包括项目经理、设计师、分析师、测试员、培训师及用户支持人员。他们可能会从各自角度看待和处理系统的需求。

项目经理：希望项目按期完成，没有超出预算，达到了所有的项目目标。从项目经理的利益出发，希望需求尽可能完善，但必须在可控范围内。他既不希望需求的缺陷导致项目在后期进行返工，也不希望需求扩大而导致超出项目预算或无法按期完成。

设计师：希望构造一个较为完美的系统，并尽可能复用现有的构件，以降低系统的开发代价。从设计师的利益出发，希望在需求层面上就能够复用现有的设计方案和系统构件，以求得代价低的、性能可靠和稳定的系统。他们一方面不希望一切从零开始，在设计和开发上冒较大的风险；另一方面又不希望人们指责他设计的系统没有新意，或不够完美。

分析师：他们往往是直接参与或组织需求分析的人员，在需求工程中担任需求工程师的角色。虽然从理论上讲，需求应该由投资方和使用方提出，需求开发的责任在于投资方，不过许多项目要求研制方获取用户需求，即研制方负责需求开发工作。需求工程师的经验以及对系统的业务背景知识，对于需求获取与分析起着至关重要的作用。需求是否正确地反映用户的要求，是否存在二义性，能否在现有的技术条件下得以实现等，是衡量需求质量的根本标志。当然，对于研制方来说，最好需求分析工作由用户方完成，这样他们可以减少许多因需求引起的矛盾。

测试员：希望需求是明确的、易理解的，能够帮助系统测试。测试人员只有深刻理解需求，才能对系统的指标进行完整的测试，才能发现关键问题所在。他们不希望测试中发现的问题都是表面的、无关痛痒的，而希望他们的工作最终成就项目的成功。

培训师：希望需求是正确的，新系统是可用的。许多因需求产生的矛盾往往在用户培训期间凸现出来，培训师最不愿看到使用人员抱怨新系统难以使用，无法满足他们的需要。因为，他们从自身利益出发，想尽快地在使用方推广应用新系统。

用户支持人员：希望新系统是稳定可靠的、易维护或管理的。与培训师一样，他们不愿意看到因需求偏差造成用户的抱怨。因为，一旦新系统投入运行，他们可能会陷入无休止的系统维护和完善的工作之中。因此，他们希望新系统具有很好的健壮性和可维护性。

三、使用方的角色及其作用

使用方是系统的最终使用单位或人员的总称。他们应该是需求工作的参与者，有权利提出系统的使用要求和其他需求，也有义务配合提供各种有价值的需求信息。但他们往往不是需求工程的责任人，并不对最终需求负责，因此对他们的要求和愿望需加以客观分析和采纳。

使用方关注的是新系统的功能或性能特性，以及新系统投入运行后能否为其提高工作效率。在需求工程中，使用方的地位有时会被忽视。由于用户单位的成员比较复杂，投资方与使用方可能没有直接沟通，因此导致最终系统与使用方所希望的偏差较大。其实，系统是否可用、是否好用，使用方是最有发言权的。需求分析人员在系统的适用性和易用性等方面最应该听取他们的意见。

使用方也有其局限性。他们可能对新技术带来的革命不敏感，甚至难以接受新生事物。这也是他们与投资方的主要区别。投资方认为，新系统开发的目的是迎接新技术带来的新机遇或挑战，而使用方往往抱着墨守成规的态度，不能站在较高层面上对待新事物或新机遇。投资方引入新技术和新系统，就是要打破老的业务模式，以信息化带动管理革命。从这个意义上看，使用方与投资方之间确实存在不同的意见，而新系统的需求应该首先服从投资方的要求。但是，也必须承认，无论采用何种改革都必须从实际情况出发，脱离现实情况的需求往往是导致项目失败的重要原因。因此，在需求实现的具体细节上，尤其是可操作性方面，使用方的意见应该是占主导地位的。

在需求工程中提倡联合开发模式，将使用方纳入开发团队，帮助理解需求和测试系统，可以较好地解决需求问题。总之，正确处理使用方关于需求的建议、发挥使用方的作用，对于系统的需求工程乃至研制开发、确保项目成功意义重大。

四、投资方的角色及其作用

投资方是项目涉及的出资人和系统资产的拥有者总称。他们应该是需求工作的主要责任人,在许多情况下是需求工程的组织者或策划者。投资方的要求往往是强制性的,研制方必须接受。

投资方的成分有时比较复杂。有些项目投资方仅仅是出资者,而并非系统的拥有者或管理者。但在大多数情况下,投资方与系统的管理者有着十分紧密的联系,或者投资方就是管理者。这时,投资方将组织项目的需求规划、立项、研制及验收的全过程。指挥信息系统的研制过程就是如此。有些时候,投资方可能雇佣或委托咨询方(通常是机构),对需求和立项进行把关,并对最终系统进行验收。因此,投资方角色可以进一步划分为投资者、管理者和咨询方。

投资者:系统的买方(甲方),为系统的研制直接提供经费。他们希望得到较高的投资回报,即所投资的系统能够为他们带来高于投资额的经济及社会效益。他们对回报周期和性质及其带来的风险有着清醒的认识,但不能容忍低效益的、低水平重复建设的项目。

管理者:系统的拥有者和经营管理者。他们希望系统能够在新技术变革中为其带来新的机会,促进其管理改善;同时希望系统能够可靠稳定地运行,促进其业务的自动化,提高业务运行效率,或降低运行成本,而不是成为影响其业务运行的瓶颈。对于需求工程来说,投资者的要求与管理者的要求是吻合的,都反映了需求的出发点或动机。但前者偏于宏观,后者体现得更为具体。无论如何,他们对需求的观点和看法必须首先被研制方所采纳。

咨询方:受投资者或管理者的委托,对系统的需求开发、研制及推广进行策划和质量监控,为投资者或管理者提供关键节点的决策参考建议。咨询方由领域专家、咨询顾问、需求工程师等组成。他们的特点是不仅对技术有一定的了解(在很多情况下,他们是技术专家出身),关键是熟悉系统运行的业务环境,甚至精通业务管理。在需求工程中,咨询方往往代表了受投资者或管理者的利益,能够对系统开发提出较为合理的需求。对于一般商用信息系统开发项目,咨询方往往是独立于研制方的IT咨询公司。在指挥信息系统开发中,咨询方主要来自军方的科研院所。

第五节 需求工程过程

既然需求那么复杂,涉及的系统及利益相关方那么多,我们又如何以系统工程的态度去管理需求形成的全过程呢?

一、需求探究的过程

通过第二节的学习,我们明白需求工程问题是一个复杂的设计问题,对待需求问题就像做学科研究。因此,先让我们从科学研究的角度看看如何发现和解决一个新问题。这是一个由观察、描述、设计和实践四个环节构成的迭代过程。

(一)观察

首先,我们要学会观察,注意我们身边事物的变化,积极开动脑筋思考如何去改善我们的现实环境。当然,你所提出和想要解决的问题必须从实际情况出发。你所需要做的是从现实世界中去发现,哪里出现问题,哪里需要进行改进,由此提出一个现实的、有意义的需求。比如,例2.1提出的问题就是来自于现实生活的,教务人员经常需要从各个角度查询和统计学员的成绩,信息系统可以帮助他们快速完成此事。如果小张正确理解了这个意图,他就应该仔细观察和深究一般会从哪些角度查询和统计成绩。再比如,当客户通过互联网购物时,迫切希望了解订单处理的进程和状态,如订单是否成功、货物是否发出、何时能够到达等。那么你作为电子商务管理信息系统开发人员是否会想到,除了提供网上查询功能以外,还可以通过短信、邮件等方式主动提醒客户,让客户感到服务更加方便、周到。

(二)描述

在你提出问题之后,着手解决问题之前,你需要对问题进行准确描述。因为,这种新问题往往很难解决,可能需要多人协力。问题描述的过程就是需求分析的过程。从科学角度精确地描述问题就是对问题进行建模。最好是用数学方法定量描述问题。但往往生活中各种问题很难定量描述。建模并非一定要定量描述,关键在于用一套形式化的方法描述问题相关事物的发展规律。当然,有时也需要用自然语言定性阐述问题。从工程角度,一般采用现有的、成熟的方法和工具对问题进行描述或建模。其中的难点是选择合适的需求规约(建模)方法,需要在描述的形式化程度上做出折中,既能满足精确性和准确性要求,又能被各利益相关方所理解。当然,需求问题是一个复杂设计问题,可能涉及对现有理论和方法进行改造,以适用于工程问题的个性化要求。

(三)设计

在你发现和准确描述了问题之后,就会面临如何解决问题。这里也有两种途径:其一,直接开发一个更好的系统去取代现有系统。其二,先进行科学研究,设计一个实验,去证明改进的理论是否正确,然后再试图开发一个更好的系统。需求工程面临的问题往往偏向于后者。因为它往往是前人未解决或未解决好的问题,不能抱有一次性全面解决问题的幻想。当然,工程的约束可能不允许你不惜代价地大规模实验,因此需要在设计验证方法上做出选择,可以采用模型仿真与验证、原型系统演示等方法对先期概念进行研究和确认。

(四)实践

任何未经大量实验证明的理论都不能成为工程实践的基础。因此,你还必须在一定规模上进行实践。只有在实践以后才能体会已开发的系统是否适用、改进的理论是否可行。只有通过实践才能发现新问题,进一步改进问题描述,进一步设计系统或实验。经过反复迭代,最终才能形成一个真正可用的系统或理论。这就是科学研究的过程。

需求的形成也是如此,没有什么捷径可行。因此,需求工程所要解决的问题首先是如何有效地组织和管理需求形成过程,使这个过程能够以有限的代价较快地完成,并按照期望的目标解决问题。

二、需求过程模型

　　由于需求相关的活动涉及的内容和人员非常多,有效的组织和管理变得十分关键。需求工程就是按照一种科学的工程化的管理方式计划和从事各种需求相关的活动。它是需求质量保障的生命线。对于一个大型系统开发过程来说,需求过程管理是一个复杂的问题,处理的各项事情繁多,涉及人的因素比较多,其周期也比较长。因此,需要研究如何按照工程管理模式合理地划分需求过程阶段,确定里程碑的节点和阶段成果,使得需求过程有序地、递进式地发展,以确保最终需求的质量。从问题研究角度看,就是要建立一个恰当的需求过程模型。只有采用科学的过程模型,才能有效地组织需求工程活动,才能确保所获得的需求是用户的真实需要,并且能够有效地指导系统开发。

　　目前业界已有不少需求工程的过程模型。Herb Krasner 定义了需求工程的五阶段生命周期:需求定义与分析、需求商榷与决策、需求规约、需求实现与验证、需求演化管理。Matthias Jarke 和 Klaus Pohl 提出了三阶段周期的说法:获取、表示和验证。综合了几种观点,本书把需求工程过程划分为需求开发、需求确认和需求演化三个相对独立的阶段,如图2-3所示。

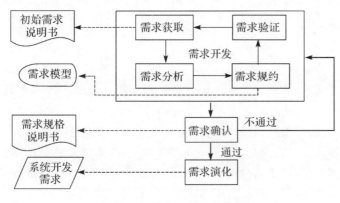

图 2-3　需求工程过程模型

(一)需求开发阶段

　　需求开发是一个很复杂的过程,也是需求工程中最为关键的一个阶段,需要分析需求相关的各种人、机构、业务以及事物之间错综复杂的关系,包括分析经验、业务背景知识、语言表达、心理、社会、政治等各方面因素。所以,我们将此阶段进一步划分为需求获取、需求分析、需求规约和需求验证四个子阶段。需求开发是在这四个子阶段的迭代过程中完成的,从获得初始需求说明书,到建立需求模型,最终形成需求规格说明书。

　　1. 需求获取

　　该阶段的主要任务是积极与用户交流,运用各种有效的方法去捕捉、分析和修订用户对目标系统的需求,并提炼出符合解决问题要求的用户需求。该阶段的成果是初始的用户需求说明书。该文档一般以通俗易懂的自然语言或简单易懂的图表来表达用户的问题、对作业流程改进要求及对目标系统的期望等。

2.需求分析

该阶段的主要任务是对初始的用户需求说明书进行细化,分析每个细节,从而获得对系统开发有价值的信息。由于利益相关方的价值取向不同,因此在需求分析中需要综合考虑各方的意见,研究系统需求的动机,以确定系统的真实需求。由于需求与使用者的业务环境密切相关,所以分析人员需要熟悉使用者的业务运行方式,甚至建立业务模型来帮助分析系统运行的场景,以理解和获得正确的需求。因此,有人将本阶段看作为需求建模,其主要原因就是很多分析方法和手段都来源于建模方法和工具。

3.需求规约

需求规约(或需求规格说明)阶段的主要任务是,采用规范的或形式化的语言对已获取的需求进行精确描述,消除种种模糊和不确定因素,并采用建模方法和技术为目标系统建立一个抽象的概念模型。这种模型也称为系统的需求模型,它涵盖了需求的方方面面以及解决问题的方式,可以展示未来系统运行的机理,验证需求的一致性、完整性和可行性,同时也可用于深入讨论和分析需求的细节问题,为系统设计奠定基础。需求规约主要解决采用自然语言表达需求的模糊性、二义性、不一致性等问题。一个良好的规约方法不仅可以清晰表达用户的需求,而且还能够利用过去项目积累的领域知识解决类似的需求问题,复用经过实践检验的需求模型。

4.需求验证

该阶段的主要任务是就需求分析的结果与用户进行沟通,对需求模型进行推演和验证,就目标系统的功能需求、非功能需求及运行方式等与用户达成一致的意见。需求验证通常采用以下两种方式:①形式化验证技术,利用符号系统进行逻辑推演,验证系统的可行性和正确性;②开发系统的原型或部分可用的核心系统,让用户进行操作,实际感受系统的特性,从而对系统有感性认识。无论是采用模型推演证明还是原型系统演示操作,其目的都是使用户能够理解目标系统,以便确认需求的有效性,对需要决策的需求部分做出正确的选择。如果用户对需求分析结果存在异议,则需要重复需求获取和分析过程,力争将需求缺陷减至最少、项目风险降至最低。

需求开发是需求工程最主要的阶段。由于软需求的不确定性,需求开发往往是一个迭代过程。一个全新的项目往往需要为此付出高昂的代价,需要开发系统原型或部分可用的系统,让用户在实际环境中进行模拟运行,才能最终确认需求的正确性。有些项目迟迟不能收尾,主要原因就在于系统需求始终难以达到用户要求。目前,学术界对需求获取、分析、建模以及形式化验证等方法和技术讨论十分热烈,涌现了不少新方法和技术,研究的焦点在于如何让用户参与需求获取和分析、如何精确描述需求、如何复用需求以及如何从需求模型中自动形成设计模型等。

(二)需求确认阶段

在需求形成以后,一个非常重要的工作是对需求进行评审,以确认最终的需求。该项工作常常是由用户方组织外部专家(与系统开发无关的有经验的专业人士)对已形成的需求成果的用户要求满足性、需求完整性、可行性、系统实用性以及与行业标准符合程度等进行全面检查和分析论证。

需求规格说明书、需求模型及解释文件等作为本阶段工作的输入。为了做好充分的准备,可以采取形式化验证技术对需求模型进行检验,尽可能消除需求成果中存在的缺陷,提高需求成果的质量,为需求评估提供科学的依据。在需求确认的基础上,完善需求文档,形成最终的需求规格说明书。至此,需求开发过程暂告一段落。接下去就可以进入系统研制(研发)过程。如果需求确认没有通过,需求成果中存在较为严重的缺陷,则通常需要重复需求开发过程,以解决其中的问题。

对于指挥信息系统这种大型信息系统建设来说,需求的确认是一个项目管理中重要的里程碑。它往往决定了投资方是否有必要或有信心对研制项目立项,而立项后则进入一个不可逆转的开发过程,因为系统的研制过程将涉及大量的人力、财力及硬件设施,这些损耗是无法挽回的。前期的需求开发越充分,决策也就越有信心,后期的风险也就越小。

这个观点站在系统工程角度看是毫无异议的。但是,就软件密集型系统开发项目来说,往往很难做到需求的充分开发。因为,软件的可塑性较强,需求究竟开发到何种程度才算充分是很难考量和决定的。而在实际项目中,确认后的需求发生变化、系统开发偏离需求、甚至需求难以实现等例子比比皆是。另外,需求开发的成效往往在项目前期很难体现出来,在最终失败的经验教训中才会有所体会,因此有些投资方不愿意在需求开发上做过多投入。还有,有些投资方片面追求项目进度,从而削弱了需求开发工作。

(三)需求演化阶段

需求演化是指在需求形成并被确认之后,已进入系统研制阶段,甚至系统已投入运行以后,需求因种种原因(如组织机构调整、政策或规则改变等)发生了变化,使系统部分模块需要重新设计和重新开发。这对于软件密集型系统集成项目来说是经常发生的事。严格的需求工程做法是,从需求获取开始,重新开发需求,对每一个需求文档进行全面变更,重新确认需求。即便跳过某些阶段,也不可避免对关键的需求文档进行修改和补充完善。需求的变化带来一个严重的问题,即多次变化可能造成这些需求文档之间的混乱,甚至无法区分哪些需求对应于正在运行的系统,从而给系统的研制、培训、运行维护等工作造成困难。

需求演化阶段的主要任务就是按照一定规程管理需求的变更,因此也称为需求管理。该项工作容易被忽视,因为这项工作既烦琐也不见显著成效,而且往往会影响变更响应和项目进度。其实,需求变更越频繁,系统潜在的风险就越大,该项工作也就越有必要。采用需求管理工具可以提高需求管理效率,通过定制管理流程,建立需求管理数据库,就可以用自动化手段规范管理流程,检查需求数据的一致性,评估需求变更的影响,生成新的需求文档。

三、需求过程改进

自20世纪80年代以来,人们逐渐意识到软件过程的重要性及它在系统开发中的作用。通过许多案例分析,人们发现缺乏良好过程管理的项目往往包含冗余的活动、无须重复的信息以及在过程参与者之间低效率的工作流转;同时也发现一些可改进的范围和目标。需求工程也可以参照软件过程改进的方法实现需求过程的改进。

(一)改进的目标

从目的性来看,需求过程改进可以分为以下几个方面:

(1)质量改进:其目标是让过程的输出具有高质量。在需求工程中,这意味着减少错误,尽可能完整且能够较好地反映各利益相关方的真实需求。

(2)过程缩短:其目标是让过程较快地产生输出。在需求工程中,这意味着用较短的时间产生需求文档的最终版本。

(3)资源削减:其目标是在过程的开展中减少投入的资源,如人数。这意味着在产生最终需求文档过程中投入较少的需求分析人员。

以上仅仅是一般需求过程改进范围和目标。对于指挥信息系统需求工程管理及其组织机构,还可以有更多的具体目标,如不同系统之间的需求复用、让最终用户更多地参与需求过程等等。

(二)改进的方法

目前,尚没有一套关于需求工程过程改进的标准,也不存在适合于所有企业的、标准化的需求工程过程。不过,以下问题是许多行业组织在需求工程过程中比较困惑和必须解决的问题:

(1)缺乏利益相关方的参与。该问题表现在其过程没有强调、甚至没有考虑系统中不同利益相关方的真实需要。解决方法是,在过程中标明需用户参与的活动。

(2)未考虑业务需要。该问题表现为,需求过程强调围绕技术过程开展或技术主导,而忽视业务过程。这种过程产生的需求不能满足业务的真实需要。解决方法是,在过程中指明识别业务需求阶段,并且让业务人员参与该过程。

(3)缺乏需求管理。该问题表现为,过程中没有对需求进行管理的有效技术手段。这就意味着,需求的变更方式处于无序状态,为此要花费大量的时间和精力去理解需求,归并需求。解决方法是,在过程中引入需求变更管理方法和工具。

(4)职责不分明。该问题表现为,需求工程过程的各类人员对其职责缺乏统一认识。这就会导致某些任务始终无法完成,因为人人都以为该任务属于别人的职责范围。解决方法是,在需求过程中定义一个明确的职责模型或角色-行动模型。

(5)利益相关方之间的沟通问题。该问题表现为,系统中不同的利益相关方之间不能进行有效沟通,从而导致各利益相关方对需求文档理解的偏差。其后果是在需求开发阶段大家并没有意识到产生了不正确或不完整的需求,待系统研制出来之后才发现问题所在。解决方法是,在过程中采用大家都认同的表达方式或需求描述方法,明确定义相关的术语和词汇,邀请所有的利益相关方参加评审,等等。

以上仅仅列举了几种常见的需求过程改进方法,在实际项目中还可能遇到其他的需求过程问题,可以为项目组织制定更多改进内容。

(三)能力成熟度模型

需求过程的成熟度与软件过程的成熟度在概念上十分相似。它是指企业(承担研制任务的科研院所)拥有基于最佳实践的、确定的需求工程过程的程度。一个企业如果具有成熟的需求工程过程,那么它就会明确定义这个过程,采用适用的需求工程方法和技术,制定需求文档、需求描述等相关的标准,或许会采用自动化工具支持过程的各项活动,还会制定相关政策和流程,以确保过程标准的贯彻落实,并可能采用过程度量方法收集过程信息,以评价过程改进的效果。

美国的卡耐基-梅隆大学软件工程研究所的能力成熟度模型(CMM)关注较多的是软件开发过程,而未考虑系统的需求工程。不过,其原理和思想方法可以为需求工程过程所借鉴。沙莫维(Sommerville)等人于1997年设计了需求过程的能力成熟度模型,如图2-4所示。该模型是一个三级模型。其中,前两级与CMM的前两级较为相似,第三级包括了CMM的后三级。

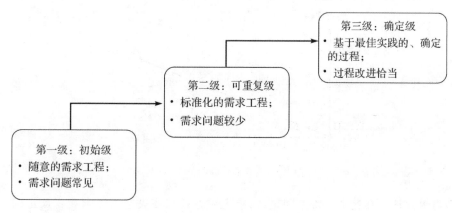

图 2-4 需求工程过程成熟度模型

第一级:初始级。

第一级的企业没有定义需求过程,经常遇到需求问题。比如需求可变性太大、不能满足用户、当需求发生变化时重做开销太大等,没有采用先进的方法改善需求过程,不能在预算范围内按期提交高质量的需求文档,依赖工程师个人的经验和技巧进行需求获取、分析和验证。

第二级:可重复级。

第二级的企业定义了需求文档和需求描述标准,制定了需求管理的政策和流程。他们采用了一些需求管理的先进方法。他们的需求文档在多数情况下是一致的,具有高质量,并且能够按期提交。

第三级:确定级。

第三级的企业拥有基于最佳实践和技术的、确定的需求工程过程。在第二级的基础上,他们还拥有一个动态的、恰当的过程改进计划,能够对新方法和技术进行目标评价。

第六节 需求生命周期

需求形成的过程往往是一个迭代的、渐进的过程,需要多次评审和反复修改,因此,有时很难分清需求过程是在开始阶段还是在结束阶段,有些需求甚至在研制阶段和系统应用阶段因发生改变而进入需求开发的又一个循环。但需求的生命周期模型可以揭示需求发生和发展的一般规律,从而为需求工程中各阶段(各项工作)的组织、角色与任务的分配管理等奠定基础。

一、需求质量度量要素

在讨论需求生命周期之前,先研究需求在开发阶段形成的过程。需求质量的度量取决于三个相互关联的要素:需求表述方式;需求规约的效果;需求意见达成一致的程度。如果将这三个要素构成一个三维空间,则可以看出需求形成往往要经历一个曲折的过程。从最初的、带有片面性的部分需求直至最终的、达成一致的完整需求,如图 2-5 所示。

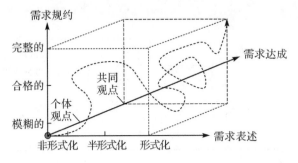

图 2-5 需求形成的三维空间

(1)需求表述。在这个三维空间里,需求表述方式往往决定了需求能否被正确地理解,需求的描述是否足够精确和准确,利益相关方能否就表达的需求达成一致意见。由于人类的自然语言表述是非形式化的,充满了模糊性、二义性和不确定性。因此,在需求工程中有必要通过形式化或半形式化的方式描述需求,发现和消除模糊的、歧义的和不确定的东西,只有这样才能减少项目风险,为系统设计开发奠定良好的基础。

(2)需求规约。需求规约是度量需求质量的一个关键要素。初始的需求说明往往是模糊的或朦胧的。它们可能包含很多抽象的、不完整的概念,需要经过细化和深入分析,澄清那些模糊的和不确定的概念,否则就会给系统的后续开发留下巨大隐患。随着分析的深入,需求被逐步细化,变得比较清晰和完整,部分满足项目要求,或达到及格水准。高质量的需求应该是全面满足项目要求,符合需求工程的完整性、一致性、无歧义性等要求。

(3)需求达成。由于以上两个因素的限制,利益相关方需求达成往往不是一帆风顺的。最初,利益相关方从各自的角度提出要求。这时,需求往往片面地反映个体观点。这在需求形成的初期是很正常的,因为在需求分析的初期,使用方和投资方对待研制的系统需求没有感性认识,许多想法还没有提出。因此,意见达成有一个认知的过程。当大家都明白了需求的所有问题时,则可以在磋商的基础上达成共识。

我们再回顾一下例 2.1,可以发现问题主要归结于以下因素:

(1)需求表述:小张与教务人员的需求沟通和需求规格描述完全基于自然语言,未采用形式化描述工具(如 UML 建模工具)对需求进行详细分析,因此很难发现功能所涉及各业务概念的内在联系。

(2)需求规约:小张对需求规格的说明局限于表面功能,没有对教务管理业务进行分析,建立业务领域概念模型,忽略或遗漏了一些重要的业务概念或属性,如所学专业等。因此,需求规约是不全面、不完整的。

(3)需求达成:在模糊的需求规格说明的基础上,尽管双方表面上达成了一致意见,但这种达成仅仅是假象。其中的主要原因在于看待需求的视角不同。小张着重从功能实现上考虑问题,而教务人员从满足其业务要求考虑。本例中的需求规格说明较多反映的是小张的观点。片面反映开发人员理解的需求在软件工程中是最常见的问题。

二、需求生命周期模型

如果将需求工程的过程模型与需求形成的三维空间结合起来,就构成了反映需求发生和发展历程的生命周期模型,如图 2-6 所示。该模型与前面的过程模型和三维模型相比更能反映需求形成的全过程。首先,螺旋形曲线体现出整个过程的系统、协同、反复和迭代的特征,从"起点"进入生命周期,到"决策点"根据需求文档和确认报告决定整个周期成功结束还是要继续迭代,这正是需求管理的核心内容。其次,明确整个过程四个核心任务:需求获取、需求分析、需求规约和需求验证。最后,参与需求工程的各种人员的活动分工体现出其社会性特征。

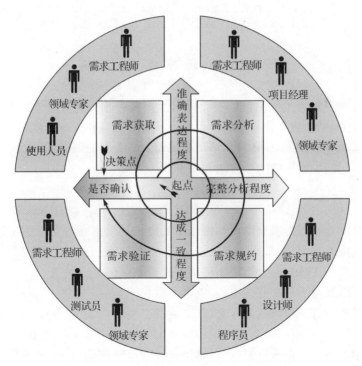

图 2-6 需求工程的螺旋形生命周期模型

从工程角度看,需求形成的关键是需求的利益相关方取得一致的意见。但是,由于需求方法和技术手段的局限性,百分之百的需求达成往往是不现实的。需求的形成就是不断逼近达成目标。通常,在没有良好需求工程支持时需求可能达成部分一致。这时,需求反映了个体的观点,往往是研制方的观点。之所以需求也能够被其他利益相关方所接受,是因为需求在表面上也反映了他们的观点。但是,随着项目的开展,尤其在后期,在用户方见到了系统初样后才感觉与其想象的差距较大,麻烦的问题也就随之而来。这是任何项目的研制方和用户方都不愿意看到的。需求工程就是为了解决此类问题。因此,需求工程期望达到的目标就是,利益相关方对需求有统一的认识,能够取得一致意见。图2-7反映了需求工程期望的输出。

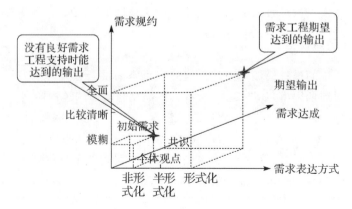

图2-7 需求工程期望达到的目标

第七节 需求工程技术

从需求过程和生命周期模型可以看出需求形成复杂而曲折的历程,其中涉及人员、机构、活动组织、任务分配、业务分析等诸多因素。需求开发需要有一个好的组织管理方法,但是要想高效地完成各项任务,在各阶段活动中还需要一套好的、具体的技术手段作支撑。下面简要介绍需求实践中常用的一些方法和技术。

一、需求获取技术

需求获取技术是指在需求获取活动中应用的方法和技术手段。总的来说,需求获取主要依靠人与人的沟通和交流,常用的方法包括文档研究、亲历体验、调查问卷、专题研讨等,当然也可以采用原型法、用例法、模型驱动法等技术手段。

(1)文档研究:通过研究现有的文档、资料获取需求信息。这些文档资料包括各种文件(条令条例、战略规划、汇报材料、工作总结、上下行文件、会议记录等),各种报表(人员实力、军械装备、后勤保障及其他),业务过程中的各种记录(如凭证、日志、单据等),保存在原有计算机信息系统中的各种数据库资料、信息系统自身的界面、操作方法、报表格式等信息,以及各类相关人员的意见、建议材料等。通过研究可以得到待建系统的基本目标和出发点,新业务或当前业务面临的主要问题和造成这些问题的主要原因,作战的基本业务流程,作战业务过程中产生的基本数据结构和数据量,等等。

(2)亲历体验:通过下部队亲历工作环境,观察、体验、实践作战业务流程和环节获取信息,其中包括扮演某些参谋角色,这样可以收集到一个完整的作业周期的信息和数据,并在实际环境中分析目前作业系统在新开发系统中需要使哪些工作得到自动化处理。

(3)调查问卷:通过发放调查表的方法获取需求信息。调查表包括两种:一种是开放式调查表,它可以在用户回答问题时给用户较大的空间,如:你认为目前的系统存在哪些问题? 你处理订单时有何不便? 不过,这样的问题虽然可以获取较大的信息量,但不可控,不便于收集整理，信息利用率不高。另一种是封闭式调查表，采用结构化的提问方式，给用户提供固定的候选答案。这样的问题虽然便于收集整理，也可直接运用计算机辅助处理，但往往会因为问题设计的局限性而忽略某些关键信息，毕竟需求分析人员不是用户这个行业的专业人员。

(4)专题研讨会：通过联合需求计划(Joint Requirement Planning,JRP)会议了解需求信息。会议参与者一般包括用户方高层管理人员、直接用户和管理人员、项目组成员等，通常由项目经理或系统分析员担任主持人的角色。会议必须有明确的计划，并有严格的制度保证其实施，会议的核心是获取最直接、准确的客户需求。为了保证JRP会议的成效，主持者最好能以原型的方式向与会人员提供直观的系统蓝图，因为参与会议的不只是技术领域的专家，更多的是业务领域的各级人员。

原型法、用例法、模型驱动法等技术手段可用于专题研讨会中。其中，原型法是演示事先开发好的一些与实际系统相近的原型系统，使用户对待建系统有直接体验，启发其思维。如果配合情节串联板则可以以"说故事"的方式向客户生动地展现演示原型。用例法是一种功能分析法，它围绕系统的功能设计应用用例，通过分析使用系统的角色和场景获取功能需求。模型驱动法是建立系统模型(演示模型或仿真模型)，通过模型演示与客户互动，以建立完整的需求模型，或者通过模型理解和确认需求细节问题等。这些方法和技术将在第三章详细讨论。

二、需求建模技术

模型是对物理世界的抽象表示。模型能够准确地反映物理世界的主要特征，为定性分析和定量研究物理世界奠定基础。建模能够指导或引导需求获取，度量取得的成果，揭示问题所在，检查理解的准确性。建模技术可以用于需求获取、分析、表示以及验证等各项活动，因此在需求工程中得到了广泛应用。前面所说的模型驱动法就是通过建模技术完成的。

不同的建模技术采用的描述模型方法也不尽相同。它们可以分为三类：自然语言、半形式化方法和形式化方法。

尽管自然语言表达不够严密，但通过对其语义加以规范，消除二义性，也能够准确表达需求问题。其优势是很容易被各利益相关方所接受，有利于用户参与各项需求活动。但是，自然语言的随意性使得它很难做到完全准确地描述问题。因此，它通常只用于模型中的解释性标注，增强模型的可读性。

数学方法与自然语言的特点恰好相反。它具有良好的严格性，可以精确地表达问题。形式化方法就是一种描述事物逻辑的数学方法。它在定义符号系统的基础上严格限定了符号的语义和逻辑关系。因而，它的表达不可能像自然语言那么丰富。每一种形式化的语言都是为表达某一类问题而设计的，都具有一定的局限性。VDM(Vienna Development Method)、Z(Zermelo)等都是典型的形式化方法。其实，计算机语言也是形式化语言。这也是为什么它对于一般用户来说那么困难，同时也是用户需求与计算机程序之间存在如此巨大的鸿沟的原因所在。

为了解决以上两者之间的矛盾，人们开始设计半形式化方法。这种方法仍然是以形式化方法为基础，能够捕捉问题的逻辑结构及语义，还支持部分推理和一致性验证，甚至能够动态演示,等等。不过,它与形式化方法的最大不同在于,通常以图形化方式(而不是符号化方式)表示模型,允许加入自然语言的解释,允许对其进行扩充,甚至允许自定义语义等。这些特性使得它具有较好的可读性和较强的描述能力,适用面更为宽泛。目前业界流行的 UML 和 IDEF 都属于这类方法。我们将在第六章和第七章中对其进行详细讨论。

三、需求工程工具

从 20 世纪 80 年代开始,人们注意到软件过程管理需要自动化手段的支持,因此,出现了许多计算机辅助软件工程(CASE)工具,支持软件过程的各种活动,包括软件设计、软件开发、配置管理、软件测试等。同理,需求工程的过程管理也需要自动化手段。于是,自 20 世纪 90 年代以来,支持需求工程的工具也应运而生。表 2-1 对当前流行的需求工程工具进行比较,大致了解其功能。

表 2-1 各种需求工程工具比较对照表

工具能力	工具名称								
	Analyst Pro	CaliberRM	Catalyze Enterprise	CORE 5.1	Cradle 5.2	DOORS ERS	Envision VIP	Focal Point	IRqA 3.3
1 捕捉与识别需求	完整	完整	完整	完整	完整	完整	完整	完整	完整
1.1 输入文档的丰富性和分析能力	完整	完整	完整	完整	完整	完整	完整	完整	完整
1.2 自动扫描与分析需求	完整	完整	部分	完整	完整	完整	完整	完整	完整
1.3 人工识别需求	完整	完整	完整	完整	完整	完整	完整	完整	完整
1.4 批量处理	完整	完整	完整	完整	完整	完整	完整	完整	完整
1.5 需求分类	完整	完整	完整	完整	完整	完整	完整	完整	完整
2 捕捉系统元素结构	完整	完整	完整	完整	完整	完整	完整	完整	完整
2.1 图形化捕捉系统结构	完整	完整	完整	完整	完整	完整	完整	完整	完整
2.2 文本捕捉系统结构	完整	完整	完整	完整	完整	完整	完整	完整	完整
3 需求流控制	完整	完整	完整	完整	完整	完整	完整	完整	完整
3.1 需求抽取(需求至需求、需求至分析文本等)	完整	完整	完整	完整	完整	完整	完整	完整	完整
3.2 性能需求对应系统元素(重量、风险、代价等)	完整	完整	完整	完整	完整	完整	完整	完整	完整

续 表

工具能力	工具名称								
	Analyst Pro	CaliberRM	Catalyze Enterprise	CORE 5.1	Cradle 5.2	DOORS ERS	Envision VIP	Focal Point	IRqA 3.3
3.3 需求与系统元素间双向对应	完整	完整	完整	完整	完整	完整	完整	完整	完整
3.4 捕捉对应机理、成本核算、测试与验证、关键性问题等	完整	完整	完整	完整	完整	完整	完整	完整	完整
4 追踪分析	完整	完整	完整	完整	完整	完整	完整	完整	完整
4.1 识别不一致性	完整	完整	完整	完整	完整	完整	完整	完整	完整
4.2 从需求源至实现链路的可视化程度	完整	完整	完整	完整	完整	完整	完整	完整	完整
4.3 需求验证	完整	完整	完整	完整	完整	完整	完整	完整	完整
4.4 通过系统元素进行需求指标检验	完整	完整	完整	完整	完整	完整	完整	完整	部分
5 配置管理	完整	完整	完整	完整	完整	完整	完整	完整	完整
5.1 需求变更历史	完整	完整	完整	完整	完整	完整	完整	完整	完整
5.2 版本控制基线	完整	完整	完整	完整	完整	完整	完整	完整	完整
5.3 访问控制	完整	完整	完整	完整	完整	完整	完整	完整	完整
6 文档及其他输出介质	完整	完整	完整	完整	完整	完整	完整	完整	完整
6.1 标准化需求规格输出	完整	完整	完整	完整	完整	完整	完整	完整	完整
6.2 文档质量与一致性检查	完整	完整	完整	完整	完整	完整	完整	完整	部分
6.3 所见即所得的输出预览	完整	完整	完整	完整	完整	完整	完整	完整	部分
6.4 各种状态报表	完整	部分	完整	完整	完整	完整	完整	完整	完整
7 群件	完整	完整	完整	完整	完整	完整	完整	完整	完整
7.1 支持并发评审、标记与批注	完整	完整	完整	完整	完整	完整	完整	完整	完整

续表

工具能力	工具名称								
	Analyst Pro	CaliberRM	Catalyze Enterprise	CORE 5.1	Cradle 5.2	DOORS ERS	Envision VIP	Focal Point	IRqA 3.3
7.2 多层会签的访问控制	完整	完整	完整	完整	完整	完整	完整	完整	完整
8 与其他工具的接口	部分	部分	完整	完整	完整	完整	完整	完整	完整
9 系统环境	完整	完整	完整	完整	完整	完整	完整	完整	完整
9.1 单用户与多用户	完整	完整	完整	完整	完整	完整	完整	完整	完整
9.2 多用户平台管理	完整	完整	完整	完整	完整	完整	完整	完整	完整
9.3 商用与专用数据库	完整	完整	完整	完整	完整	完整	完整	完整	完整
9.4 运行系统资源要求	完整	完整	完整	完整	完整	完整	完整	完整	完整
10 用户界面	完整	完整	完整	完整	完整	完整	完整	完整	部分
10.1 同时处理与查看	完整	部分	完整	完整	完整	完整	完整	完整	完整
10.2 同时更新多视图	完整	部分	完整	完整	完整	完整	完整	完整	完整
10.3 是否采用浏览器方式	无	完整	完整	完整	完整	完整	完整	完整	完整
10.4 可运行性与脚本	部分	完整	部分	完整	完整	完整	完整	部分	完整

该表仅仅列举了其中的一小部分，详细资料可以查阅国际系统工程委员会(the International Council on Systems Engineering, INCOSE)需求管理工具网上调查数据库。该数据库包括近40种需求工程工具，从捕捉与识别需求、捕捉系统元素结构、需求流控制、追踪分析、配置管理等14个方面评价工具的能力，是目前业界较为权威的需求工程工具评价系统。

第八节 体系及体系工程

一、体系的概念

百度百科给出的体系的定义：泛指一定范围内或同类的事物按照一定的秩序和内部联系组合而成的整体，是不同系统组成的系统。体系又称系统之系统(System of Systems,

SoS),是指若干有关事物或某些意识相互联系的系统而构成的一个有特定功能的有机整体,如工业体系、思想体系、作战体系等。

体系是系统的综合,系统综合以系统的演化发展、协同与优化为目的,最终达到提高整体效能的宗旨。体系不是单纯系统的集成,它具备五种特征:一是组成系统独立运作;二是组成系统独立维护管理;三是组成系统的区域分布性;四是具备"涌现"行为;五是体系是不断演化发展的。

体系的组成不同于一般系统的内部结构(紧耦合),它是一种系统间的交互,而不是重叠。它具备如下特性:①能够提供单一系统简单集成所不具备的更多或更强的功能能力;②其组成系统是能够独立运作的单元,能够在体系所生存的环境发挥其自身的职能。

体系是复杂的、有目的的整体,这一整体具备如下特征:①其组成成员是复杂的、独立的,并且具备较高的协同能力,这种协同使得体系组成不同的配置,进而形成不同的体系;②其复杂特征在很大程度上影响其行为,使得体系问题难于理解和解决;③边界模糊或者不确定;④具备涌现行为。

体系与人工系统和复杂系统存在本质差异。人工系统是人类有目的的设计与制造行为,通过对有限元素的组织以及相互间关系和结构的构建,使其整体实现某种或某些功能目的,也可以说通过对有限元素的组织,实现既定输入,得到期望输出的结果。人工系统属于一般系统范围内的一类简单系统。人工系统是系统工程技术与方法解决的主要问题,其范例在我们日常生活中比比皆是,如雷达探测系统、单舰指控系统、火炮射击系统等。复杂系统由大量的个体组成,具有开放性的系统,个体间存在的交互行为导致复杂系统的"涌现"行为,在个体交互行为的基础上通过自组织、自适应、自加强、自协调,并随之扩大、发展,最终导致涌现。在复杂系统中,个体的微小变化也可能导致重大差异的结果。复杂系统实例包括生物系统、经济系统、生态系统和社会系统等。

二、体系工程

解决体系问题的工程理论称为体系工程(System of Systems Engineering)。体系工程是系统工程的一个分支,旨在解决开发和维护体系特有的"利益交叉、异构演化、需求模糊、边界浮动、动态进出、多级涌现"问题带来的挑战。体系工程以系统工程为基础进一步延伸和拓展,更加关注如何平衡和优化多个系统之间的相互关系。体系工程在技术上更强调跨学科思维,关注从社会技术和商业等方面对不同体系相关者的管理。

体系工程有几个特点:一是通过技术和管理的融合从多个维度解决体系全生命周期问题;二是其目的在于实现体系能力的集成,并适应内外部环境的变化需求;三是从成本、性能、进度和风险等角度实现子系统的平衡和优化;四是支持对体系涌现行为及动态演化状态的管理与更新。

体系工程过程的主要特性有以下几个方面:

(1)体系工程过程是分层级的,分为体系层与系统层。体系层的顶层能力分解、体系集成、全体系验证与确认是体系工程的重点,保证了体系的整体能力,体系的涌现特性通常出现在这个层次。在组织架构上,这两个层次的工作分别由体系总体部门和分系统承研部门负责。

(2)体系基于基础架构建立。体系架构过程类似于系统架构,同样是确定体系的范围,划分和聚合体系的组成部分并进行验证,但其重点在于验证体系架构。由于要完成不同的业务逻辑,所以体系架构不尽相同。基于模型在体系工程前期开展体系架构的设计和原理验证是当前常用的方法之一。

(3)与关注系统内部实现相比,体系工程更关注系统之间的交互与协作关系。因此,定义子系统之间的交互与协作关系,通过信息流、数据流等形式将其表现出来,以指导体系集成和流程化执行是体系工程实现的关键步骤。

(4)体系工程要管理体系演进过程。由于体系中各元素的相互作用,体系在宏观上表现出单个系统不可能达到的能力,包括自学习、自优化、自恢复和有选择地进化。

第九节 外军需求工程

需求工程不仅仅是一个方法和技术问题,更主要的是管理问题。在实际应用中,各个行业都有其自身的特点,需要对需求工程的概念、原理及方法等进一步研究,探索可操作性较强的应用方法,并在实际运作中不断完善,进而形成相关的标准规范。下面我们简要介绍英军和美军在军事信息系统需求产生与管理方面的方法及规范。

一、英军的需求工程

以下内容来自2020年3月英国皇家联合军种国防研究所(RUSI)发布的《英国国防技术采办创新变革挑战》。英国国防装备与保障总署(简称"英国国防部")需要建立良好的支持军事创新的体制机制,然而创新面临着需求、技术发展、经费问题、风险管理、采办和决策速度、供应商和网络及客户的智慧等方面的挑战,能否有效应对这些挑战决定了国防技术采办创新变革的成败。

2017年,英国国防部发布的《国防装备与支撑创新战略》为创新提供的定义是:"创新作为对思想的探索,旨在实施新的或显著产品、服务或流程的改进。"国防创新的性质可概括为三点。首先,军事创新不仅是技术创新,还是无须新装备就能设计出更好的新作战方式。其次,技术创新,包括现有装备的现代化,对其他能力要素(如训练)有影响。技术创新必须与更广泛的要素联系起来。英国制定了其训练、装备、人员、基础设施、条令、组织、信息和后勤框架(TEPIDOIL框架),用以有效地支持以装备为基础的提供生成可用能力所需的全部要素,而与新装备有关的"颠覆式技术"需要对TEPIDOIL框架的要素进行重大革新。最后,创新可以应用于采办流程本身,以促进装备更快地投入使用。本书的核心观点是,技术创新只能以其被采办的速度应用于军事能力。

成功创新面临以下7个因素:

(1)需求。"需要是发明之母",创新通常被广泛感知的需求或一系列需求的存在所激发。从需求侧看,以英国的角度出发,美国的军事能力即将发生重大变化。如果英国要在重大行动中保持与美国的互操作,则必须做出与之相适应的变革。2019年9月,英国国防部发布了技术发展关键领域清单:先进材料;人工智能(AI)、机器学习和数据科学;自主系统和机器人技术;电力、储能、转换和传输;传感器;先进的电子器件和计算机;效应器技术。与此同时,国防部还展示了其正在寻求的特定能力领域创新思想清单:信息和行动在所有领域的集成;灵活的指挥和控制;在竞争领域中作战并实现效果;培养拥有正确的技能、知识和经验的国防人才;模拟未来战场的复杂性。

(2)技术发展。对于新的国防系统,必须生成非常广泛的"安全用例"(通过推论和所作测试说明系统生产和使用安全性的文档)。显然,民用技术也必须证明使用安全性,但是民用技术很少被专门设计用来造成损害。身份识别、敌我识别(Identification Friend or Foe,IFF),以及今天的面部识别,与武器结合的准确性是其对外部群体的危险领域。因此,它们需要大量的安全案例、测试和广泛的法规。这些可能会限制创新,尤其是在基于 AI 的系统领域,这一点将在本章稍后详细讨论。简而言之,尽管更广阔世界的技术水平表明,多数国防创新是可行的,但不能确定的是机遇能否被有效抓住、被加以利用并产生创新能力。

全球技术变革速度及其未来的可能轨迹要求国防部或者整个政府国防部门投入大量的人力和财力来监测和理解这些问题。其中,科学建议的作用尤为重要,这种建议应来自最好的科学头脑。与被动地使用他人工作成果不同,这些人需要制订自己的研究计划。这应该在英国政府内部,最重要的是在英国国防科技实验室(The Defence Science and Technology Laboratory,Dstl)内部,对需要做的事情进行精确组合,至于什么应该外包尚待考虑。但重要的是,那些具有科学专业知识的人也应该对国防和安全环境有很好的理解。

(3)经费。第三个变量是,创新可能需要很长时间才能达到为人们的思想以及基础设施、设备和实验提供大量资助的程度。2015 年《战略国防与安全审查》启动了国防创新计划和国防创新基金(Defence Innovation Funds,DIF),该基金由国防部总部的国防创新单位(Defence Innovation Unit,DIU)领导,计划在 10 年内投入 8 亿英镑。2018 年 12 月,国防现代化计划宣布了一项国防转型基金和"先锋"计划,在未指定期限内投资 5 亿英镑,旨在将创新与更快的收购过程联系起来。财政压力增大了政府探索跨国合作的必要性。以现金形式,这些项目可以获取其他国家的经费和专业知识。从历史上看,英国的国防合作一直集中于欧洲盟国,但是新的可能性正在出现,尤其是在澳大利亚、日本甚至土耳其。欧洲仍然是在技术和财务上有吸引力的合作伙伴的主要来源,英国国防部只能企盼在脱欧的条件下,与其他重要欧洲国家的政治关系不会显著恶化。

(4)风险管理与偏好。创新是一个积极的概念,但在实践中,创新通常需要做好迎接失败的准备,甚至要将失败视为学习的机会。风险管理的关键问题是管理中的实际风险。参与者是在管理组织的风险和机遇,还是在管理自己的职业和声誉?这会产生截然不同的行为结果。与职业相关的风险管理可能意味着项目过早地通过了审批,因此团队和其领导者在获得新任命之前可以赢得特定成就。但是同样的,尤其是对创新的特别关注,也可能意味着过分依赖一组特定的耗时过程来解决风向问题,并为决策者提供保障,以防事后出现问题。当前英国国防部对风险的态度应如何改变和实现?由于当前的风险态度已成为组织文化的一部分,因此变革将很艰难。

(5)采办范围和决策速度。英国采办的核心基础是 CADMID 周期(CADMID 是指概念、评估、演示、制造、使用和处置),其最初的两个批准点分别位于初始和主入口。随着时间的推移,许多整体项目被分解为众多的有限整体项目审批。在 2019 年,国防部还宣布将采用财政部的指南,进一步引入启动审批阶段。这涉及一个涵盖战略、经济、商业、财务和管理因素的战略大纲案例,以及一份如何以简化和综合集成方式处理审查、保证和审批程序的报告。这似乎意味着国防部将更加谨慎地决定,而不是更快地决定。采办必须更快。那些参与未来能力培养者,特别是商业供应商,必须确信该流程有适当的节奏,并在过程中避免不必要的官僚作风。这些是长期形成的文化和领导力问题。就项目范围而言,一个明确而简单的改进是在招标文件规定时间内选择承包商,任何延误都必须公开证明是合理的。

(6)有能力的供应商和网络。对供应商、网络和创新意愿的讨论带来一个明确认识:一方面,科技创新是无定形的,其一端可能是覆盖整个国防大公司的自适应技术,另一端可能是国防部门完全不感兴趣的、小众化的、微乎其微的合作伙伴关系;另一方面,历史合作伙伴对国防部门一点也不感兴趣,但拥有可以为国防增加重大价值的技术能力。国防部需要扫描当前合作者和历史合作伙伴的研究活动,同时还需要挖掘平行部门、民用部门适用技术和颠覆性新入行者的见解和知识。因此,Dstl 需要既是私营部门的英国国防部研究的执行者,同时也是全球国防相关技术知识的收获者。鉴于技术改造的速度和范围,这将是一个具有战略重要性的作用。这导致了最终的也许更为至关重要的条件,使本书的创新概念得以实现和发展,国防部需要成为一个明智的客户,条件明确、精益求精、随时准备被颠覆。

(7)随时准备被颠覆的明智客户。创新愿景的最后一个要素是客户的智慧、客户及其利益相关者准备好接受颠覆性变化的意愿。明智的客户需要能够对技术进步及其可能造成的颠覆作出响应。为了有效地管理风险并确定投资的优先顺序,国防客户必须了解技术,并意识到今天可能发生的事情以及明天可能发生的事情。技术专长包括对安全因素的深入理解,当然还包括如何采用和调整技术以产生军事优势。笔者认为,过去 30 年的外包使英国国防部失去了许多科学专业知识,这使英国国防部本身无法评估面向新兴和未来技术监管方式的有效性。结果,倾向于依靠既定的(即过时的)广泛流程,将工作交给承担安全案例和监管任务的第一轮顾问,然后再聘用第二轮顾问,以审查第一轮顾问的工作。

明智的客户还需要清楚地了解如何以最佳方式获取特定的技术,这需要一支精通复杂采办流程的人员队伍,以了解商业世界的压力和风险。英国确实有可能通过减少公务员人数和将许多国防职能外包的承诺来实现这一点。英国国防部已经过于依赖外部"客户朋友"组织来帮助其理解应采取的措施。它必须广泛地依赖顾问来阐明需求,制定安全标准、评估投标并管理与供应商的商业关系。

二、美军的需求工程

美国国防工业在指挥信息系统需求工程领域一直处于国际领头羊的地位。为了贯穿整个需求产生过程,形成一致性的方法体系,美军引入了体系结构方法,并在 2003 年将原先的 C4ISR 体系结构框架 2.0 统一为国防部体系结构框架 1.0,2007 年推出 DoDAF 1.5,特别强调以网路为中心(Net-Centric)的概念,在体系结构的描述里体现了以网络为中心的概念,2009 年推出 DoDAF 2.0,强调以数据为中心,引进了国防部体系结构元模型的概念。

在国防武器装备采办管理方面,学术和工业界提出的基于能力的系统规划,对美军的体系结构框架及需求生成过程产生了很大影响,在业界形成了一种学术流派——能力工程。美国国防部在 2004 年已制定了新的需求获取过程,以"联合能力集成与开发体系"取代了传统的面向单个威胁服务的"需求生成过程",需求过程也从过去的自下而上变为自上而下。

美国国防部在需求工程实践中制定了一整套流程规范,涉及系统规划、分析、预算、采购、研制等一系列过程及活动。以下对其国防能力采办过程模型进行分析,可以对美军的需求工程过程略见一斑。图2-8给出了美国国防部采办管理的主要流程。该过程将国防能力需求管理与采办及研制过程结合,将需求的形成及管理分为概念策划、需求分析、采办管理及预算管理四个子过程。每个过程都定义了需求工程的若干关键活动。

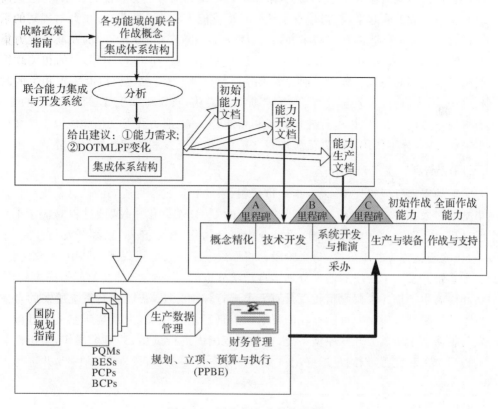

图2-8 国防能力采办过程模型

(一)概念策划

该过程是需求形成的初始阶段。在战略政策的指导下,进行各功能域联合作战概念策划。功能域指系统在作战中支持的关键活动领域,如区域防空、后勤支援、指挥作业等。对于联合作战来说,跨功能域的作战概念策划是十分必要的。因为每个功能域都有自身的业务特点,需要结合相关的业务背景才能全面地分析需求,因此要求相关的领域专家参与概念策划。美军将其称为作战任务分析。对于一个联合任务的作战分析,其流程往往是跨功能域的,因此除了分析各领域的作战任务之外,关键是要处理好跨领域的任务衔接关系。美军将其称为使命分析,即将联合使命的各项任务映射到各功能域,并且相互衔接,形成有机的整体,构成一个完整的作战概念。这对于系统集成十分重要,因为美军长期以来已建立了较完善的、服务于各功能域的"烟囱式"信息系统,系统集成的一个关键目的就是要使这些系统能够互操作,以满足联合使命的作战需要。

在概念策划中,通常是利用综合体系结构方法,描述指挥信息系统在军事行动中的作用。综合体系结构指采用作战、系统和技术多维视图或视角构成的体系结构,即目前美国国防部采用的体系结构框架。它是美军在信息系统规划和采办中统一规定的方法。本阶段主要完成的是作战体系结构描述。

(二)需求分析

该过程在已形成的作战概念基础上,采用综合体系结构方法分析能力需求,将这些需求和系统开发与集成关联起来,获得信息系统的互操作能力和支持要求,并由此对规划的系统进行投资管理。美国国防部在国防采办系统(Defense Acquisition System)及联合能力集成与开发系统(Joint Capabilities Integration and Development System,JCIDS)的相关政策中已经明确需求管理的流程和方法。通过需求分析,给出能力需求建议以及需求相关的政策(条令、机构、训练、指挥关系与教育、人员素质以及设施,英文缩写为 DOTMLPF)的变化,形成需求描述文档。此外,该过程还得到了初始能力文档、能力开发文档和能力生产文档三种需求描述文档,分别作用于采办流程中概念精化、技术开发和系统开发三个环节。

(三)采办管理

在美军的需求过程管理中,采办指通过研制、采购和集成获得所需的信息系统。它是在立项审批后对采办的最终执行或实施。与英军的 CADMID 相比较,该过程对应于 DMID 四个子过程。从图 2-9 中可以看到,采办分为概念精化、技术开发、系统开发与推演、生产与装备、作战与支持等若干阶段,每个阶段都将形成一个重要的里程碑。其中,概念精化、技术开发和系统开发三个阶段的输入分别来自需求分析的三个文档,即初始能力描述、能力开发描述和能力生产描述。概念精化就是对需求进行详细分析,获取研制系统所需的具体需求。技术开发是针对研制中可能存在的技术难点进行技术攻关,为系统研制奠定基础。系统开发与推演就是研制或开发原型系统,在一定范围内进行试用,并对可操作、实用性等方面不断进行改进和完善,以满足最终用户要求。在系统定型后,投入批量生产,并进行推广应用。

(四)预算管理

预算管理是针对采办流程中的生产制造与装备等环节的财务管理。为此,美国国防部制定了研制生产的相关政策,称为 PPBE(Planning, Programming, Budgeting, and Execution)系统,从财务制度上规范了规划、立项、预算与执行四个子过程的管理。前面所有过程的需求文档及技术标准都将归结到本过程。

2019 年 12 月,美国国防部发布"适应性采办框架",该框架旨在加快采办速度并使流程更加敏捷,包含传统的国防采办、应急能力采办、中间层采办、国防服务采办、国防业务系统的采办和软件采办。六种不同的采办路径从根本上改变了过去以武器系统采办为核心的采办模式,使采办管理者和项目主任具有规划和管理其计划的广泛权限。对于从作战概念/需求到解决方案/能力的交付过程,项目主任可以根据具体的项目选择其中的一条路径开展采办工作。该计划是美国国防部数十年来最具变革性的采办政策改革。

(1)传统的国防采办。传统的国防采办程序即国防部指示 5000.02《国防采办系统的运行》的最基本的标准采办模型,适用于美国国防部的主要武器系统和其他系统的采办。

(2)应急能力采办。应急能力采办适用于具备快速反应能力类型的采办项目,如经过确认生效的应急作战需求,以及国防部部局机关的应急作战需求等。

(3)中间层采办(Middle Tier Acquisition,MTA)。中间层采办是一种快速采办的临时方法,聚焦于在2~5年内交付能力,这填补了传统采办项目与应急需求之间的空白。

(4)国防服务采办。国防服务采办是指国防部以合同、订单或其他协议等方式直接雇佣私营部门实体的时间和精力,主要目的是完成一项或多项明确的任务,而非提供一个产品供应的全寿命过程。

(5)国防业务系统的采办。国防业务系统是指国防部使用或授权使用的管理信息系统,包括财务系统、采办管理信息系统、财务数据反馈系统、信息技术和网络安全基础设施,并为采办管理、工资人事管理、后勤系统、财务规划预算、设施管理和人力资源管理等业务活动提供支撑保障。

(6)软件采办。针对软件采办的独特路径强调使用敏捷开发实践。该路径的关键是简化采办过程,从而能够快速地持续集成和交付软件能力。

小　　结

　　需求工程对于大多数人来说是一个新概念。要建立需求工程的概念,需要理解需求的特点及需求工程的来源。指挥信息系统是一种软件密集型的应用系统,其需求的难点在于对软需求的识别、理解和演化管理。需求工程来源于软件工程的深化发展,是关于解决偏软需求管理问题的系统化方法论。只有了解工程、系统、利益相关方等相关的概念,才能深刻理解和把握需求工程概念的内涵和范畴。需求工程中最基本的问题就是过程管理问题,也是本章重点讨论的内容。

　　本章首先介绍了过程管理的一般模型,有助于认识和了解需求工程的重要环节。由于软需求的过程是迭代的过程,因此螺旋形生命周期模型更适合于描述软件项目的需求过程。其次介绍了外军的需求过程模型,使读者对军事需求工程的管理方法有一定的认识。最后概要介绍了一些经典的和当前流行的需求建模方法以及建模的原则。本章仅介绍了需求工程最基本的概念,在后续章节中,我们将逐一讨论需求工程各阶段的管理方法、需求建模技术和指挥信息系统需求描述方法。

思　考　题

1. 如何区分硬需求和软需求?试举例说明。
2. 如何对软需求进行分类?
3. 为何说指挥信息系统的需求十分复杂,是一种软需求?
4. 假设一个反导系统由雷达系统、发射平台控制系统、通信系统和C3I系统组成,请按照工程的概念划分出需求问题的类型以及采用的设计策略。
5. 试说明需求世界的使用系统与开发系统之间的一般关系。
6. 第4题中的雷达系统自动捕获来犯目标,并向指挥中心传递目标信息;指挥中心通过C3I系统进行辅助决策,并向导弹部队发出拦截命令;导弹部队通过C3I系统向平台发出拦截指令。此外,A 单位(某装备主管部门)负责收集系统改进需求,并要求 B 单位(某研究所)进行 C3I 系统开发、维护和优化,同时支付相关费用。试分析需求涉及的相关系统之间的作用关系以及需求的利益相关方。

7. 试将科学研究的过程与需求工程过程作对比,分析相关对应的环节。

8. 需求工程期望获得的需求应具备哪些特点?

9. 试将需求过程模型与需求生命周期模型作对比,讨论两者的相同点和不同点。

10. 试讨论目前有哪些流行的需求获取技术。

11. 讨论需求过程改进涉及的主要问题。

12. 试将需求能力成熟度模型与 CMM 模型作比较,讨论两者的差异,找出差异产生的原因。

13. 列举目前较好的三种需求工程工具,分析其特点。

14. 试分析指挥信息系统能力所涉及的相关要素。

15. 何谓灵巧采办?

16. 试对比分析灵巧采办中两种不同生命周期模型的特点及适用范围。

17. 在美军的国防能力采办过程模型中,找出需求过程对应的环节,并讨论各环节采用的主要方法。

第三章 需求获取

上一章从需求过程管理的角度学习了需求工程的基本概念,对需求工程有了一些初步的认识。本章将深入讨论需求获取方法和技术。

本章的学习要点包括以下几点:

(1)掌握需求开发的一般过程,包括获取需求,分析需求的不完整性、不一致性、相关性,以及商榷系统的最终需求;

(2)掌握需求获取的一般方法和技术,包括会谈法、问卷法、情景法、软系统方法、原型法,了解联合应用开发、需求复用的基本条件。

第一节 需求获取的基本概念

一、需求获取

需求获取是发现、收集、分析、理解和整理系统需求的相关活动的统称,涉及系统开发人员、需求工程师、客户以及最终用户之间的相互协作,以发现所要解决的问题、系统要求的服务和性能、硬件约束等。需求获取不仅包括详细询问利益相关方的需要,还包括认真细致地分析系统所在的组织结构、领域特征和业务过程。

从表面上看,"需求获取"这一术语表达的是一个简单的知识传递过程,需求工程师以此来获取和记录已存在的用户知识,但实际上该过程是非常复杂的。用户很少能对需求有清楚的描述;同一个组织中不同的个人的需求可能会相互冲突;对某些需求的实现可能有这样或那样的技术限制等。需求获取不仅仅是一个捕捉需求的过程,实际上还是复杂的商榷过程,涉及包括系统开发人员在内的所有利益相关方,因此可以使用"需求发现"这个术语来反映这种不确定性。但"需求获取"这一术语目前在业界更为常用。需求获取包括四个阶段,如图3-1所示。

图 3-1 需求获取的构成

(1)理解应用领域:应用领域知识是指系统应用领域的一般性知识。例如,要理解图书目录系统的需求,就必须有图书馆方面的常识,知道图书馆是如何运作的;要理解铁路信号系统的需求,就必须具备铁路操作的背景知识,了解列车的物理性质。

(2)理解待解决的问题:在理解问题时,要深入研究和不断扩展领域知识面,必须理解用户在系统应用领域提出的特定问题细节。例如,对图书目录系统来说,必须理解一个特定的图书馆是如何管理藏书的;对铁路信号系统来说,必须知道各个特定乘车区间限制速度的方式。

(3)理解业务内容:使用系统的目的一般是以某种方式对业务的开展进行支持。必须理解这些系统是如何通过互操作影响业务的,从而为实现整个业务目标做出贡献。

(4)理解利益相关方的需要和约束:系统的利益相关方是那些以某种方式受到系统影响的人,可能是系统的最终用户、管理人员等,必须理解他们对系统的特定需要,尤其是理解目标系统将要支持的业务过程和现有系统在业务过程中所扮演的角色。

有效获取需求是非常重要的。系统的可接受性依赖于它能在多大程度上满足客户的需要,并使其工作实现自动化。如果客户的真实需要没有被发掘出来,他们很可能对最终系统不满意。一般而言,评价可接受性并非易事,因为能从系统直接或者间接受益的利益相关方的范围比较广,他们有可能使用不同的标准来评价系统的可接受性。

二、需求获取时可能面临的问题

需求工程师在进行需求获取时可能面临的问题包括以下几点:

(1)应用领域的知识并不是唾手可得的,而是存在于不同的资源当中的。比如一大堆教科书、操作手册及该领域工作的人的头脑。通常还涉及不能被马上理解的专业术语。

(2)提出待解决问题的人,他们一般会在没有开发完新系统的情况下急于解决问题。他们不会花太多时间来帮助需求工程师理解新系统的需求,且对新系统使用的必要性也不确定,因此不愿意被卷入需求工程过程当中。

(3)组织和政策因素可能影响系统需求。高层管理人员也可能影响系统需求,使需求首先满足他们个人的需要。例如,他们可能想把其他部门的一些功能转移到自己的部门,因此会建议将这些功能集成到他们现在已提供的操作需求当中。

(4)多数利益相关方一般对计算机技术并不十分了解,也不是真正知道他们想从计算机系统中得到什么。即使他们清楚想要系统干什么,但要表达清楚也比较困难。他们还可能会提出一些不切实际的要求,因为他们不知道为满足他们的要求所要花费的代价。不同的利益相关方会有不同的需求,并且会以各自不同的方式进行表达。需求工程师必须发现所有潜在的需求源,并揭示出重叠或冲突的需求。

在需求获取过程中,业务环境通常会不断发生变化,从而加深需求获取的复杂性。需求会随着新的利益相关方的出现而出现。原先提供需求的利益相关方可能在需求获取的某一阶段改变工作,这样就不能对其作进一步的调研。

有效的需求获取需要需求工程师与利益相关方之间进行有效的合作。但在许多情况下,需求工程师与利益相关方之间要形成良好的合作关系是比较困难的,可能面临的问题有以下几点:

(1)需求获取所允许的时间不足:利益相关方往往工作比较繁忙,没有大量的空闲时间同需求工程师讨论新系统。

(2)需求工程师没有为需求获取做好准备:理解应用领域是有效需求获取必不可少的。但有时候,需求工程师在同利益相关方进行交谈之前没有或者不能了解该领域。或者因为利益相关方不耐烦解释,从而造成需求工程师对不熟悉的专业术语的误解。

(3)利益相关方可能不需要新系统:在许多情况下,购买和安装新系统是一个上级组织决定,而没有咨询那些受到新系统影响的用户。他们可能会觉得新系统不必要。

许多调查显示,一些项目的失败跟这些问题有直接关系。需求工程师必须对利益相关方的需要及其提出的要求非常敏感,并且不能总是认为系统的规格说明是他们首先应该考虑的活动。

三、需求知识描述的结构化机制

一般而言,需求工程师可能需要使用不同的技术来发现需求信息。许多需求知识的获取来自于对系统文档的阅读,以及不同利益相关方的交谈。这直接导致了大量信息的产生。为了能够理解需求,必须对其进行合理组织。Yeh 和 Zave 提出了三个基本方法,对需求知识进行结构化描述。这三个结构化机制是:

(1)分解:对需求知识进行分解,然后对各个部分进行描述。例如,在航班预订系统中,预订记录可以被定义为预订指导、航班起点、航班终点、乘客姓名和住址、交付费用、航行日期等。

(2)抽象:对需求知识进行抽象。在航班预订系统中,乘客的抽象可以用来代表各类乘客,例如小孩和成人、持全价票的人和持优惠票的人等。

(3)投影:从不同的观点对知识进行组织,形成多视角的描述。从不同的需求源可以获得关于系统的不同信息。在需求获取过程中清楚地标识出这些需求源是重要的。例如,关于航班预订系统的不同观点可能来自于旅行代理人、航班管理员、登记员、乘客、航班预订数据库等。

好的需求工程师在进行需求获取时,可以不假思索地运用这些方法。诸如面向对象之类的分析方法就是建立在这些方法之上的。这些分析方法需要很明确地指定需求的分类和聚合关系。

第二节 需求获取的过程

需求开发的一般过程包括需求获取、需求分析、需求规约和需求验证四个阶段,但在实际操作过程中有时会进行一定的简化。由于需求规约和验证的技术比较复杂,在实际当中往往难以有效、全面地开展。这两个阶段工作的主要目的是向利益相关方展示需求,磋商需求,以达成对需求的共识。因此,这里将规约和验证合并为商榷的过程。

一、简化的需求开发过程

需求开发分为四个阶段,主要是为了方便大型信息系统需求工程的组织管理。根据阶段划分可以设置里程碑和项目节点,也便于组织不同背景的分析人员参加不同阶段的工作。比如,需求获取阶段可以让经验比较丰富、熟悉用户业务的领域专家组织工作,而需求规约和需求验证阶段则可以让熟悉建模语言的技术专家组织,后者对需求建模和验证的形式化方法和工具非常熟悉。

在实际工程中,这些阶段很难划清。在需求被获取后,就不可避免地要进行一些分析。可能马上查出问题,并对需求的来源和解决方案进行讨论。在上一章讨论的需求分析,看上去像是紧接在获取过程后的独立活动,但实际上两者之间存在交叉。而且,软件需求的验证是比较困难的,除非有良好的原型系统,否则要等到软件测试时才能真正验证需求。

因此,这里对于软件项目推荐一种简化的需求开发过程。该过程将需求规约与验证合并为一个需求商榷,以用户讨论和确认方式验证需求分析的成果。简化的需求开发过程仍然从需求获取活动开始。但这里的需求获取可以只获取部分的需求,以需求分析和商榷取得需求获取的过程,需求获取、分析以及商榷阶段可能需要重新执行(reactivated),以发现更多的信息,解决已发现的问题,因此需求获取、分析和商榷可以看作是一个螺旋形模型,如图3-2所示。图3-2描述的是需求获取活动的一个理想化的过程模型。实际情况可能是图3-2中给出的各个活动的相互交叉开展。

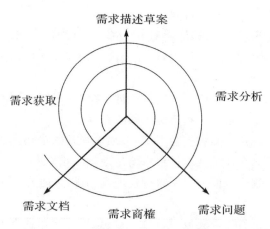

图3-2 需求获取、分析和商榷螺旋形模型

非常典型的情况是:需求工程人员发现了一些关于需求的信息,这些信息经过一轮分析和商榷后,又重新开始新一轮的螺旋。这个过程不断进行,直到所有的利益相关方对需求都满意(这是正常的终止条件),或者工期进度表要求开始系统的开发。这种需求过程非常适合于目前比较流行的敏捷开发(Agile Development)。

二、需求获取的一般过程

需求获取的过程有多种可能的活动形式。图3-3显示了涵盖多种不同活动形式的一个综合获取模型。

一个好的需求获取过程应该包括以下四个关键活动:

(1)确立目标:这个阶段要建立整个组织机构的目标,包括业务的整体目标,待解决的问题及对系统的约束,如预算和进度表等。

(2)理解背景知识:在这个阶段,需求工程师收集和理解系统的背景信息,包括目标系统的组织结构信息、所运行的应用领域数据,以及正在使用或将被目标系统替代的现有系统。

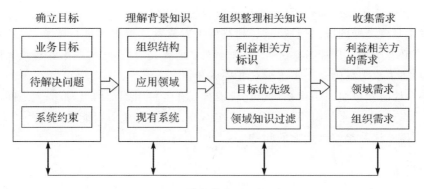

图 3-3 需求获取的一般过程

(3) 组织整理相关知识：整理和比较前一阶段所收集的背景知识，包括识别各类用户及其在组织中所扮演的角色，对各类利益相关方提出的业务目标进行优先级排序，丢弃与系统需求不直接相关的领域知识等。

(4) 收集利益相关方的需求：这是需求获取的核心工作，涉及请教利益相关方，发现他们的需求，分析出来自应用领域和组织机构的系统需求。

第三节 典型的需求获取方法

有效地获取需求往往需要借助一定的方法支持。典型的需求获取方法包括会谈法、问卷法、情景法、原型法、联合应用开发、需求复用和智能化方法等。

一、会谈法

会谈是很常用的需求获取技术。需求工程师和不同的利益相关方进行讨论，以期能够理解他们提出的需求。基本的会谈方式有两种：

封闭会谈：事先准备好待解决的问题及可能的解决方案，通过讨论这种会议方式寻找预先定义好的问题集的答案。

开放会谈：没有事先准备好的问题和答案，以自由讨论的方式与利益相关方进行沟通，从中获取他们对系统的需求。

在实际工作时，这两种会谈方式之间的界限是比较模糊的。需求工程师可能从一个预先定义好的问题集出发，展开讨论。但随着讨论的进行，逐渐演化成开放式的讨论。与之类似，也可以事先准备好一些简单问题来构建开放式的讨论。

会谈对于问题的理解和获取常见的系统需求非常有效。会谈有两个要点：①与会者必须思想开通，愿意倾听利益相关方的需求。②应该给利益相关方一些讨论的起点，可以是一个问题、一个需求建议或者一个现有系统。在一个确切的背景下说话要比使用概括性术语容易得多。

会谈是所有需求获取过程都要用到的方法，但往往难以达到理想的效果，主要有以下几个原因：

(1) 多数应用领域有自己的术语，利益相关方会用一种准确而微妙的方式使用术语讨论应用领域。但对需求工程师来讲,这些描述很容易被误解。

(2)对于某些类型的应用领域知识,利益相关方或者觉得很难进行解释,或者对此很熟悉觉得没有必要解释。例如,购买的图书在上架之前要先分类,这对图书管理员来讲是自然而然的,但是,需求工程师往往不了解这些领域知识。

(3)在会谈时获取组织结构知识也比较困难。在各种组织结构里,不同人之间具有很微妙的组织关系,公布出来的组织结构常与现实不符。利益相关方可能受到这些关系的影响,这使他们不愿意谈及组织结构上的问题。

二、问卷法

问卷法是通过向用户发放调查问卷表的方式,根据用户反馈的调查问卷表整理出系统的需求。这种方法主要用于当开发人员和用户都很清楚系统的需求时,特别是当开发人员和用户对系统中多数需求已达成共识,需要对一些个性化的需求进一步确认时。

问卷法设计的问题要便于回答。特别地,应该避免开放式问题——大多数问题都应该是封闭式的。封闭式问题可以采用如下三种形式:

(1)多项选择问题,回答者在这里必须从提供的答案集中选取一个或多个答案。允许回答者附加注释。

(2)评分问题,回答者在这里需要表达他/她对一段陈述的观点,分值可以是强烈同意、同意、中立、不同意、强烈不同意和不知道。

(3)排序问题,所提供的答案应该用序数、百分比或类似的排序方式给出。

一个设计良好、易于回答的问卷将有利于问卷工作的顺利完成。但是,在评估问卷结果时,业务分析员应该考虑到由于有些人没有回答给定问题,可能提供不同的答案所带来的偏差。

问卷法是从多个客户中收集信息的有效方法,一般用来作为会谈法的补充形式。一般而言,问卷法没有会谈法有效,因为无法澄清问题和可能得到的响应。问卷法是被动的,优点在于回答者有时间去考虑如何回答,并且回答可以是匿名的;缺点在于回答者不容易弄清楚这些问题的含义。

三、情景法

情景是对最终用户使用目标系统过程的一种描述,用于分析用户与系统之间的交互情况,同时也向用户展示如何使用系统。人们发现通过现实中的用例来描述系统提供的功能,要比对系统抽象描述更直观,也更容易做。因此,开发一系列人机交互情景是很有用的,可以用它们获取和理解系统需求。另外,开发情景的过程,即使没有考虑用户互动,也可以对理解需求提供帮助。发现可能的情景能够揭示可能的系统互动的范围,揭示可以获得的系统功能。情景是面向对象分析方法的一个基本部分。

情景可以看作是解释如何使用系统的经历。它们特别适用于向需求概要描述中添加细节。一旦对系统应该提供的功能有一个基本的想法,就可以开发关于这些功能的使用情景。可以通过与系统用户的讨论来识别情景。复杂系统通常需要许多(几十个或几百个)情景。

情景可用各种不同的方式进行描述,但它们至少应包括在进入情景之前系统的状态的描述、情景中正常的事件流、正常的事件流的异常、可能在相同时间里发生的其他活动信息、完成情景后对系统状态的描述等信息。

例如,采用情景法可以对图书馆借书流程作如下分析:

(1)进入情景之前系统的状态描述。

用例叙述:管理员将图书借给借书者并进行登记。

假设条件:借书者信息已经存储于系统中,即不是一个新用户。

前置条件:借书者将姓名和要借的书名告诉管理员。

后置条件:借书者拿到书,借阅信息被登记。

参与者:借书者。

(2)主事件流。

1)借书者提出借书申请,情景开始。

2)管理员选择"借书"选项。

3)查找选择该标题。

  A1:没有这个标题

4)选择该标题下的有效书目。

  A2:无有效书目

5)查找选择借书者。

  A3:找不到借书者信息

6)图书馆将书借出。

7)登记一个新的借阅。

  A4:借阅者有预订

8)用例结束。

(3)其他事件流。

  A1:没有这个标题

1)系统显示无标题提示信息。

2)返回主事件流第 3 步。

  A2:无有效书目

3)系统显示无有效书目提示信息。

4)返回主事件流第 2 步。

  A3:找不到借书者信息

5)系统显示该借书者为无效用户。

6)返回主事件流第 5 步。

  A4:借阅者有预订

7)清除预订信息。

8)返回主事件流第 8 步。

(4)完成情景后对系统状态的描述。

该书被借出,且相关预订信息被清除。

开发情景的主要活动包括需求工程师走访最终用户,记录用户的意见、问题和建议;在分析情景后需求工程师搭建一个情景模拟系统，向最终用户模拟演示情景，以便后者指出该情景中不正确的、过于简单化的或者变化的地方；在演示过程中，需求工程师可以针对情景中的任何疑点提问，询问的问题包括当前用户有哪些行为，如何执行任务，谁参与任务，如果采用其他可替换的方法会发生什么事情，等等。此外，还可以采用模型分析方法对交互情景进行建模，这部分内容将在第七章中介绍。

四、原型法

系统原型是用于系统需求研讨或机理探索的功能概念的演示系统，可以是实际系统的组成部分，也可以是完全模仿的非真实系统。对于硬件系统，原型的开发常常是为了对系统设计进行测试和试验。对于软件系统，原型则更多被用来帮助获取和验证系统需求。

1. 原型的分类及原型化方法

原型分为两类，一种是丢弃原型，另一种是演进原型。采用的原型不同，其方法也有所不同。丢弃原型法和演进原型法之间的区别如下：

丢弃原型法的目标是帮助获取系统需求。需要原型化的需求是那些对客户来说难以理解的需求，而容易理解的需求一般不需要被原型化。

演进原型法的目标是向客户快速交付一个能够工作的系统。因此，原型作为最终系统的初始版本，支持的是那些容易理解且最需要的功能需求，而难以理解或迫切性较弱的需求只有在系统广泛地应用之后才被实现。

当然，两种原型化方法之间的划分并不严格。有时候，软件的丢弃原型可能演化为最终交付系统。特别是当原型的重新实现与提交进度表不相适应时，这种情况就会发生。尽管这可能会带来短期利益，但会导致长期损失。因为原型缺少精心设计，开发较为粗糙，往往导致系统的维护和演化花费很高。

很显然，丢弃原型需要付出较高代价，为此软件工程界研究出了多种不同的方法，以降低原型开发代价。可选择的方法如下：

(1) 纸上原型方法。该方法是一种便宜且有效的原型开发方法，它最适合用来确定最终用户对软件系统的需求。纸上原型是画出来向最终用户展示的书面版本，它包括设计出各种各样的使用场景。分析人员和最终用户通过这些场景发现用户对系统的反应、所需要的信息和他们通常如何与系统交互。这些原型最后还可以用于系统实验。

(2) "Wizard of Oz"原型方法。该方法是用人（需求工程师）模拟出系统对用户输入的响应。由于"Wizard of Oz"原型方法不要求开发出许多软件，因此它是一种相对便宜的方法。在用户看来他是与系统交互的，但实际上输入被传递给一个模拟系统响应的人。当一个新系统是基于一个现有的接口开发时，这种方法特别有用。用户熟悉该接口，可以看到该接口和"Wizard of Oz"模拟的系统功能之间的交互。

(3) 自动原型方法。在该方法中使用第四代语言或其他开发环境开发一个可执行的原型。开发可执行的系统原型是一种较昂贵的选择，它包含编写软件来模拟要交付的系统功能。由于原型必须快速开发出来，因此应该使用适合于原型化开发的高级语言和支持环境。根据不同的应用，可以使用下列任何一种语言和支持环境：

1) 基于数据库系统的第四代语言。这适合于管理信息系统的原型化。然而，该语言在交互功能上有一定局限性。这可能意味着有一些功能不能实现(例如,使用图形化工具在数据库中浏览数据)。

2) Visual Basic 或 Smalltalk 等高级语言。它们是通用的编程语言,通常包含一个强大的开发环境,可以访问一系列可复用对象。这些语言可以开发出满足各种要求的应用,比第四代语言提供更大的灵活性,但编码工作量较大。

3) 基于 WWW 浏览器和 Java 程序与要显示的信息相关联,向用户接口添加功能。当主页载入浏览器时,可以自动执行 Java 程序(又称"小程序")。这是一种快速开发用户接口原型的方法,但是必须接受浏览器本身固有的限制。

2. 原型法的优点

采用原型法最主要的好处是它允许客户和最终用户对目标系统进行体验和试验,以此理解目标系统如何支持他们的工作。尤其是用原型系统来讨论利益相关方难以理解的需求,相对容易发现问题,并对需求提出改进意见。当然,原型法还有以下优点:

(1) 原型可以帮助人们在开展高花费的开发工作之前,确定系统的总体可行性和可用性,从而降低系统开发风险。

(2) 原型是获取人机交互界面需求的有效方式。如果将人机界面的原型作为需求过程的一部分来开发,则可以减少后来的系统开发费用。

(3) 原型可以用来进行需求验证过程中的需求测试。可执行的原型可作为系统测试的需求标准,在最终的系统测试中交叉验证需求满足性。如果两者的输出不同,则表明软件中可能发生了错误或者存在不一致。

(4) 实现原型需要对需求进行认真研究,从中经常能够发现不一致或不完全的需求,从而减少在系统开发中走弯路。

3. 原型法存在的问题

当然,也需要对原型法的利弊进行权衡。原型法存在以下问题:

(1) 培训花费:如果项目研制单位对开发原型没有经验,必须针对原型法使用环境和原型化技术进行培训。

(2) 开发成本:对于小系统而言,项目工作量可能只是几个人天;对于大系统而言,可能是若干个人年。

(3) 开发进度:在某些情况下,开发一个原型化方法可能引起开发进度的延长,这样产品的最终交付时间就可能被延长。当然,原型化所花费的时间有时也可能会缩短解决开发问题的周期。

(4) 不完全的原型化:原型化只是模拟最终系统的功能,对高可靠系统的需求确定可能帮助不大。事实上,它可能误导客户,因为客户可能会认为系统整体将和原型具有同样的性能和可靠性。

多数组织发现花费时间开发系统原型是值得的。尽管最初的开发成本有些高,但获得的需求更可能反应客户的真实需要。当系统交付使用后,针对需求的重新修改工作会更少。需要注意的是,原型系统必须在需求获取阶段可使用,也就是说它们必须被快速实现。此外,某些需求实际上不可能原型化,特别是反映系统可用性、可靠性等系统整体需求。

五、联合应用开发

联合应用开发(Joint Application Development,JAD)如它的名字所示——在一个或多个工作会议中的一次联合应用开发将所有的投入者(客户和开发人员)带到了一起。一次 JAD 会议可能要几个小时、几天甚至一两个星期,参加者的人数不应超过 30 人。会议的参加者有:

领导:组织和召集这次会议的人。这个人具有很强的交流能力,他不是项目的投入者(除了作为 JAD 领导之外),但应具有很好的业务领域的知识(但不需要很好的软件开发知识)。

文书:在计算机上记录 JAD 活动的人。这个人应该有快速录入的技能,应该具备很强的软件开发知识。他能够使用 CASE 工具为活动生成文档,并开发最初的解决方案模型。

客户(用户和经理):他们是交流、讨论需求、做出决策、批准项目目标等工作的主要参与者。

开发人员:开发队伍中的业务分析员和其他人员,他们听得多说得少——他们在这个会议上是发现事实并收集信息,并不是支配这个过程。

六、需求复用

当开发一个新系统时,应尽可能复用同一领域中其他已开发出的优良系统的需求。尽管理解系统设计和代码的复用可能比较容易,但理解需求复用的含义却比较困难。各个系统具有不同的概念,由不同的利益相关方组成,这意味着各个系统的需求也具有独特性。尽管各个系统都存在着某些独特的需求,但在许多条件下不同系统之间有许多需求是可以复用的。这些条件包括:

(1)需求涉及提供关于应用领域的信息。许多需求实际上没有指出系统功能,但指出了来自应用领域的系统约束或系统操作。例如火车刹车系统要包括关于火车上的人数信息、目前的速度、轨道倾斜度等影响火车刹车时间的因素。这些信息很有可能应用到所有涉及火车控制和保护的系统中。

(2)需求涉及信息的描述格式。在可能的范围内,一个组织所使用的所有系统具有风格一致的用户界面是很有意义的。这意味着用户使用另一个系统时,不容易出错。

(3)需求反映企业或业务政策。企业或业务政策,例如安全政策,需要反映在系统需求中。嵌入这些政策的需求被一个系统实现后,可以在以后开发其他系统时复用。因此,如果企业或业务政策要求保护所有的个人隐私,进行加密的需求在不同系统中是一致的。

许多系统中超过 50% 的需求可以划入以上几类。需求复用可以节省大量成本。这主要是因为复用的需求已经在其他系统中分析和确认过了。尽管一些需求的分析和确认仍然需要检查是否适当,但比"新"需求所花的时间和代价要小得多。

当然,需求复用也存在风险。在不同的开发背景下进行复用,可能会导致一些难以预料的问题。因为复用的需求已经被分析过,时间和资源的压力可能使分析人员错过这些问题。如果在后期才发现问题,则意味着要做大量的重复工作。目前,需求复用还未纳入正式的过程,它主要依赖于需求工程师的个人经验。

第三章 需求获取

七、智能化方法

鉴于传统方法在知识获取、模型构建的准确性和效率方面一直存在弊端,近年来,越来越多的研究者们将具有广泛应用性的人工智能技术(如机器学习、深度学习、自然语言处理等)与需求获取方法相结合,提出了一系列智能需求获取的方法和技术,从而弥补了传统方法的不足。智能化方法在需求获取中最多的应用是需求知识提取、需求知识分类。

需求知识提取。通过自然语言处理、机器学习、深度学习等技术从项目文档、记录、用户评论和用户请求中提取相应的需求知识,作为后续模型构建的基本元素。

需求知识分类。采用信息检索、支持向量机方法、长短期记忆网络等技术对不同种类的需求知识进行分类,帮助开发人员更好地改善系统,明确系统所需完成的目标,为模型构建提供帮助。

智能需求获取的步骤如图 3-4 所示。

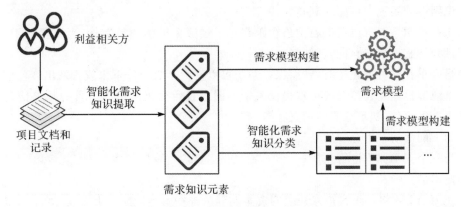

图 3-4 智能需求获取的步骤

结合人工智能技术的需求获取技术取得了很多突出的进展,但仍然存在一些亟待解决的关键问题,如通过信息检索、机器学习和深度学习等方法获取的需求知识在完整性上略显不足,通常需要人工对一些细节和隐性知识进行增加和修改,同时还要删除一些冗余的知识元素,同时,如何提高智能需求获取与建模方法的效率也是一大难题。需求知识分类也是实际应用面临的一个技术难点,现有需求知识分类的粒度较粗,虽然能为需求优先级划分、需求管理提供帮助,却难以满足后期构建精准模型的需要。

小 结

下面对本章的内容主线做一个归纳:

(1)需求获取包括理解应用领域、需要解决的具体问题、组织需要、约束、系统利益相关方的具体功能需要等。

(2)需求获取、分析和商榷的过程是相互交叠的,在产生能被所有的利益相关方接受的系统需求描述前,这个过程可能重复进行若干次。

(3)需求获取可以采用几种不同的技术,包括会谈、情景法、软系统方法、原型法等。这些方法各有长处和缺点,在需求获取过程中可以视应用背景和项目要求适当选取几种方法综合使用。

(4)许多利益相关方发现涉及和理解抽象的系统描述比较困难。因此,使用原型法进行需求获取比较有效,因为利益相关方可以通过亲身经历来发现真实的需求。

思 考 题

1. 举例解释为什么领域知识在需求获取过程中重要。

2. 解释将需求获取、分析和商榷看作是一个顺序的过程过分单纯化。为什么图3-2中的螺旋形模型可以更好地表示这个过程?该模型的简化模式是什么样的?

3. 会谈作为一种需求获取的技术,其优点和缺点各是什么?同利益相关方进行的会谈和讨论过程怎样赢得补充信息?

4. 识别下列系统中可能的利益相关方。

1)库存控制系统可以帮助石油公司跟踪每个销售渠道的油料数量,当库存低于一定水平时,帮助石油公司自动订购新油料。

2)当火车在铁轨上超速时,铁路保护系统可以使火车自动停下来或者发出红色信号。

3)电视节目调度程序系统可以提供关于不同电视台播出的所有节目的频道信息,以及其他关于重大事件,如足球赛的信息。

5. 为下列活动写出合理的情景。

1)为一个大学课程进行注册;

2)使用借贷卡;

3)使用ATM将一个客户账户上的资金调到另外一个客户账户上去;

4)通过一个图书馆的图书目录查找有关"需求获取"主题的书籍。如果没有与该标题有关的此类书籍,可以在相关领域进行查找。

6. 解释原型法对需求获取有用的原因。

7. 使用宣传小册子和演进原型之间的重要区别是什么?

第四章 需求分析与验证

需求分析和验证旨在发现系统需求中的问题,并与利益相关方达成一致满意的修正意见。需求分析常常与需求获取相重叠,因为有些问题在进行需求获取时就已经分析清楚了。但在一般情况下,需求分析是在需求描述草案产生之后进行的;分析人员阅读描述草案,发现需求问题,召开会议对其进行讨论。此外,需求分析又和需求验证有着某些共同的地方。但这又是两个不同的过程。需求分析的起点是需求获取所得到的需求草案,即有待进一步研究的、不完整的需求,而需求验证的起点是已经过充分研究的、完整的需求。

第一节 需求分析

需求获取过程的输出应该是对系统需求描述的草案文档。对该文档的进一步分析可以发现需求定义上的问题和冲突。通常,在需求草案中冲突和重叠几乎是不可避免的,为解决这些冲突并对需求细节达成一致意见,就必须有一个涉及不同利益相关方的商榷过程。分析和商榷过程如图4-1所示。

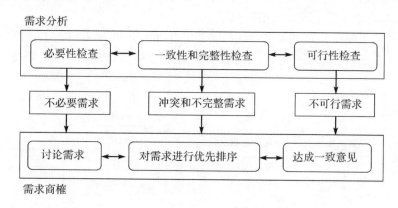

图4-1 需求分析和商榷过程

该图中上下两层方框内的圆角矩形框表示需求分析或需求商榷的活动,中间层的直角矩形框表示两类活动之间传递的需求信息。

典型的需求分析活动包括以下几点:

必要性检查:对需求的必要性进行检查。在某些情况下,客户可能提出一些无助于实现业务目标的需求,或者一些无助于解决实际问题的需求。

一致性和完整性检查:对需求的一致性和完整性进行检查,以确保需求是正确的。一致性意味着没有需求是自相矛盾的,完整性意味着所需要的服务和约束不会被遗漏。

可行性检查:对需求的可行性进行检查,以确保它们在满足系统开发预算和进度表的前提下是可行的。

一个需求是否是必要的以及是否是可行性的,一般只是一个大概的观念。不同的利益相关方对此可能抱有不同意见,需要通过讨论以解决需求冲突。

典型的需求商榷活动包括以下几点:

讨论需求:对那些有疑问的需求进行讨论,涉及的利益相关方对此提出他们的观点。

对需求进行优先排序:标识出重要的需求,对其进行优先级排序,从而为项目计划、决策提供帮助。

达成一致意见:确定需求问题的解决方案,达成解决需求问题的折中意见,其中往往涉及对某些需求做变更。

当然,在许多情况下,分析过程会发现一些不能回答的问题,并且对需求变更达不成一致意见。这实质上意味着商榷过程所使用的信息是不够的,因此必须重新开始图 3-2 中的螺旋,收集更多关于系统需求的信息。

一、需求分析的过程

需求分析要解决的问题是"目标系统必须做什么"或者"目标系统是什么",通过提炼、分析和仔细审查收集到的需求,确保所有参与需求过程的利益相关方都明白其含义,并找出其中的错误、遗漏或其他不足的地方。需要明确的是,需求本身与目标系统如何实现可以是完全无关的。这一阶段不是确定目标系统怎样完成工作,而是确定目标系统必须完成哪些工作。可以说,需求分析阶段的工作就是对目标系统提出完整、准确、清晰、具体的要求。在此阶段结束之前,应给出系统需求的书面描述。

需求分析的主要任务如图 4-2 所示,就是从当前系统(可能是纯人工系统,也可能是有计算机支持的系统)的逻辑模型导出目标系统的逻辑模型,以解决目标系统"做什么"的问题。

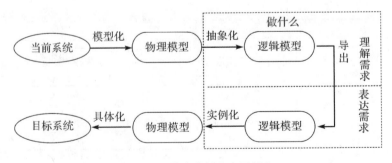

图 4-2 需求分析的主要任务

二、需求分析的方法与技术

(一)需求分析的方法

1. 需求分析的准则

目前有许多不同的、用于需求分析的结构化分析方法。所有这些分析方法都遵守下述准则：

(1)必须理解并描述问题的信息域，根据这条准则，应该建立系统数据模型。
(2)必须定义软件应完成的功能，这条准则要求建立系统功能模型。
(3)必须描述作为外部事件结果的软件行为，这条准则要求建立系统行为模型。
(4)必须对描述信息、功能和行为的模型进行分解，用层次的方式展示细节。

2. 需求分析的步骤

需求分析可以分成下述步骤：

(1)确定系统的集成要求。

功能需求：指定系统必须提供的服务。通过需求分析应该划分出系统必须完成的所有功能。

性能需求：指定系统必须满足的时间约束或容量约束，通常包括响应时间、I/O 吞吐率、主存容量、磁盘容量、安全性等方面的需求。

可靠性和可用性需求：量化指定系统的可靠性。可用性与可靠性密切相关，它量化了有效使用系统的时间和程度。

出错处理需求：说明系统对环境错误应该怎样响应。例如，接收到从另一个系统发来的违反协议格式的消息，它应该做什么。

接口需求：描述应用系统与它的环境通信的格式。常见的接口需求有用户接口需求、硬件接口需求、软件接口需求、通信接口需求。

设计约束：描述在设计或实现应用系统时应遵守的限制条件。常见的约束包括精度、开发工具、编程语言、遵循标准、软硬件平台等。

需求预测：明确地列出那些虽然不属于当前系统开发范畴，但是据分析将来很可能会提出来的要求。

(2)分析系统的数据要求。

系统必须处理和应该产生的信息在很大程度上决定了系统的需求，对软件设计有深远影响。因此，必须分析系统的数据要求，这是软件需求分析的一个重要任务。分析系统的数据要求通常采用数据建模方法，如第六章介绍的 IDEF1X 方法。

(3)建立逻辑模型。

综合上述两项分析的结果可以建立系统的逻辑模型。通常可以采用 IDEF0 建模、IDEF1X 建模、UML 建模以及算法描述等方法建立上述逻辑模型，这些方法将在第六、七章详细介绍。

(4)撰写需求规格说明书。

需求分析阶段除了创建分析模型之外,还应该写出软件需求规格说明书,它是需求分析阶段得出的最主要的文档。

通常用自然语言完整、准确、具体地描述系统的数据要求、功能需求、性能需求、可靠性和可用性要求、出错处理需求、接口需求、约束、逆向需求以及将来可能提出的要求。自然语言的规格说明具有容易书写、容易理解的优点,为大多数人所采用。可以在 GB8567-88 规定的软件需求规格说明书模板的基础上进行裁剪和扩充。

最后,需要指出的是,需求分析并不是需求工程师一个人的事情。要得到完整、准确的需求,就需要项目相关的各类利益相关方共同参与。表 4-1 列出了需求分析过程的各类参与者。

表 4-1 需求分析过程的参与者

参与人员的类型	参与人员需要解决的问题
客户或用户	理解、验证需求
系统设计人员	设计和开发系统
测试人员	设计测试数据与用例
项目经理	安排进度和计划
市场经理	解决开发和使用中的关键问题

需求分析的目的在于开发出高质量和具体的需求,这样就能做出实用的项目估算并进行设计、构造和测试。它包括分析原始需求的类型以及需求之间的关联,明确需求的应有属性,并完善相关的属性,根据其标识、优先级、重要性、可行性、风险、来源和类型等对需求进行分类。

(二)需求分析的技术

有效的需求分析往往需要借助一定的技术手段。需求分析技术很多,但有些方法和技术(如形式化模型分析)需要专门的理论知识,往往难以普遍使用。这里介绍两种简单实用的需求分析技术:需求分析校验表和交互作用矩阵。

1. 需求分析校验表

需求分析校验表是分析人员用来对每项需求进行评价的问题列表。分析人员应在阅读需求文档时检查列表上的各个条目。当发现潜在的问题时,把问题标注于页边,或者写在另一份分析列表上。校验表也可以做成电子表格的形式,行标是需求标识符,列标是校验表项,潜在的问题写在对应的单元格中。

校验表为需求分析人员提供了查找问题的线索或提纲,提醒分析人员不要忘记对需求进行某些方面的检查。校验表属于一种组织资源,要随着需求分析过程的发展而进行演化。校验表上的问题通常是比较概括的。表 4-2 显示了一些具体的检验表项。

第四章 需求分析与验证

表 4-2 分析校验表项

校验表项	描述
尚未成熟的设计	需求是否包括尚未成熟的设计和实现信息
合成的需求	是针对单个需求进行描述吗？若不是，是否可以将其分解为若干个不同的需求
不必要的需求	该需求对系统真有必要吗？还是只起装饰作用
非标准硬件的应用	该需求是否意味着必须使用非标准的硬件或软件？为了做出决定，是否必须了解计算机平台的需求
业务目标的性能	需求和需求文档中定义的业务目标是否具有一致性
需求二义性	该需求有二义吗？可能的解释有哪些？二义性不一定是坏事，因为它给系统设计人员一定的自由。但它在开发过程的某些阶段必须被清除掉
需求可实现性	用来开发系统的技术对实现需求是否现实

校验表一般限于大约 10 个问题。人的大脑不能同时把握太多的条目，在阅读文档时，冗长的校验表不会有太大用处。进一步说，冗长的校验表将不可避免地导致大多数问题与大多数需求不相关，从而影响使用效果。如果校验表冗长，可以考虑将它分为几张新的校验表，不同的分析人员使用不同的校验表，这样整张校验表都可以被覆盖到。唯一例外的情形是高可靠系统的规格说明书要求进行很细致的分析，这时校验表比较长是可以接受的，使用条目数比较多的检验表所花费的附加时间是值得的，因为如果规格说明书中出现错误，后果会很严重。

2. 交互作用矩阵

需求分析的一个非常重要的目标是发现需求之间的相互影响，包括冲突和重叠。为实现这一目标，可以构建交互作用矩阵来显示这些信息。构建交互作用矩阵的最简单方式是使用一个 Excel 电子表格，表格的行和列都用需求标识符来标识，再将每个需求和其他需求相比较，然后在电子表格的单元格中填写下列值：

(1) 冲突的需求，填写 1；

(2) 重叠的需求，填写 1 000；

(3) 独立的需求，填写 0。

如果不能确定需求是否冲突，不妨假设冲突存在。因为若假设的冲突存在，问题解决起来要比解决未发现的冲突问题所花的代价小得多。表 4-3 显示了一个交互作用矩阵的例子，对 6 个需求进行比较。

表 4-3 交互作用矩阵

需求	R1	R2	R3	R4	R5	R6
R1	0	0	1 000	0	1	1
R2	0	0	0	0	0	0
R3	1 000	0	0	1 000	0	1 000

续 表

需求	R1	R2	R3	R4	R5	R6
R4	0	0	1 000	0	1	1
R5	1	0	0	1	0	0
R6	1	0	1 000	1	0	0

表4-3中显示的交互作用矩阵中,可以看到R1和R3重叠,并与R5和R6冲突。R2是一个独立的需求;R3和R1,R4和R6等重叠。这些重叠和冲突需要在需求商榷中进行讨论和解决。

使用数字来标识冲突和重叠的好处是可以将每行或每列相加,从而发现冲突(总数除以1 000后的余数)和重叠的数目(总数除以1 000后的商)。分析过程要对每个需求进行认真检查,如果发现一两个需求的冲突或重叠的总数目比较大,则意味着该需求若发生变化,对系统的其余部分会造成重大影响。

交互作用矩阵只有在相对小数目(上限大约是200个)的需求下才能工作得比较好。因为它需要将每个需求和其他需求进行对比。

三、需求分析结果

需求分析人员经常问的一个问题是:需求分析过程到什么时候才能结束呢?对这个问题的客观回答是:需求获取与分析是无止境的。但是,需求分析总要结束,否则后续的开发阶段就无法开始了。以下列出了一些可以作为需求分析过程暂时完成的标志:①用户不能再提出更多的用例;②用户提出的功能可以通过已提出的功能来实现;③用户提出的需求总是比已有的需求优先级低;④开始重复讨论已提出的需求;⑤开始讨论不针对具体业务的需求。

需求分析暂时结束后,应该形成相应的需求分析文档,以便用户进行确认与验证,保证大家对需求的理解是一致的。

需求分析文档精确地阐述一个软件系统必须提供的功能需求和非功能需求以及它所要考虑的限制条件。需求分析文档不仅是系统测试和用户文档的基础,也是所有软件过程中项目计划、系统设计和软件编码的基础。它应该尽可能完整地描述系统预期的外部行为和用户可视化行为。除了设计和实现上的限制,需求分析文档不应该包括设计、构造、测试或工程管理的细节,必须在开始设计和构造之前编写出整个产品的需求分析文档。可以反复地或以渐增方式编写需求分析文档,这取决于以下几个因素:是否可以一开始就确定所有的需求,编写需求分析文档的人是否将参与开发系统,计划发行的版本数量,等等。

需求分析文档可以分为需求定义文档和需求规格说明两类。

(1)需求定义文档。需求定义文档是针对用户撰写的需求文档。其用途是向用户展示开发者对于用户究竟需要什么的一种理解,应该采用易于用户理解的、比较平实的语言来书写。

需求定义文档一般包括下述内容：
1）明确目标系统的一般特性及其与其他软件的关系，列举使用的术语和缩略语。
2）介绍开发该系统的背景和目的，可能需要简要分析现有系统的优缺点。
3）重点讨论用户要解决什么问题，详细叙述用户提出的需求及种种约束。
4）描述系统的详细特征，包括系统边界和接口、功能模块、输入输出、异常处理等。
5）介绍系统对运行环境、软硬件、安全性等要求。

(2) 需求规格说明。需求规格说明是针对设计、开发和测试人员编写的文档。一般由系统分析师撰写，也可称为功能规格说明、需求协议以及系统规格说明。该文档阐述了软件系统必须提供的功能和性能以及它所要考虑的限制条件，常使用专业术语来定义系统的需求。

需求规格说明一般采用下述三种方式编写：
1）用结构化的自然语言编写文本型文档；
2）建立图形化模型，描绘系统状态转换过程、数据和逻辑流；
3）使用数学上精确的形式化语言来定义需求。

每个软件开发组织都应该在它们的项目中采用一种标准的需求规格说明模板。许多人使用来自 IEEE 标准 830-1998 的模板，这是一个结构好并适用于许多种软件项目的灵活的模板。图 4-3 描绘了以 IEEE 830 标准改写并扩充的需求规格说明文档模板。

```
a. 引言                          d. 系统特性
   a.1 目的                         d.1 说明和优先级
   a.2 文档约定                     d.2 激励/响应序列
   a.3 预期的读者和阅读建议         d.3 功能需求
   a.4 产品的范围                e. 其他非功能需求
   a.5 参考文献                     e.1 性能需求
b. 综合描述                         e.2 安全设施需求
   b.1 产品的前景                   e.3 安全性需求
   b.2 产品的功能                   e.4 软件质量属性
   b.3 用户类和特征                 e.5 业务规则
   b.4 运行环境                     e.6 用户文档
   b.5 设计和实现上的限制        f. 其他需求
   b.6 假设和依赖                   附录A：词汇表
c. 外部接口需求                     附录B：分析模型
   c.1 用户界面                     附录C：待确定问题列表
   c.2 硬件接口
   c.3 软件接口
   c.4 通信接口
```

图 4-3　需求规格说明模板

可以根据项目的需要来修改这个模板。如果模板中某一特定部分不适合你的项目，那么就在原处保留标题，并注明该项不适用。这将避免读者误认为是不小心遗漏了一些重要的部分。与其他任何软件项目文档一样，该模板包括一个内容列表和一个修正的历史记录，该记录包括修改需求分析文档、修改日期、修改人员和修改原因。

第二节 需求确认与验证

一、需求确认与验证的基本概念

(一)需求确认

在分析过程中,通常会发现需求的遗漏、冲突、二义性、重叠和不切实际等情况。如果需求存在冲突,或者意思含糊不清,利益相关方必须通过需求确认对修改和简化系统需求达成一致意见。大量统计数字表明,软件系统中15%的错误起源于错误的需求。为了提高系统质量,确保系统开发成功,降低系统开发成本,一旦对目标系统提出一组要求之后,必须严格验证这些需求的正确性。对于需求分析的结果(即需求分析文档)必须进行确认,以确保其中没有错误和歧义。

需求的确认过程是为了确保所提出的需求足够正确和完整。经验表明,重视需求开发和确认,可以在研制的早期识别细微的错误和遗漏,并且减少随之带来的重新设计和系统性能不当。

复杂系统都存在着众多的利益相关方。一些利益相关方会不同意某些系统需求,对不同的系统服务的优先级也可能会有不同的要求。需求确认是讨论需求冲突的过程,通过讨论,对所有的利益相关方的意见进行折中,使大家都可以接受。因此,最后的需求往往是一个折中结果,是对组织的总体要求、各个利益相关方的细节需求、系统开发时设计和实现约束、预算以及开发进度等各个因素之间的一个折中。

需求确认原则上应是一个客观过程。对系统需求的判断应以技术和组织需要为基础,但实际情况往往不是这样。确认很少只通过逻辑和技术的声明进行处理,它会受到组织、政策及相关人员的个性的影响。强势的利益相关方会要求将其优先级置于其他利益相关方之上,需求就可能因为他们对组织的政策性影响而被接受或者取消;而最终用户也可能拒绝改变或妨碍需求等等。

需求确认的大部分时间一般花在解决需求冲突上。两个或者多个不同需求之间可能存在冲突。例如,为开发一个分布式系统,组织管理员可能要求具有访问本地数据的权利,但信息安全人员可能会要求只有系统管理员才拥有此权利。这就需要通过确认来解决。

一些组织不愿意花费足够的时间来解决需求冲突,他们可能认为冲突意味着某种"失败",因此不需要为"失败"花费时间。这种观点是完全错误的。冲突是天然存在的,也是不可避免的,它反映了不同利益相关方对系统拥有不同的需要和权益,构造一个能完全满足每个人的系统是不可能的。如果不通过开放式的清楚的冲突协商,一些利益相关方可能会对系统不满或者抱有敌意。

在需求确认中需要针对下述4个方面进行审查:

(1)一致性:所有需求必须是一致的,任何一条需求不能和其他需求互相矛盾。

(2)完整性:需求必须是完整的,规格说明书应该包括用户需要的每一个功能或性能。

(3)现实性:已获得的需求为进行产品设计、构造和测试提供了足够的基础,并且是用现有的硬件技术和软件技术基本上可以实现的。对硬件技术的进步可以做些预测,对软件技术的进步则很难做出预测,只能从现有技术水平出发判断需求的现实性。

(4)有效性:必须验证需求正确有效地描述了预期的系统行为和特征,确实能解决用户面对的问题。

需求确认通常需要通过磋商来实现,因此需求确认有时也可理解为需求磋商。

(二)需求验证

需求验证是需求开发的最后一个环节,它是一个质量把关的过程。其目标是发现尽可能多的错误,减少因为需求错误而带来的工作量浪费。因此,需求验证是为了确保正确地得到需求。

需求验证所包括的活动是为了确定以下几个方面的内容:

(1)软件需求规格说明正确描述了预期的系统行为和特征。
(2)从系统需求或其他来源中得到软件需求。
(3)需求是完整的和高质量的。
(4)所有对需求的看法是一致的。
(5)需求为继续进行产品设计、构造和测试提供了足够的基础。

二、需求确认的过程

(一)需求确认的过程方法

开会是最有效的需求确认方式。与会人员应该包括前期参与需求分析的人员,尤其是发现了需求冲突、遗漏和重叠的分析人员,以及有助于解决这些问题的系统利益相关方。开会不能只解决突出的需求冲突问题。需求确认会议之前,利益相关方和系统分析人员应对问题展开非正式的讨论,对所有有冲突的需求进行逐一讨论。同时也不能认为对某一需求所做出的决定能够适用于其他相关需求。

会议应包括以下关键活动:

沟通:对与需求相关联的问题性质进行解释。

讨论:涉及的利益相关方对如何解决这些问题进行讨论。应为所有对需求有兴趣的利益相关方提供发表评论的机会。优先级可以在该阶段确定下来,这可以帮助会议确定哪些需求必须包括在最终系统的规格说明书中。

决议:对需求问题所采取的措施达成一致意见。这些措施包括删除、修改或者进一步获取有关需求的信息。如果记录了需求产生的原因,必须在会议期间对其进行补充修改以反映需求的变化。

每个会议参与者都要得到分析结果的副本。会议的主持人应由不是系统利益相关方的人来担任。他应该是中立的,这样比较容易确保所有利益相关方的观点都被考虑到。

图4-4显示了需求确认过程模型。

需求确认的输入包括以下几点:

(1)需求分析文档:该文档应该是一个完全的版本而不是一个未完成的草案,并按照文档标准进行格式化和组织。

(2)组织知识:它是一个非正式的输入,但非常重要,因为需求可能与组织结构、标准、文化紧密相关,需求确认涉及的人员应了解组织本身,组织所使用的特定术语,以及系统开发和使用人员的实践经验。

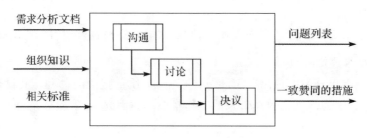

图 4-4 需求确认过程模型

(3)相关标准:需求确认应检查与企业或行业标准的一致性。因此,与需求文档相关的任何标准都应作为确认过程的输入。

确认过程的输出包括以下几点:

(1)问题列表:这是和需求文档一起提交的问题列表。在理想情况下,应将问题按照二义性、不完全性等情况分类。

(2)一致赞同的措施:这是需求确认过程涉及的人员针对需求问题一致同意的动作列表。问题和动作的比例不一定非要是1:1不可。一些问题可能导致若干个纠正的动作,一些问题则只是被记录下来而无须采取任何其他行动。

需求确认有可能是一个持续时间很长的过程,因为它可能涉及不同人员反复对需求进行理解、磋商和完善。如果有原型系统展示并进行试验,可以加速确认的过程。需求确认的会议通常是内部的小型会议,目的是尽快发现问题和解决问题。最后,应安排一个所有利益相关方都参加的大型会议,对项目需求工作成果进行正式评审,给出一个结论性意见,作为工程项目的一个里程碑。

(二)需求确认的验证

验证需求是否真正反映用户需要,一种可取的方法是根据需求开发能够模拟实际系统的用例系统(即原型系统),与用户一起对用例系统进行测试,从而对需求进行检验和确认。这些用例既可作为需求的验证用例,也可为今后实际系统的测试用例设计奠定基础。若为一个需求设计验证用例有困难,则说明该需求存在某种问题。可能是需求中存在缺失信息,或者是对需求的描述不清楚。

为需求设计验证用例的目的是确认需求而不是确认系统。因此,它与真实系统的测试用例不同,不需要关注实际的执行因素,如测试成本、避免多余的测试、详细的测试数据定义等,也不必提出真正应用到最终系统的测试。

为了定义验证用例,可以询问关于需求的如下问题:

(1)可以用什么样的场景来确认需求?该问题定义验证用例涉及的范围和情景。

(2)需求本身包含的信息足够定义一个验证用例吗?如果不是,那么为找到这些信息还需检查哪些其他需求?如果你需要参阅其他需求,应该对其进行记录,因为需求之间可能存在依赖性,这对于可跟踪性来说很重要(对需求的可跟踪性将在下一章具体讨论)。

(3)用单一的验证用例来检查需求可能吗?还是需要多个验证用例?如果需要多个验

证用例,这意味着在一个需求描述中包含多个需求。

(4)需求能不能被重新描述,以使需要的验证用例显而易见?

还应设计一个验证记录表单,把每一个被检查的需求填进去。这个表单至少应包含如下信息:

需求标识符:每个需求至少有一个标识符;

相关需求:验证过程中涉及的其他需求;

验证描述:关于可用的验证用例以及采用它的原因的简要描述;

需求问题:描述很难或不可能定义验证的需求问题;

意见和建议:对解决已发现的需求问题的建议。

尽可能地尝试将需求阶段的验证用例应用于实际系统的测试验证是很有意义的。需求验证的重用可以减少实际系统的测试成本。但这种基于原型系统的需求验证始终无法取代实际系统的测试验证,至少难以对以下方面的需求进行验证:

整体性需求:一些需求是应用于系统整体的。一般而言,由于其受所有的功能性需求的影响而很难进行验证,这和所用的验证方法无关。验证往往是对非功能性的系统整体性质(如可用性)进行验证的。

排斥性需求:一些需求排斥特定行为,如"系统失败不能破坏系统数据库"这样的需求,无法仅仅通过增加系统验证的次数来保证对其进行彻底验证。

非功能需求:一些非功能性需求如可靠性需求,只能通过很大的验证集合进行验证。设计验证集合无助于需求确认。

三、需求验证的方法与技术

(一)需求评审技术

需求评审会常用于需求确认,它较一般的需求商榷会议正式得多,涉及众多利益相关方以及项目外部的专家,因此对会议的组织形式和评审中采用的技术要求较高。这里介绍的需求评审方法借鉴了软件程序评审方法。

1. 需求评审过程

图 4-5 显示了需求评审过程,需求评审过程的主要活动有以下 6 项:

(1)计划评审:选择评审小组和召开评审会议的时间地点。

(2)分发文档:将需求文档和其他相关文档分发到评审小组成员手中。

(3)准备评审:评审成员各自对需求分析文档进行阅读,标明冲突、遗漏、不一致以及与标准间的偏差和其他问题。

(4)召开评审会议:对各自的意见和问题在会上讨论,就解决问题所采取的一系列行动达成一致意见。

(5)执行决议:评审会议主席检查被执行的行动。

(6)修订文档:修订需求文档,以反映达成一致意见的行动。该阶段可能被接受,也可能被要求重新评审。

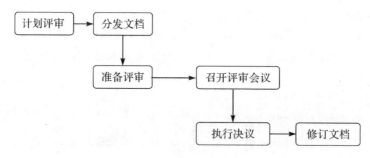

图 4-5 需求评审过程

2. 问题记录与处理

需求评审会议是一个正式的会议,应该由没有参与需求开发过程的人主持。在会议中,由需求工程师依次介绍每个需求小组的需求分析和商榷情况,并且记录主要问题以备讨论,可以指定小组中的某个成员来记录已标识出的需求问题。

程序审查只是简单地将错误报告给程序员来更正。与程序审查不同,需求评审涉及的是一个小组,由这个小组决定是否更正识别出的错误。针对每一类需求问题,小组可能采取的行动如下:

(1)澄清需求问题:需求可能被表达得很差或者偶然遗漏了在需求获取阶段收集的信息。作者应该通过重写需求来改进需求。

(2)填补需求遗漏:一些信息在需求文档中遗漏了,需求工程师必须重新审视文档,从利益相关方或者其他需求源那里发现这些信息,对文档进行完善。

(3)解决需求冲突:如果需求之间发生重大冲突,利益相关方必须通过商榷来解决冲突。

(4)剔除不实际需求:尽管需求中采用了当前可用的技术,但实际上该利用技术难以实现需求,或者在系统上附加了其他不可行的约束。利益相关方必须考虑决定该需求是否应该被删除或者修改,使其变得切合实际。

很明显,需求文档审查所花费的时间依赖于需求文档的大小。公布的数字显示,程序审查大约每个小时可以审查 125 行代码,和审查准备的时间一样。而需求审查则没有确切的数字公布。一般估计每人每个小时审查 20~40 个需求项(一个需求项是一个相对独立的系统用户要求描述),与审查准备的时间相近。因此,4 个人的审查小组对一个有 400 个需求项的文档进行审查可能总共需要 25 至 50 h。

3. 预审查

由于需求评审是一个正式会议,应尽可能在会议之间排除一些简单或低级错误,如拼写错误、文档格式与组织标准不相符等,确保文档结构以及定义的需求和组织标准相一致。同时,可以使用自动检查工具对文档进行处理,除去拼写错误、交叉引用的错误等。该工作称为预审查,其过程如图 4-6 所示。如果需求文档不是很大,预审查一般不应超过 1 天。

这是检查标准一致性的一种快速便宜的方式,因为只需要很少的人执行这种检查。另外,检查和标准不一致的地方也可以快速地揭示出需求中的问题所在。如果一个需求文档和定义的标准不一致,则表明需求规格说明中可能存在大范围的问题,需要大幅调整,评审会可以推迟召开。

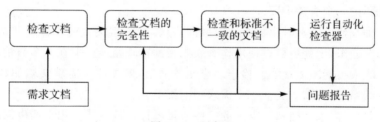

图 4-6 预审查

预审查人员应该是熟悉需求标准的分析人员或者工程师,不能包括参加系统需求规格说明书的编写人员。预审查人员没有必要对需求进行细节上的理解。他们只是将需求文档的结构和定义的标准两相对照,着重指出遗漏和不完全的章节。大多数文字处理系统都提供查找和提纲功能,可以在文档中进行查找和显示文档结构,也要检查每个需求项与标准的一致性。

这种预审查工作还包括:检查文档的所有页面是否都被编号,检查所有的图表是否都进行了标注,检查是否有未完成或待完成的需求项,检查文档所需要的附录是否都被包括进去了。

在预审查过程完成后,如果发现有与标准相违背的地方,有两种可选择的处理方式:

(1)若有足够的时间,可将文档退还给需求小组进行纠正。

(2)如果需求文档需要大幅调整,则建议需求评审会推迟召开。

4.评审小组成员

选择合适的需求评审小组成员是非常重要的。比较典型的是选取来自不同背景的利益相关方构成一个多学科小组,由他们对需求文档进行审查。在一般情况下,评审小组应包括系统的最终用户或其代表、客户代表、一个或多个领域专家、负责设计和开发系统的工程师以及需求工程师。选择来自不同背景的利益相关方担任审查小组成员,好处是:

(1)来自不同背景的人会给审查带来不同的技术、领域知识及经验,从而更可能发现需求问题。

(2)来自不同背景的系统利益相关方参加审查过程,他们会感到自己参加了需求工程过程,有必要对其他利益相关方的需要进行理解。因此他们也更可能理解为什么提出的需求总是会发生变化。

评审小组应该将参加了需求获取的利益相关方包括进来。如果没有可能,至少要包括一个领域专家和一个最终用户。系统开发人员也应加入这个阶段,因为他们可能会发现那些非常难以实现的需求。这样的话,可以在设计和实现之前进行修改,从而节省大量费用。

程序审查一般需要 4~5 人,而需求审查所涉及的人数变化较大,可以只有几个人,也可能达到几十个人,这取决于项目类型和规模。

需求评审人员阅读需求文档并且把系统需求中的问题记录下来。通常,他们应该聚集在一起同时开展工作。

5.审查校验表

用校验表来描述程序性质或经常发生的代码错误,是程序审查的固有部分。程序审查人员查看每条代码描述,使用校验表作为检查代码可能存在问题种类的提示。这种方法也是个人检查代码的一个有效手段。

需求工程师在建立需求时也可能犯类似的错误,这些错误会被各种类型系统和应用领域的多样性隐藏起来,因此也可以使用检查表来帮助检查错误。但在大多数情况下,想要建立很细致的检查表可能不太现实。检查表应比较概括,多关注于需求文档的整体质量属性和需求之间的关系,而不需要关注每个需求项的细节。

表 4-4 列出了需求文档和需求项的一些质量属性。这些属性用来产生需求审查表。

表 4-4 需求质量属性

审查项	描述
可理解性	文档的读者可以理解需求项的含义吗?这可能是需求文档的最重要的属性。如果需求不能被理解,就无法进行验证
冗余性	需求文档中是否有不必要的信息重复?当然,有时候信息重复可以增加可理解性,要对删除或保留做出权衡
完整性	文档的读者可以检查出遗漏的信息吗?对单个需求项进行描述时,是否存在遗漏
二义性	需求的表达是否使用了明确定义的术语?不同背景的读者是否可以对该需求项做出不同解释
一致性	对各个需求项的描述是否存在矛盾?单个需求项和整个系统需求之间是否存在矛盾
逻辑结构	文档是否用切合实际的方式进行结构化?需求项的描述是否按照需求的相关性进行组织分类?是否还有更易理解的结构方式
标准吻合性	需求文档的撰写和单个需求项的定义是否符合相关标准?如果与标准相背离,是否可以调整
可跟踪性	需求项是否被无二义地标识?该需求项被加进来的原因是否与整体需求关联?软件需求和整个系统工程的需求是否关联

需求审查的一种非常有效的方式就是按照一组精心设计的问题检查每项需求。各个组织应当按照他们自己的经验和标准确定需求审查表。表 4-5 给出了需求审查时可能会问及的一些问题,这些问题和表 4-4 中描述的质量属性相呼应。

表 4-5 审查表问题示例

校验表问题	描述
每个需求项被唯一地标识出来了吗	可跟踪性,标准吻合性
专业术语被加入术语表了吗	可理解性
需求项的描述是否可以表达出自己的意思?是否需要检查其他需求项来理解它的含义	可理解性,完整性

第四章　需求分析与验证

续 表

校验表问题	描　述
每个需求项是否用不同的方式使用同一个术语	二义性
同一个服务是否在不同的需求项中被提出？提出的这些要求是否存在矛盾	一致性,冗余性
单个需求项是否提到一些其他的功能？这些功能在文档的其他地方是否被描述	完整性
是否对相关的需求项进行归类	组织性,可跟踪性

审查表应按照相当概括的方式进行表达,并应能够被那些并不是系统专家的最终用户所理解。作为一条基本规则,审查表不应太长。如果审查表超过 10 条,审查人员可能因为记不住所有条目而需要不断查表。

将审查表分发给审查人员后,应提醒他们在阅读需求文档时要注意哪些内容。另外,如果审查表的项目设计考虑到了每个需求项的不同情况,那么就可以更系统地使用审查表。审查表可以书面完成,也可以使用简单的数据库或者电子表格来完成。

(二) 模型验证技术

采用模型验证方式对需求确认,也是需求验证中一种常用的技术手段。第二章第五节中提到了需求规约,作为需求开发的一个子阶段,其主要任务就是构建需求模型,或称为系统的概念模型。模型验证就是在此基础上进行的。需求模型是语义规范化的需求描述,一个系统的需求描述可能包括一个或多个模型。这些模型多数是系统功能性的数据流模型、对象模型、事件模型、实体关系模型等,也可能是一些其他非功能性模型。

模型验证有以下三个目标：

证明每个单独的模型都是内部一致的。也就是说,该模型应包括所有必需的信息,且模型的部分与部分之间不存在冲突。

若存在多个系统模型,则证明这些模型内部和外部是一致的。也就是说,不同模型中引用到的实体应该保持一致。可比较的模型项(指构成模型的基本元素)应该有同样的名字并且模型接口应该一致。

证明系统模型准确反映了系统的利益相关方的实际需求。

通常,模型建立需要一些自动化手段作支持,如 CASE 工具。在这种情况下,一些检查就可以实现自动化。CASE 工具可以执行单个模型的一致性检查,也可以执行交叉模型的一致性检查。然而,某些一致性检查涉及不同模型的语义理解,不能被自动化。例如,在一个模型中定义的实体被另一个模型错误地引用,这时就需要人工理解实体的含义,来确定是否正确引用。

检查模型要想反映利益相关方的真实需求是很困难的,需要利益相关方也加入确认过程中，但这并不是一件容易的事情。尽管建模技术对一些设计者十分熟悉，但绝大多数非技术人员却难以理解数据流图、对象模型等，他们也宁愿使用自然语言描述需求。

解决该问题的方式之一是用自然语言解释或者重写模型。通过这种形式上的改变，利益相关方（如最终用户、组织管理者及校正人员）可以理解并在此基础上对系统规格说明的细节进行评价。此外，用自然语言解释系统模型的过程也是发现模型错误（不一致性和不完整性等）的行之有效的方法。

最好能用一个系统的方法把系统模型转换为自然语言描述。这种转换技术通常依赖于具体的建模方法。对于结构化分析方法，我们推荐使用表单或表格，设计多个字段或列描述模型的组件（即建模元素）。例如，在数据流图中，可以使用如下模板来描述每一个功能转换：

(1) 转换名称。

(2) 转换的输入和输入源，即把每个输入的名字传给转换，并且列出这些输入是从哪里来的。

(3) 转换功能，即解释转换如何把输入转化为输出。

(4) 转换输出，即给出每一个输出的名字，并且列出输出的地方。

(5) 控制，即任何异常或者在模型中包含的控制信息。

实际上，IDEF0 就是用这种方式表达功能性需求。它是指挥信息系统建模中最常见的技术之一。我们将在第六章详细介绍这种建模方法。不过，许多现代建模技术却可能难以找到与自然语言的映射关系，如 UML 的对象建模。因此，它们常采用自然语言对模型及其成分进行注解。本书第七章将介绍 UML 建模方法。

小　结

以下对本章内容做简要总结。

(1) 需求分析要解决的问题是"目标系统必须做什么"或者"目标系统是什么"，通过提炼、分析和仔细审查收集到的需求，确保所有参与需求过程的人都明白其含义，并找出其中的错误、遗漏或其他不足的地方。为解决需求冲突和消除需求重叠，需求商榷总是必要的。商榷包括信息交换、讨论和解决不一致意见。

(2) 需求确认要解决的问题是"我们在构建正确的产品吗"或者"我们建立的需求是正确的吗"。需求确认的过程，不是全自动化的，而是人主导、工具辅助的。需求分析和需求确认联系很紧密。需求分析和需求确认的目标是建立完全的、一致的、并达成一致意见的需求集合。集合中的需求应该是无二义的，这样才能作为系统开发的基础。但这又是两个不同的过程。需求分析的起点是需求获取所得到的需求草案，即有待进一步研究的、不完整的需求，而需求确认的起点是已经过充分研究的、完整的需求。

(3) 需求验证要解决的问题是"我们在正确地构建产品吗"或者"我们在正确地建立需求吗"，其验证的是需求本身。该工作集中于检查需求文档最终草案中的冲突、遗漏和与标准的偏离。

思 考 题

1. 说明需求可能存在二义性的两个原因。给出一个系统需求存在二义的例子,这个系统可以是图书馆系统、电视节目调度程序系统或者是第三章思考题 4 中描述的燃料设备控制系统。

2. 说明需求分析校验表和需求交互作用矩阵在应用时的区别。

3. 解释为什么让不同技术背景的人员参加需求审查非常有用。

4. 给出需求文档预审查检查中可能发现的问题类型的 4 个例子。

5. 一个集中式锁控系统可以控制大学教学楼的所有外部的门,实现这样一个系统,可能有如下需求:

1)给员工和学生发售授权他们在正常工作时间进入大学建筑的卡。

2)通过读卡器读卡来实现访问控制,如果允许进入,门锁被打开。

3)进入和离开教学楼,用户必须使用卡。

4)如果一张卡丢失了,应向安全部门报告,该部门可以取消旧卡中所有访问授权,并发售新卡。

用表 4-5 中的检验表审查这些需求,尽可能发现这些需求中存在的问题。

6. 说明如何为验证集中式锁控系统的下列需求开发测试方案。这些测试是否有助于需求问题的理解?

1)系统为管理员提供为一个锁的所有用户打印名字和卡号的功能。

2)系统允许系统管理员改变一个用户的进入权限,禁止其进入某些房间。

3)锁控系统应允许限制个别用户进入个别门的次数。

第五章 需求演化管理

严格来讲,需求开发工作在需求确认阶段之后就应结束。但是,以软需求为核心的需求开发工作却不那么简单。事实上,在系统研制阶段,甚至在系统投入使用之后,需求还常常可能发生变化,系统相应地也需要不断进行完善。本章将介绍需求变更管理方法和技术。首先讨论需求变化的特点,为什么某些类型的需求更容易发生演化,并给出若干种易变的需求;然后讨论在数据库中唯一标识和存储需求的技术;接着介绍需求演化过程及其支持工具;最后讨论如何维护需求与需求之间、需求与设计之间以及需求与利益相关方之间的关联关系,以确保需求的可跟踪性。

通过本章学习,将了解和掌握以下知识:
(1)在需求中识别稳定需求和易变需求,以便分别对待和处理。
(2)如何对需求进行有效标识和存储,以便对需求变化轨迹进行追踪。
(3)需求演化管理的过程、方法和技术。
(4)采用何种方法或手段管理需求,使其达到一定的可追踪性要求。

第一节 需求演化的基本概念

演化指不断的、渐进的变化,最终使事物的性质发生根本变化,并使事物得到改良。需求演化是需求在形成之后发生渐变的过程,它是人们对新系统提出不断改进的要求,最终使系统趋于完善。

系统在开发期间甚至投入使用以后,都可能会出现新的需求,原有的需求也可能产生变化,这是由软需求的特性所决定的。据有关资料统计,软件密集型的信息系统在交付使用之前需求有超过 50% 的可能性发生演化。很明显,这可能会给系统开发者带来严重问题。为使因需求变化付出的代价可控,需求演化管理是必需的。需求管理可以对需求的演化进行有效的记录和控制。

对于一个集软、硬件为一体的指挥信息系统或其他大型信息系统来说,如果在研制的后期或使用阶段发生需求变化,则大都是软件需求的变化。因为,对硬件需求的改变往往意味着原先投入的硬件将被废弃,这是任何人都难以接受的。但是,软件需求的变化也存在一个度的问题。如果大部分需要推翻重来,则意味着项目的失败。

导致需求变化的原因很多,常见原因包括:

(1)利益相关方(这里主要指用户方)缺少相关经验,对新系统的认识不够充分,难以提出十分准确或明确的需求,对系统的认知还需要一个开发、使用和完善的摸索过程。

(2)系统需求过于复杂,而时间不等人,由于受到项目周期或其他时间要求的制约,没等需求十分完善就进入系统研制阶段,打算一边开发一边完善需求。

(3)系统开发方对用户需求理解不够透彻,忽略了一些细节要求,而用户方也没有意识到需求的细微差异,最终导致研制的系统难以使用。

(4)社会改革、社会环境变化、技术变革、业务变化等因素导致原先对目标系统的很多想法都改变了,需求也随之发生变化。

需求的变更请求一旦被采纳,系统设计和实现必定随之发生变化,因此当某个需求被建议加以演化时,其影响必须事先进行评估。如果不对演化加以管理,有些低优先权的演化需求可能会在高优先权的演化需求之前被实现。这就意味着某些得不偿失的需求演化可能被采纳。所谓"得不偿失",是指对系统需求修改的要求实际上并不是必要的,为其开发需付出高昂的代价。

相关部门在 2000 年对欧美 4000 多个 IT 公司的调查发现,管理客户的需求是软件开发和生产中的首要问题。需求演化管理主要涉及:管理需求及其变化的轨迹;管理需求之间的依赖关系;管理需求文档与软件工程过程中产生的其他文档之间的依赖关系。

实施需求演化管理常常意味着被交付的是一个没有满足客户需要的系统。好的需求管理实践会带来好的用户满意度和较低的系统开发费用等长期效益,但这些效益并不是马上显现的。事实上,需求管理可能会延长系统开发进度,重新设计和实现等工作会增加工程费用,而这些费用往往没有被包括在预算之内。但如果需求变化未得以有效管理,则短期内的节约很可能导致长期性的高花费。

需求管理实质上是一个管理大量信息的过程,该过程确保这些信息能够在正确的时间提交到正确的人。我们已经在第二章介绍了一些支持需求管理工具,这些工具具有如下功能:

(1)帮助构建需求数据库系统,存储需求数据;

(2)帮助分析需求一致性,生成需求文档;

(3)确保需求变化得以正确评估,管理变化产生的成本;

(4)帮助需求工程师发现系统需求之间的依赖关系,确保需求的可跟踪性。

本章将介绍需求演化管理的基本方法,同时围绕这些功能展开讨论。

第二节 稳定需求和易变需求

需求变化在需求获取、分析和验证以及系统交付使用等阶段都可能发生。需求变化是不可避免的,并不意味着需求工程实践很差。它源自于表 5-1 中所示的各种因素的合成。

表 5-1 导致需求变化的因素

变化因素	描 述
需求错误、冲突和不一致性	当需求被分析和实现时,会出现错误和不一致性,需要对其进行纠正。这些问题也可能在需求分析和验证期间或者更迟一点儿在开发过程中被发现
演化的系统客户/最终用户知识	当需求被开发时,客户和最终用户对他们真正的系统需求进行进一步的理解
技术、进度表或者花费问题	在实现一个需求时可能遇到一个问题。实现某个需求可能代价高昂,或者时间太长
环境改变	由于在开发系统时业务环境可能发生变化,或者出现新的竞争者,或者员工发生改变,客户优先级也随之改变
组织改变	使用系统时,组织可能需要改变它的结构和过程,从而导致新的需求

尽管变化不可避免,一些需求总比另外一些需求稳定。稳定的需求涉及系统的本质和应用领域。这些需求比易变需求变化慢。易变需求至少有四类:

(1)因环境改变的需求:因系统操作环境变化而变化的需求。举例来说,计算扣税系统的需求会因税法的变化而发生演化。

(2)突然出现的需求:在系统详细说明时无法完整定义而在系统设计和实现时出现的需求。举例来说,如何显示信息的细节往往事先难以确定,使用人员只有在看到表达信息的例子时,才会想到更有效的表达信息方式。

(3)因设想改变的需求:在系统如何使用的假设基础上提出了某种需求,但当系统投入使用后,发现原先的假设是错的,进而发现使用它的新方法。

(4)匹配性需求:这些需求依赖于其他需求或过程。当其他需求发生变化时,这些需求也会发生变化。

例 5.1 作为例 2.1 的扩展,考虑一个大学的学生记录管理系统。这样一个系统总是包括学生的信息、所学课程以及对他们在这些课程上表现的评价。这些都是该系统的稳定特征。该系统也维护学生所参加的班级,被推荐的课程小组以及发给学生的标准信函等信息。这些需求就更为易变。课程可以通过因特网进行远程教授,这样学生参与的班级就具有完全不同的意义。由于学科的变化,课程小组也发生变化。由于课程小组的变化和管理人员的变化,标准信函也会发生变化。因此,这些都是系统的易变特征。

分析需求变化的原因有利于需求演化管理,在变更管理中可以对需求变化的必要性和优先级做出正确的评估。区分易变需求的特性不仅有助于变更管理,而且可以预测可能的变化。这样做的好处是为系统开发人员提供一种设计参考因素。在设计系统时,他们可以将实现易变需求的部分设计为相对独立的控件。当需求变化被提出时,可以减少这些变化对系统其他部分的影响。

第三节 需求标识和存储

需求管理的基本条件是,每个需求条目必须有唯一的标识符。尽管这看起来简单和明显,但数量惊人的需求文档不能唯一地标识每个系统需求。

对需求标识最通常的办法是根据需求文档的章节号对需求条目进行编号。比如,某需求文档的第 4 章第 2 节第 6 个需求条目可编号为 4.2.6。这种标识方式有以下两个主要问题:

(1)当收集一个需求时,不知道它出现在文档中的哪个位置,在得到某个版本的需求文档前,你不能给它分配数字。这样在撰写其他需求时很难对其进行引用。

(2)有时,章节号编号反映的仅仅是文章撰写的逻辑结构,而并非需求之间的逻辑关系,按照章节号编号分配识符,读者可能误以为需求和其他具有相似标识符的需求之间联系紧密,而和文档中其他需求之间没有关系。

要解决该问题,可以采用一种替代的需求标识方式,如表 5-2 所示。如果需求既有一个唯一的标识符,也有章节号,那么引用该需求可以使用它唯一的标识号,且重新编排需求文档结构也比较容易。

表 5-2 需求标识技术

标识方法	描述
动态编号	一些文字处理系统允许对章节进行自动编号及交叉引用,因此可以在任何时候为一个需求分配号码。当重新组织文档或者增加新的需求时,系统保持交叉引用的关联。根据它所在的章节和位置对需求进行重新编号,对该需求的所有引用也要重新编号
数据库记录标识	一旦一个需求被标识,就立即把它存进需求数据库,并分配数据库记录标识号。以后所有对该需求的引用都使用该数据库标识号
符号标识	可以通过给出与需求内容相关的符号名来标识需求。例如,EFF-1,EFF-2,EFF-3 可以用来标识与系统效能相关的需求。存在的问题是有时对需求进行分类,给其一个有意义的记号比较困难

需求文档通常是用文字处理系统和画图软件建立的初始版本,因此,需求被存储为一个或者若干个字处理文件。当有多人来撰写文档时,必须要建立一个主文档作为所有文档的索引线索,分发给需求文档的读者和审查人员。所有作者定期将其文档中的变化反映到主文档中,形成一个新的主文档。

将需求存储到需求文档中的好处是所有的需求集中存储到一起,容易访问,产生需求文档的新版本也相对容易,因此这种方式被广泛使用。但从需求管理的观点来看,这种存储方式有如下缺点:

(1)必须另外维护一套需求依赖信息(可跟踪性信息);

(2)需求检索功能仅限于字处理系统可用的查找功能,难以发现具有共同性质的需求;

(3)难以对需求及其变化之间进行电子链接;

(4)需求的版本控制被限制在整个需求文档或者至少在文档章节范围内,通常不能维护同一个需求条目的不同版本；

(5)难以实现相关需求之间或者相同需求的不同表示之间(如从文本表示到系统模型)的导航。

如想提供以上功能,则需求必须在数据库中进行维护,每个需求用一个或者多个数据库实体进行表示。这样,就可以利用数据库的实体关联功能来链接相关需求,通过复杂的数据库查询对需求进行分组。在数据库基础上开发需求管理软件,可以提供丰富的查询、浏览、分组、报告等功能,还能提供一些版本控制功能。

关系数据库是现在最为流行的数据库,被设计为存储和管理记录很多的结构化的数据。而需求数据库的记录相对少,但可能存在非结构化、容量很大的数据(如图形数据),每个记录可能包括许多链接,指向文本或图形文件以及其他需求文件。用关系数据库维护着链接是可能的,但效率不高,因为它需要在若干不同表上操作。对文档数量庞大的需求项目来说,这种类型的数据库可能比较慢。

面向对象数据库是针对结构化和非结构化混合数据管理的数据库系统,其数据组织方式更适合需求管理。当存在大量异构的数据实体需要管理,而不同实体之间有直接关联时,面向对象数据库比关系数据库更有效。它们以对象方式维护各种不同类型的信息,并且管理对象之间的链接也是相当直观的。图5-1显示了一系列可以定义在面向对象数据库中的对象类。

系统模型	需求	源列表
Model: MODEL Description: TEXT Next: MODEL|NULL	Identifier: TEXT Statement: TEXT|GRAPHIC Date_entered: DATE Date_changed: DATE Source: SOURCE_LIST Rationale: REQ_RATIONALE Status: STATUS Dependents: REQ_LIST Is_dependent_on: REQ_LIST Model_links: SYS_MODELS Comments: TEXT	People: TEXT Documents: TEXT Reqs: REQ_LIST
需求列表		需求基本成因
Req: REQUIREMENT Description: TEXT Next: REQUIREMENT|NULL		Rationale: TEXT Description: GRAPHIC Photos: PICTURE

图5-1 需求数据库中的对象类

核心类是REQUIREMENT,它有11个关联属性：

(1)Identifier(标识符)：当需求对象被创建和加入数据库时,应该唯一地标识每个需求(例如编号、名字标签、助记法、按钮、超文本),需要的时候能够用标识来反映链接和关系,不同的需求也可以通过标识得到区分。

(2)Statement(描述)：用自然语言或者某种图形(例如时序图)描述的需求陈述。

(3)Date_entered(加入日期)：将需求加入数据库的最初日期。

(4)Date_changed(改变日期)：最后一次修改该需求的日期。

(5)Source(源)：这是该需求所引用的一个或者多个需求,可以在建议对需求进行变化时帮助分析。

（6）Rationale（基本成因）：这是解释为什么包括该需求的一系列信息参考。相关联的信息可能是文本、图或者照片。

（7）Status（状态）：这是表示需求状态的变量。状态可能是"被建议""待审查""接受"或者"拒绝"。被拒绝的需求应该维护在数据库中，因为他们可能在以后又被建议。如果以前有信息可用，则对新建议的分析就会比较简单。

（8）Dependents（依赖）：依赖于该需求的需求表（如果该需求发生变化，依赖于该需求的需求也要发生变化）。

（9）Is_dependent_on（依赖于）：该需求所依赖的需求表。"依赖于"关系是"依赖"关系的逆。

（10）Model_links（模型链接）：链接到一个或者多个模型，这些模型增加需求的细节描述。

（11）Comments（建议）：这是可能有用的其他信息。在实际工作中，不可能制定一个包含一切的模式（schema），有一项综合描述域是非常有用的。

对于数据库的选择，目前市场上有多种不同的产品，应用范围从单 PC 机到非常复杂的大型机或者服务器。如果需要管理大量的需求，则要用一个强有力的数据库管理系统，如 ORACLE 或者 INGRES 等。这些产品一般部署在数据库服务器上，通过客户端（PC 机）进行访问，可提供大容量、高速的数据处理能力，支持多用户并发，提供备份和从系统失败中恢复的良好功能。不过，这些数据库管理系统都是通用的产品，没有可直接用于需求管理的数据库系统，需要在其基础上做一些软件开发，或者从需求管理的专业软件产品（见第二章中表 2-1）中选择可集成数据库管理系统的软件。这些系统通常具有优越的报告生成工具，用于从需求数据库中产生需求文档纲要。表 5-3 中列出了一些需要考虑的因素。

表 5-3　影响需求数据库选择的因素

因　素	描　述
需求陈述	链接需求和指定该需求的人员或者文档
需求数目	链接需求和该需求被指定的原因的描述，这可以从若干个源中萃取信息
工作组、小组分布和计算机支持	链接需求和其他以某种方式依赖于该需求的需求。这可能是一个双向链接（依赖和依赖于）
使用 CASE 工具	不同类型的 CASE 工具可以用在开发过程的其他阶段。如果 CASE 工具使用数据库，那么在需求管理时，使用相同数据库是很有意义的
使用存在的数据库	如果支持软件工程的数据库已经投诸使用，需求管理时就也要用。如果数据库没有在用，获取和培训员工使用数据库存储需求就不被考虑

第四节　需求管理

需求管理的核心是如何处理需求的变化或演化，即通过演化管理控制和记录每个需求演化建议处理过程,提供足够的分析手段,对演化的成本效益做出正确判断,同时确保需求的演化可以不偏离需求的业务目标。

为达到以上目标,组织机构需要定义一系列演化管理策略,包括:

(1)定义演化请求和处理的规范流程以及流程相关的信息。

(2)分析演化处理的影响和花费,定义相关的可跟踪性信息。

(3)定义演化请求与处理的成员实体。设立与开发小组相独立的演化管理小组很重要,因为他们可以客观地决定演化对系统的整体目标的贡献以及演化处理的效费比。

(4)采购支持演化控制过程的软件。

一、演化管理过程

需求管理过程包括记录、报告、分析和实现系统需求变更的一系列活动。演化管理过程可以分为三个阶段,如图5-2所示。

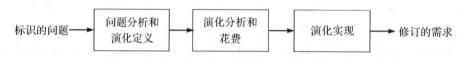

图5-2 演化管理过程的阶段

问题分析和演化定义:一些需求问题被标识。这可能来自需求分析、新用户需要以及系统操作问题。利用问题信息和建议的需求变更对需求进行分析。

演化分析和花费:对建议的变更进行分析,以发现有多少需求受到变更的影响以及进行变更可能带来的大致花费,包括时间和金钱。

演化实现:完成变更处理,包括对需求文档进行改正和完善,或者产生新版本。这当然必须符合正常的质量检验过程。

这三个活动是需求管理的基本活动,决定了需求管理的好坏。其中,演化分析是最为关键的,从管理角度看它实质上是一种决策活动。图5-3给出了演化分析过程的一般模型。

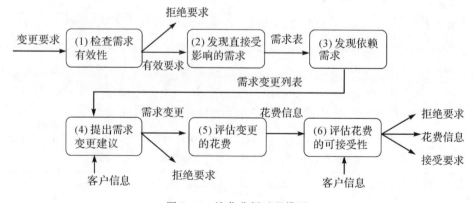

图5-3 演化分析过程模型

在演化分析过程中有六个基本活动:

(1)变更要求需要检查其有效性。有时,客户可能对需求造成误解从而提出一些不必要的变更要求。

(2)发现直接受到变更影响的需求。

(3)使用可跟踪性信息(见第五节),发现可能受到变更影响的依赖需求。

(4)提出必须进行的需求变更,制定变更方案。在该阶段可能需要同客户进行磋商,以确定他们是否满意这些变更。

(5)估算出演化处理的花费,包括变更需要花费的人力、物力、财力和时间,以及实现变更需要用到的外部资源。

(6)与客户进行商榷,以确认变更的花费对他们来说是可以接受的。在这一阶段,有可能会回到第四步提出替代的需求变更。例如,如果客户感到变更花费过于昂贵,则可能改变演化要求,替代原先的变更请求。

在以下三种情形下,变更要求可能被拒绝:

(1)演化要求是无效的。例如,客户误解了某些需求,提出一些不必要的需求变更要求;

(2)变更请求不满足用户业务要求。例如,用户要求提高事务处理的响应时间,可能导致事务处理的并发量降低,不能保证用户预期的在线业务数;

(3)实现变更的花费太高或者时间太长。

演化管理过程中将产生大量的变更信息和系统信息,这些信息将在不同的人之间进行传递。为帮助跟踪过程已经进行到哪一阶段,真实记录变更要求,通常需要定义一个变更要求表单。这种表单随着演化工作的逐步推进被填写完成。

演化请求表单的具体组织形式依赖于一个组织采用的过程标准,以及演化管理过程的自动化支持形式。通常,演化请求表单需要包括如下字段:

(1)记录演化分析的每个阶段的结果的字段;

(2)显示活动开始和结束的日期字段;

(3)显示负责执行每个活动的人员字段;

(4)记录处理状态的字段,其值是枚举型,如"拒绝""正在考虑""接受并立即实现""接受待以后实现"等;

(5)记录其他相关信息(如意见和建议等)的字段。

很明显,当有很多需求变更被提出(这是开发大型系统的正常情况)时,就会产生大量关于变更的信息。为了方便演化管理,这些信息必须要记录在数据库中,并和那些受变更影响的需求直接关联起来。

二、需求管理内容

从根本上说,需求工程主要包括两个内容:需求开发和需求管理。其中,需求管理又包括需求跟踪、变更管理和基线管理三个部分,如图5-4所示。

需求跟踪是需求管理的基础,同时也是需求变更控制的基础。可跟踪性是两个或多个需求条目之间具有定义好的链接或关系,可以从一个条目跟踪或回溯到另一个条目。实现对需求的跟踪,是从最初的用户需求到设计实现的整个生存期,即跟踪一个需求使用的全过程。

变更管理是指对需求变更从提出变更申请、变更评估到变更的具体实施进行控制的过程。如何进行变更控制是需求管理的核心问题。如果处理不当,不断采纳新的需求,则需要不断地调整项目计划进度、成本以及质量目标,最终可能导致项目失控。因此处理变更的关键在于演化分析,对需求变更产生的影响进行分析并给出相应的评估结果,为决策者提供决策依据,从而减少需求变更给系统开发带来的风险。

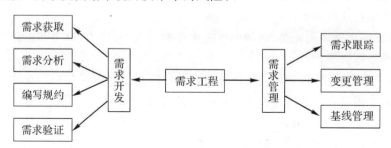

图 5-4 需求工程的基本构成

基线管理是对确认的需求(这种需求往往已经写入合同)及其变化轨迹进行跟踪管理,以确保需求的最终实现不会被其变化所影响。这就需要在保持单个需求条目与需求文档联系的同时,管理这些需求文档和其他在系统建设过程中产生的文档之间的相互关系,以及需求文档和其他项目可交付产品之间的相互关系。

第五节 跟踪管理

需求跟踪是需求管理的基础,同时也是需求变更控制的基础。可跟踪性是指两个或多个需求相关的信息实体(包括各种需求文档、需求条目或记录、设计文档、编码文档、测试文档等)之间具有定义好的链接或关系,可以从一个实体跟踪或回溯到另一个实体。要实现在软件生命周期各个阶段对需求的跟踪,前提条件是在各个阶段都必须有比较完善的文档。例如,需求工程阶段的需求规格说明书、设计阶段的设计文档以及需求实现阶段的源代码等。这些文档之间的层次关联关系是实现需求跟踪的基础。在这些实体间建立了跟踪关系后,就可以将每项需求从最初的业务需求一直跟踪到测试这项需求的测试用例。同样,也可以根据这条跟踪关系链回溯到业务需求。目前,应用较多的需求跟踪技术是需求跟踪能力矩阵或需求跟踪能力树,它通过矩阵或者树的形式来反映各个需求之间一对多或多对多的关系。

在军事需求工程背景下,需求跟踪管理就是把高层需求,即目标、期望、需要等转换为下层需求,主要关注的是信息层次之间的关系,即根据不同的需求跟踪信息类型,采取相应的跟踪能力联系链。建立需求跟踪能力矩阵,对需求进行跟踪,保证在整个项目的生命周期中所有需求的实现。

一、可跟踪性的概念

需求变更管理过程的一个关键部分是评估变更对系统其他部分的影响。如果变更是在需求正在开发的时候被提出来的,则必须评估变更如何影响其他需求。如果变更是在系统正在着手实现的时候被提出来的,就要评估变更对需求、系统设计和实现的影响。如果变更是在系统投诸使用的时候被提出来的,就要对变更如何影响系统所有的利益相关方进行附加的检查。

为了评估这种影响,就需要对有关需求依赖性、需求的基本成因以及需求的实现等信息进行维护,用来为需求文档提供信息,这种信息通常称为可跟踪性信息。变更影响评估依赖这种可跟踪性信息以发现收到建议的变更影响的需求。

在需求管理过程中,通常维护的可跟踪性信息是需求与需求可跟踪性信息以及需求与设计可跟踪性信息。然而,Gotel和Finkelstein提出了需求到源的向后跟踪的重要性,这些原始资料可能涉及需求的人、业务计划、业务标准等。

Davis给出了一个较为完整的可跟踪性模型,他将可跟踪性划分为四类:

(1)后向可跟踪性:在建立和修改需求文档时,将需求信息与它的原始文档资料(如业务计划等)或人员信息关联起来,以便通过该需求后向跟踪查询到其原始资料和作者,即使需求文档具有后向可跟踪性。

(2)前向可跟踪性:在建立和修改需求文档时,将需求信息与基于该需求的设计和实现组件及文档资料关联起来,以便通过该需求前向跟踪查找到对应的设计和实现文档,即使得需求文档具有前向可跟踪性。

(3)向后可跟踪性:在建立和修改设计和实现文档时,将这些文档信息与对应需求信息关联起来,以便从设计和实现组件向后跟踪查找到相应的需求信息,即使得设计和实现文档具有向后可跟踪性。

(4)向前可跟踪性:在建立和修改早于需求分析的原始文档资料时,将这些文档信息与对应需求信息关联起来,以便从这些原始文档向前跟踪查找到对应的需求信息,即使得原始文档资料具有向前可跟踪性。

Davis的分类是理解可跟踪性概念的有效方法,因为可跟踪性信息可被视为不同文档之间向前或者向后的有向箭头。图5-5给出了Davis的需求信息的可跟踪性模型。

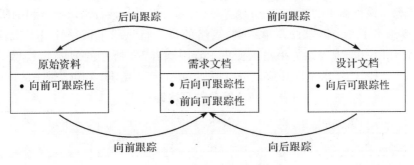

图5-5 需求信息的可跟踪性模型

不过,在实际当中收集和管理所有类型的可跟踪信息的代价是高昂的,甚至是不可能做到的。工程管理员应该根据需求可跟踪性标准或策略,设定哪些信息是应该被维护的。此外,Davis没有提到我们认为是最重要的可跟踪信息,即记录需求之间依赖关系的信息。然而,如果我们扩展Davis关于后向和前向可跟踪的定义,允许关联到同一需求文档或外部文档,那么就可以将需求开发过程中的需求信息关联囊括进去。

表5-4显示了用需求文档和其他系统文档中的特定信息之间的关联,以及对不同类型的可跟踪性信息进行更为具体的描述。

表5-4 可跟踪性类型

可跟踪性类型	描述
需求—源可跟踪性	链接需求和指定需求人员或者文档
需求—基本成因可跟踪性	链接需求和陈述指定该需求的原因的描述(这可以从若干个源中萃取信息)
需求—需求可跟踪性	链接需求和其他以某种方式依赖于该需求的需求,这可能是一个双向链接(依赖和依赖于)
需求—体系结构可跟踪性	链接需求和实现该需求的子系统(如果子系统被不同的承包商开发)
需求—设计可跟踪性	链接需求和系统中具体的硬件或者软件成分(这些成分是用来实现该需求的)
需求—接口可跟踪性	链接需求和外部系统接口(这些接口被用以提供需求)

二、可跟踪性表

可跟踪性表是描述需求之间以及需求和设计组件之间关系的有效工具。需求在水平和竖直轴上列出,需求之间的关系标在表格单元中。它们可以用字处理器或者电子表格实现,在没有需求数据库的情况下使用非常方便。

可跟踪性表反映了需求依赖性。可以用数字对需求条目进行编号,用来标注行和列。在表格单元中标上一个记号,以反映需求依赖的性质,最简单的形式是用星号,表示在这些单元的行和列所代表的需求之间存在着某种依赖关系。例如,如果行X的需求依赖于列P、Q和R所代表的需求,则应该在表格单元(X,P)(X,Q)和(X,R)上标上"*"。顺着一列读,可以看到依赖于该列需求的所有需求;顺着一行读,可以看到该行需求所依赖的所有需求。

表5-5给出了6个需求的简单示例,表格的每一行显示了依赖性:R1依赖于R3和R4,R2依赖于R5和R6等。如果建议变更R4,则顺着R4所在的列读下去,发现需求R1和R3是依赖于R4的需求。因此应该可以评估R4的变更给R1和R3带来的影响。

表5-5 简单的可跟踪性表

	R1	R2	R3	R4	R5	R6
R1			*	*		
R2					*	*
R3				*	*	
R4		*				
R5						*
R6						

如果需要管理的需求数量相对较少(如不超过 250 个),可跟踪性表可以用电子表格实现和管理。当需求达到数以万计,可能要用到巨大而稀疏的表格,就会造成用可跟踪性表表示的困难。有时,需求间的依赖性限制到需求小组,可以为这些组创建单独的可跟踪性表。组间的依赖性可以分开说明。

随着需求数量的不断增加,可跟踪性表矩阵会变得不可管理。这时,可以用可跟踪性表的简化形式——可跟踪性列表进行维护。可跟踪性列表是一个需求依赖关系的清单,可以用文本或者简单表格形式实现。表 5-6 显示了与表 5-5 所对应的可跟踪性列表。

可跟踪性列表比可跟踪性表更为紧凑,并且不会随着需求数量的增加变得不可维护,因此相对于可跟踪性表不易出错。可跟踪性列表的不利方面是,不容易对逆向关系进行评估。可以从表 5-6 上很容易地看出 R1 依赖于 R3 和 R4,但如果给出 R4,则必须浏览整个列表来发现依赖于它的需求。如果你希望维护这种逆向关系信息,则需要另外构建一个被依赖的需求列表。

表 5-6 可跟踪性列表

需求	依赖于
R1	R3,R4
R2	R5,R6
R3	R4,R5
R4	R2
R5	R6

三、可跟踪性策略

维护可跟踪性信息的基本问题是收集、分析和维护信息的花费。这种开销不仅是在演化评估分析中发生,而且每次需求发生变更时,都需要进行维护。当工程的进度时间比较紧时,其他工作具有较高的优先级,可跟踪性信息很可能得不到更新,信息会逐渐变得没有用,因而失去了使用和更新的动力,需求变更分析由此受到严重影响。因此,需求组织应该制定有效的可跟踪性策略,用来确定需要维护的可跟踪性信息,在不影响工程进度的同时确保需求的可跟踪性。

可跟踪性策略一般应包括以下几方面的要素:

(1)应该维护哪些可跟踪性信息。

(2)采用何种技术来维护可跟踪性,例如可跟踪性矩阵。

(3)在需求工程和系统开发过程中,可跟踪性信息应该在什么时候收集和更新,由谁负责更新,或定义参与跟踪性维护的角色,例如可跟踪性管理者,他负责维护可跟踪性信息。

(4)如何处理和记录异常情况,即当时间限制使得实现正常的可跟踪性策略变得不可实施时,应采用哪些举措。在实际工程中,总会遇到异常情况,必须在没有评估所有变更带来的影响和维护可跟踪性信息的情况下,实施需求变更处理。异常处理策略应该定义这些变更是怎样被认可的。

(5)定义维护可跟踪性的过程模型,以确保在变更发生后可跟踪性信息被更新。

为了制定有效的可跟踪性策略,需要对每个工程项目的可跟踪性策略进行深入研究,包括哪些可跟踪性信息可省略,应该如何确切地定义和表示可跟踪性信息,确定可跟踪性信息集合的职责等。每个项目都有不同的生命周期管理方式。中小规模信息系统的可跟踪性策略可能完全不同于为政府部门开发的重要系统所要求的策略。影响可跟踪性策略专业化的因素如表5-7所示。

表5-7 影响可跟踪性信息策略专业化的因素

因素	描述
需求编号	需求编号越大,就越需要对可跟踪性政策形式化。但完全的需求—设计可跟踪性对有大量维护信息的大型系统来说是不现实的。如果存在大量的维护信息,必须根据实际情况限制需要维护的可跟踪性信息
估计的系统生命期	要为具有长生命期的系统定义更为全面的可跟踪性政策
组织成熟水平	对于具有较高成熟水平的组织而言,详细的可跟踪性政策可能更具有成本效益。基本成熟的组织应注重简单的需求—需求可跟踪性信息
项目小组大小和组成	小团队在没有结构化可跟踪性信息的情况下,对提出的变化的影响进行评估是可能的。但大一点儿的团队,特别是那些小组成员在不同地点工作的团队,就需要使用形式化的可跟踪性策略
系统类型	重要系统例如硬实时控制系统或者安全系统要有比不重要系统更为全面的可跟踪性政策
指定客户需求	一些客户可以指定具体的需求作为系统文档交付的可跟踪性信息

无论制定哪种可跟踪性策略,现实可行性都是非常重要的。维护可跟踪性信息是单调乏味和耗时费力的。很全面的可跟踪性策略在原理上是好的,但如果其在实际当中不可行,那就没有用处。切实可行但相对较弱的策略比全面但实际不可行的可跟踪性策略要好得多。

管理可跟踪性的方式之一,就是编写需求工程相关的用户手册,即可跟踪性操作手册,将所有与工程有关的可跟踪性信息收集到一个地方,这样工程小组成员找到需要的可跟踪性信息就相对容易。维护可跟踪性操作手册对于一些必须保障系统安全的高可用系统特别重要。手册是一种正式的记录,这种记录可以用来表明组件不受一些特定的变更建议影响。

如果可跟踪性操作手册是纸质文档,需求工程师有可能用到过期文档。为避免这种情况,可跟踪性操作手册应该用网络电子文档而不是纸上文档来实现。当需要维护可跟踪性信息时,可以通过电脑查阅和打印相关章节,还可以通过企业互联网进行访问浏览,实现基于Web的可跟踪性信息维护。

可跟踪性操作手册的维护人员对手册的及时更新负有责任。维护人员应和系统开发人员一道工作,以保证需求和设计等方面的流程变化及时反映到手册中,同时审查和更新可跟踪性策略。另外,管理人员应及时跟踪可跟踪性策略的变更,确保必要的信息被加入手册中。

第六节 变 更 管 理

一、需求变更的控制流程

需求变更是指在软件需求基线已经确定之后又要添加新的需求或进行较大的需求变动。在系统的需求分析过程中经常会发生需求变更,人们应该认识到变更的不可避免性,并采取有效的方法来管理变更,控制需求变更是确保系统开发能否顺利完成的关键。变更控制流程如图5-6所示。

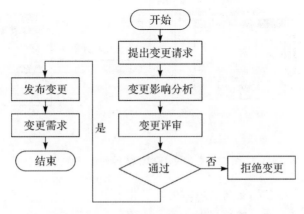

图5-6 变更控制流程图

该变更控制流程主要包括以下四个关键活动:

(1)提出变更请求:参与系统分析和设计的所有人员都可以提交变更请求或建议,通过提交正式的变更申请来启动变更过程。

(2)变更影响分析:根据提交的变更请求,利用需求链接,收集与该变更请求相关的变更内容,进行变更影响分析,为变更评审提供依据。

(3)变更评审:由相关的评审专家对变更请求和变更实施的风险分析结果进行评审,确定是否批准或拒绝该变更请求。

(4)发布变更:项目负责人对评审结果进行审查,批准的变更请求将被公布,针对提出的变更请求对需求进行更新。

二、变更管理的工具支持

依据变更控制流程图构建变更管理系统是实现变更控制的有效手段。变更管理系统的处理过程见图5-7,主要包括用户提交变更请求、收集变更进行分析、专家用户在线评审、项目经理发布评审结果等。通过该变更管理系统对需求的变更进行严格的控制和审查,防止需求变更的随意性。

通过提供专业化的需求管理工具或者相关的CASE工具可以支持需求变更管理。这些工具的能力一般应包括:

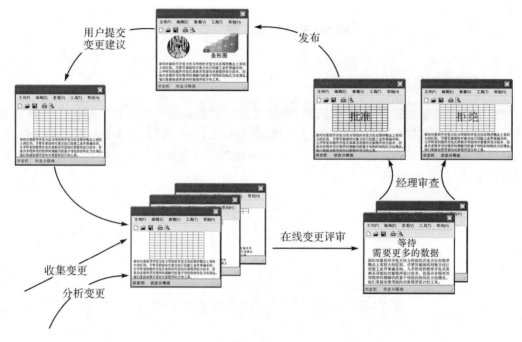

图 5-7 变更管理系统的处理过程

(1)变更处理过程中各种参与者填写的电子化表单;
(2)存储和管理这些表单的数据库;
(3)显示可视化的处理流程,可以让负责某个活动的人员知道谁负责下一个活动;
(4)处理各种电子化表单在不同人员之间的推送和传递,当活动完成后用电子邮件通知相关人员;
(5)支持需求的多个版本,显示新需求出现的演化原因信息的维护。

需求管理工具通常都具有自己内在的变更过程模型。使用这些工具的组织机构必须遵守这些模型。而这些工具也难以和组织机构中使用的其他 CASE 工具集成起来。因此,专门的变更支持工具总是用在大型开发项目中。中小型项目可以采用一些通用工具,如 MS OFFICE 套件中的文字处理器、电子制表软件和电子邮件系统等,实现有限的变更管理。例如,可以用 Excel 工具记录所有变更状态和变更管理信息,通过超链指定变更文档所储存的位置,通过发送电子邮件通知过程参与人员。此外,还可以开发网站,将所有变更信息放在企业内部互联网,参与人员通过 WWW 浏览器进行访问。这类管理系统的好处是相对简单,但它不能提供专业工具的精细处理控制功能。

第七节 基线管理

一、基线管理的基本含义

基线管理是对确认的需求及其变化轨迹进行跟踪管理,以确保需求的最终实现不会受其变化所影响。所谓的需求基线就是指已写入合同或其他形式的书面正式确认的需求,是必须实现的需求。在需求演化中,有大大小小的需求变化。有一些是零星的、无正式承诺的变更调整,另一些是有正式书面确认或另签合同的变更请求。后者就是需求基线的演化,需要实施基线管理。

从技术角度看,基线管理属于配置管理的研究范畴。在软件配置管理中,配置和配置项是重要的概念。配置是在技术文档中明确说明并最终组成软件产品的功能或物理属性;配置项是逻辑上组成软件系统的各组成部分,它包括即将受控的所有产品特性,包括内容及相关文档、软件版本、变更文档、软件运行的支持数据以及其他一切保证软件一致性的组成要素。对于需求工程来说,基线管理的概念与软件配置管理基本相同,而且应作为软件配置管理的一个子过程。

一般地,软件开发过程从概念演绎和需求分析开始,然后是设计,各软件配置项的编码或写作,集成测试,最后是用户手册的编写等。软件配置管理包括在软件生命周期的时间分散点上对各配置项进行标识并对他们的修改进行控制的过程。在一个开发阶段结束或一组功能开发完成后,要对相应的配置项进行基线化并形成各类基线。在配置管理系统中,基线就是一个或一组配置项在其生命周期的不同时间点上通过正式评审而进入正式受控的一种状态,而这个过程被称为"基线化"。每一个基线都是其下一步开发的出发点和参考点。

每个基线都将接受配置管理的严格控制,其修改将严格按照变更控制的要求过程进行。在一个软件开发阶段结束时,上一个基线加上增加和修改的基线内容形成下一个基线。这就是"基线管理"的过程,因此基线具有以下属性:

(1)通过正式的评审过程建立;
(2)基线存在于基线库中,对基线的变更接受更高权限的控制;
(3)基线是进一步开发和修改的基准和出发点。

二、需求基线管理

在软件配置管理中,第一个基线包含了通过评审的软件需求,包括了所有必须实现的基本需求。随着需求演化的出现,它也包括演化的需求。它通常是在需求工程里程碑阶段结束时创建,是该阶段成果的标志,因此称之为"需求基线"。通过建立这样一个基线,受控的系统需求成为进一步需求开发的出发点,对需求变更正式初始化和评估。受控的需求是对软件进行功能评审的基础。

另外,根据状态不同可以将基线分为当前基线和修订的基线,当前基线表示下一演化阶段前的需求基线,修订的基线表示经过一个演化阶段对需求基线进行修订后产生的新的需求基线。这样,需求演化管理就是对需求基线的变更管理,其原理示意图如5-8所示。

建立需求文档的受控版本,确定一个需求基准,是需求演化在特定时刻的快照。之后的需求变更遵循变更控制过程即可。每个版本的需求文档都必须是独立说明,以避免将底稿和基准或新旧版本相混淆。例如,通常在紧接评审之前建立基线,并在紧接评审变更被采纳之后建立基线。基线的版本号包括主版本号、次版本号和后缀三部分组成,如"1.2评审前"。主版本号和次版本号由数字表示,后缀用文字来描述当前版本的状态。在第一个基线版本建立以后,其他的变更严格按照变更控制管理的要求进行即可。最好的办法当然是使用合适的配置管理工具在版本控制下为需求文档定位。

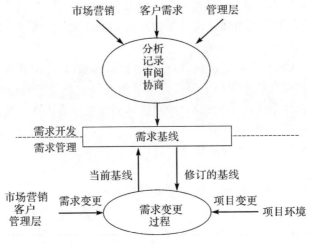

图 5-8 需求基线管理原理

小　　结

（1）在系统生命周期中，需求变化是不可避免的，导致变化的原因包括政策、组织和技术等环境因素。正确认识需求变化和有效开展演化管理，是需求工程的核心任务。

（2）需求因其内质特性的不同，可以分为稳定需求和易变需求。易变需求根据其变化原因有可分为四类：因环境改变的需求、突然出现的需求、因设想改变的需求和匹配性需求。

（3）唯一性标识每个需求是需求演化管理的基础。大型项目应该建立需求数据库，将需求细化到条目，存储到数据库中，并维持相关需求之间的关联。

（4）需求演化管理的主要内容是需求的可跟踪性管理、变更管理和基线管理。对于变更管理，应该制定有效的管理政策，定义用于演化管理的过程以及和每个变更需求相关联的信息，也应该定义谁需要对演化管理过程负责，以及负有哪些职责。

（5）在演化管理中可以应用一些支持演化管理的自动化工具，包括专业化的需求管理工具，以及诸如电子表格和电子邮件系统等通用产品。

（6）可跟踪性是需求管理的一个核心概念，可跟踪性信息记录了需求和需求来源之间的依赖性，需求之间的依赖性记忆需求和系统实现之间的依赖性。可跟踪性矩阵可以用来记录可跟踪性信息。

（7）收集和维护可跟踪性信息需要付出一定的代价。为了实施有效的需求管理，组织应该制定一些可跟踪性政策，描述什么信息应该加以收集以及如何进行维护。

思　考　题

1.使用图 5-1 中需求数据库机制，用合适的语言写一个程序，为维护数据库中的一系列需求建立需求可跟踪性矩阵。

2. 用第三节中的信息设计一个演化控制表格,定义需求演化,并对演化结果进行分析。

3. 根据图 5-3 中描述的演化分析过程,说明如何使用个人计算机上常用的软件来支持过程。

4. 说明在需求管理过程中如何使用原型法。

5. 解释为什么存在大量系统需求时可跟踪性矩阵会变得难以管理。

6. 相比于让每个项目管理者指定需要维护的可跟踪性信息,一个组织具有一系列定义好的可跟踪性政策的优点是什么?

第六章 IDEF 方法与技术

本章介绍工业界普遍流行的结构化建模方法——IDEF 方法。本章学习的要点是：

（1）对 IDEF0 功能建模方法、IDEF1X 数据建模方法等有一个较为系统的认识，掌握 IDEF0 建模的基本原理，能够运用 IDEF0 方法对系统需求进行功能分析；

（2）掌握 IDEF1X 建模的基本原理，能够运用 IDEF1X 方法对主体系统进行实体关系分析，建立信息系统的数据模型；

（3）通过 IDEF0 和 IDEF1X 方法的学习，对结构化分析和设计的思想和技术有更深入的了解和认识。

第一节 IDEF 方法概述

IDEF 是 ICAM Definition method 的缩写，也被称为 integration definition method，是一种经典的系统分析理论与方法。联邦信息处理标准（Federal Information Processing Standards，FIPS）1993 年的出版物指出，IDEF 方法是源于 19 世纪 70 年代美国空军集成化计算机辅助制造 ICAM（Integrated Computer Aided Manufacturing）计划所发展出来的一套系统分析与设计的方法。该计划原目的在于通过计算机科学技术来提高产能，但在设计与发展的过程中，计划人员发现设计冗长的文字叙述，对于制作文件或是验证程序的可行性而言，并不是一个很有效的表达方式。因此，计划人员采用了部分的结构化分析和设计技术 SADT（Structured Analysis and Design Technology），将制造流程中的人员、物料、设备、程序及信息等，以结构化的方式呈现，促使开发人员更容易了解系统的内容及特性，以达到整合及辅助设计的功效。随着该方法的不断衍生及扩充而产生了许多不同的模组功能，用以满足系统分析与设计的不同需求。这一系列 IDEF 分析方法统称为 IDEF 家族，包括功能建模（IDEF0）、信息建模（IDEF1）、动态建模（IDEF2）、数据建模（IDEF1X）、过程描述获取方法（IDEF3）、面向对象的设计方法（IDEF4）、使用 C++ 语言的面向对象设计方法（IDEF4 C++）、实体描述获取方法（IDEF5）、设计理论获取方法（IDEF6）、人－系统交互设计方法（IDEF8）、业务约束发现方法（IDEF9）、网络设计方法（IDEF14）等。

IDEF 目前已被广泛应用于不同领域。根据用途，可以把 IDEF 族方法分成两类：第一类 IDEF 方法的作用是沟通系统集成人员之间的信息交流，主要有 IDEF0、IDEF1、IDEF3、IDEF5。IDEF0 通过对功能的分解、功能之间联系的分类（如按照输入、输出、控制和机制分类)来描述系统功能。IDEF1 用来描述企业运作过程中的重要信息。IDEF3 支持系统用户视图的结构化描述。IDEF5 用来采集事实和获取知识。第二类 IDEF 方法的重点是系统开发过程中的设计部分。其中两种主要的 IDEF 设计方法为 IDEF1X 和 IDEF4。IDEF1X 可以辅助语义数据模型的设计。IDEF4 可以产生面向对象实现方法所需的高质量的设计产品。研究人员可以利用不同的 IDEF 方法来分析和解决不同的问题。

第二节　IDEF0 方法

IDEF0 方法采用图形化及结构化的方式,清楚严谨地将一个系统当中的功能及功能彼此之间的限制、关系、相关信息与对象表达出来,让使用者借助图形便可清楚知道系统的运作方式以及功能所需的各项资源,并且提供一种标准化与一致性的语言供建构者与使用者在相互沟通与讨论时使用。IDEF0 是以结构化方法阶层式地表现系统功能、信息及对象三者彼此相关性的方法。

一、功能模型的表示

(一) IDEF0 基本组件

IDEF0 模型由一系列图形组成,是对一个复杂事物的反映,并且是复杂事物的抽象和规范化的描述。这些图形主要是由盒子及箭头这两种基本组件组成,其中的每一个盒子代表的是系统的某项功能(活动),功能可能是一种行动、作业或过程。箭头代表盒子中所需的数据(信息或对象),如输入(Input)、输出(Output)、控制(Control)、机制(Mechanism)以及调用(Call)等。IDEF0 的基本组件如图 6-1 所示。输入、控制、输出、机制四者的首字母就是 IDEF0 语法当中的 ICOM,这四者称为 IDEF0 中的四种资源。而调用(Call)则是比较特殊的一种接口,它可以由功能再调用下一个更为详细的模型来解释目前的功能,其主要用在庞大的系统细分时,作为将来系统整合的接口。

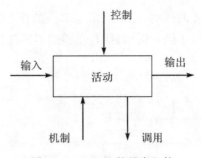

图 6-1　IDEF0 的基本组件

按照结构化方法自顶向下、逐步求精的分析原则,IDEF0 的初始图形首先描述了系统的最一般、最抽象的特征,确定了系统的边界和功能概貌。然后,对初始图形中所包含的各个部分按照 IDEF0 方法进行逐步分解,形成对系统较为详细的描述并得到较为细化的图形表示,这样经过多次分解,IDEF0 方法把一个复杂事物分解成一个个部分、成分,最终得到的图形细致到足以描述整个系统的功能。每个详细图是其较抽象图的一个分解,较抽象图称为父图,详细图称为子图。父图中的一个盒子可以由子图中的多个盒子和箭头来描述,并且父图中进入和离开的箭头必须与子图中进入和离开的箭头相一致。结构化分析的原则要求图形中盒子一般不多于6个,因此活动图形具有抽象性。高层图形包含了相当多的信息,因此在高层图中,盒子及箭头所附带的文字标签必然是抽象的,它描写的是一般概念,而下层图中信息逐步增加,因此使用更为专门的术语。

用这种图形来描述的一个系统称为 IDEF0 模型。每个模型必须说明一组特定的需求,如:描述系统完成的是什么功能;说明系统是如何设计的及如何构造的;如何使用及维护一个系统。下面分别介绍 IDEF0 建模的基本组件。

1. 盒子

图形中的盒子代表活动,用主动的动词短语来描述。我们在盒子的内部写上描述盒子的短语,在盒子的右下角写上编号,从1到6。

连到盒子上的箭头表示由活动产生的或活动所需要的数据、信息或真实对象,用一个名词短语作标签,写在箭头旁边。箭头表示盒子间的数据流向或依赖关系,而不是表示活动的执行顺序。盒子左边及上方进入的箭头表示为完成此活动所需要的数据,即数据输入;盒子右边离开盒子的箭头表示执行活动时产生的数据,即数据输出。活动就是将输入数据转变为输出数据的一种变换。所以,输入就是这个活动需要消耗掉、用掉或变换成输出的东西,它可以是具体的事物、抽象的数据或其他用名词表示的东西。

盒子上方的箭头称为控制,它说明了控制变换的条件或环境,或者说是约束。输入与控制二者的作用是不同的,在输入与控制无法明确区分时,可看作控制。

盒子底部的箭头作为机制,它可以是执行活动的人或设备。

总之,输入输出箭头表示活动进行的是"什么(what)",控制箭头表明"为何(why)"这么做,而机制箭头表示"如何(how)"做。如图6-2(a)是活动"制造零件"的图形描述,图6-2(b)说明了箭头的作用。

盒子表示了一组相互有关的活动,而不一定是单一的作用。在不同条件、不同环境下,用不同的输入或控制可以产生不同的输出,执行功能的不同部分,因此盒子的每一条边都可能连有多个箭头。

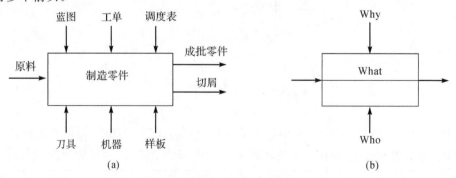

图6-2 盒子与箭头

2. 箭头

在活动图形上,箭头代表数据约束,而不是代表执行顺序或时间。一个盒子上的输出,连到另一个盒子的输入或控制,表示一种约束,即接收数据的盒子利用该数据作为它的一个执行条件。按功能作用,如前所述,箭头分为输入、输出、控制和机制四类。按内外关系,箭头分为两类:一类是内部箭头,它的两端分别连在图形的盒子上;另一类是边界箭头,它的两端中一端是开的,表示由图形以外的活动所产生,或供图形以外的活动所使用。

(1)输入输出箭头。

箭头可以分流或汇合,用以表示一个盒子的输出可以提供给多个盒子或者多个盒子输出同一类东西作为一个盒子的输入。在活动图上箭头用分支表示多个活动需要同一数据,如图6-3(a)所示。箭头用汇合表示多个活动产生同一类数据,如图6-3(b)所示。箭头分支可以代表一类东西或同一种类的不同东西,如图6-4所示。图6-4(a)表示A、B是同一类,分别进入2、3盒子。图6-4(b)表示B、C是同一类,且B∪C=A。

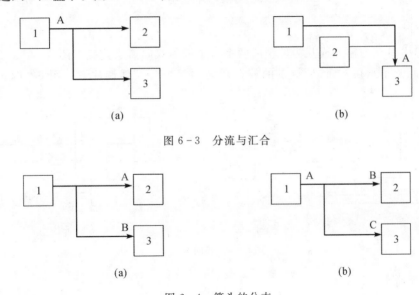

图6-3 分流与汇合

图6-4 箭头的分支

(2)机制箭头。

在盒子底部的机制箭头,指出活动是由谁来完成的,它说明执行活动的事物可以是人或设备等。向下的机制箭头称为调用(Call)箭头,它指出执行活动的事物已经在另一个模型中进行了细化,如需要了解细节,就可按调用的图号(或结点号)在另一个模型中找到有关图形。

(3)通道箭头。

如果把一个箭头在表示活动的盒子的联接端加上括号,这个括号表示该箭头将通到模型的未定义部分,即此箭头将不出现在子图的边界箭头中,或是众所周知,或有共同理解的可省略的内容,在子图中为简化而省略了。如果箭头出现在子图中,并作为边界箭头,但不出现在父图中,则在子图箭头的开端加上括号。这类箭头如图6-5所示。

这些箭头,使人们在分解中能省略或推迟表示它们所代表的信息,只是到了非表示不可的时候,才将它们表示出来。通道箭头的使用,避免了在高层次图形中出现信息过细的现象,而过细的信息往往会干扰人们对图形含义的正确理解。

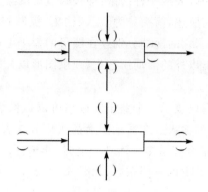

图 6-5 通道箭头

(4)双向箭头。

在图形中对互为输入或互为控制的两个盒子可用双向箭头连接。图 6-6(a)是互为输入,先触发的盒子画在上面,后触发的放在后面。两个"·"强调注意。图 6-6(b)是互为控制。

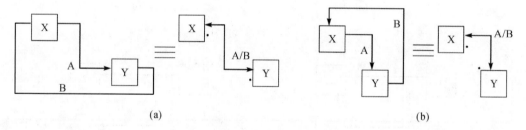

图 6-6 双向箭头

(5)选择箭头。

选择箭头表述二选一的输入或输出,如图 6-7 所示。

图 6-7 选择箭头

(6)连接类型。

活动图中没有明确的顺序及时间,但我们很容易表示如反馈、迭代、连续处理及时间上重叠等情况。盒子之间有五种类型的连接,如表 6-1 所示。

表 6-1 活动连接类型

连 接	类 型	描 述
	输入连接	输出作为另一个低级盒子的输入
	控制连接	输出作为另一个低级盒子的控制 例如：设计、规格说明
	输出机制	输出作为另一个低级盒子的机制 例如：设置、分配
	控制反馈	输出作为另一个高级盒子的控制 例如：评估
	输入反馈	输出作为另一个高级盒子的控制 例如：重做

(7) ICOM 码。

ICOM 码是对图形中的每个活动的箭头规定的编号方式，用专门的符号说明父子图中的箭头关系，并把子图中每个边界箭头的开端分别用字母 I(Input)、C(Control)、O(Output)、M(Mechanism)来标明是父盒子的输入、控制、输出及机制。再用一数字表示父盒子上箭头的相对位置，编号次序是从上到下、自左到右。如图 6-8 所示，盒子 H 的控制是 C1，表示父盒子 A 的第一个控制 a。

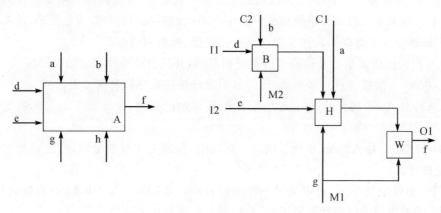

图 6-8 ICOM 码示例

3. 节点号

经过功能分解的一个 IDEF0 模型是一组有一定层次的图形,可以用节点的编号来标识活动所在层次中的位置。节点的编号是逐层顺序而来的,活动图的所有节点号都用字母 A 开头。最顶层图形为 A0 图,在 A0 以上只用一个盒子来代表系统内外关系,编号为 A-0 (读作"A 减 0"),必要时其上还可有 A-1,A-2。每个节点号是把父图的编号与父模块在父图中的编号组合起来。每增加一层,节点的编号增加一位,形成如图 6-9 所示的节点树。

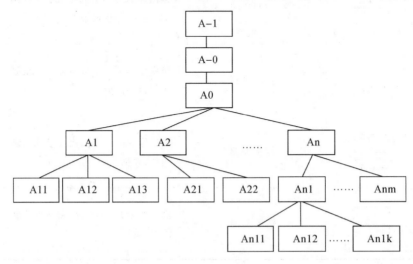

图 6-9 节点树

4. 模型名

每个模型有一个名字,通常用名字代表主体,用子名字表示不同的模型。名字与子名字间用斜杠(/)隔开。

(二)系统功能展开

图 6-10 所示为一个 IDEF0 系统功能展开的模式范例,通过该图说明此系统的作用和范围,图中自顶向下逐层展开系统功能。其中盒子代表系统中的功能或是活动,箭头则是代表盒子中的活动与外界联系的四类接口,输入、输出、控制和机制。

A-0:此阶层清楚地定义该模型的主题和范围,并且也是该模型的最高层级。

A0:将 A-0 层级更进一步的展开,并且明显地描述出建构者所要表达的观点。

A2、A3:对 A0 所展开的某一项功能,做出更详细的分解,使此模型的目标被更充分的描述。

A21…A31…:对 A2、A3 所展开的某一项功能,做出更详细的分解,使此模型的目标被更充分地描述。

IDEF0 不仅定义了图,还定义了产生图的过程。IDEF0 专家(作者)同其他成员协作,使用观点,沿着正规的作图和回顾循环,最后产生一致和正确的图。

例 6.1 下面以战区通信指挥管理中心(简称"通信中心")指挥信息系统建设为例,利用 IDEF0 方法建立系统的功能模型。通信中心是战区通信保障的指挥机构,是军区通信部战时与平时的工作场所,军区通信部通过通信中心的指挥信息系统实施对战区通信部(分)队的指挥、管理、调度,进行通信工程建设和其他通信业务工作,确保战区通信体系的正常运行,保障战区本级指挥所对下指挥和对上通信的畅通。通信中心的基本要求是:提高战区通信作战指挥信息的收集、传递、处理和资源管理自动化程度,提高战区诸军兵种联合作战的通信保障能力及指挥监控能力。战区通信中心 A－0 图如图 6－11 所示,A0 图如图 6－12 所示。

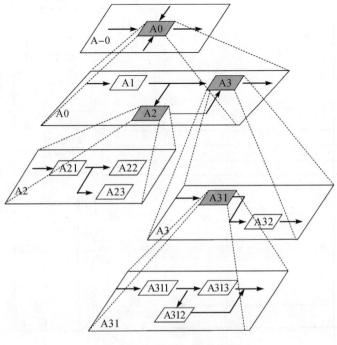

图 6－10　IDEF0 模式范例

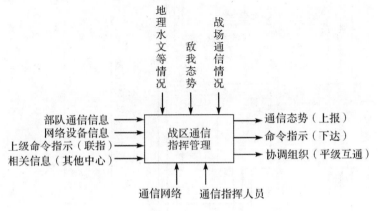

图 6－11　战区通信中心 A－0 图

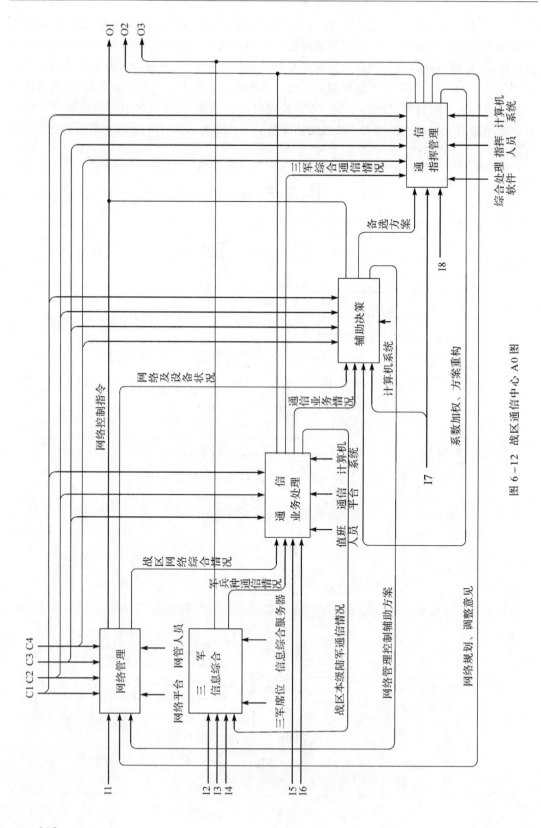

图 6-12 战区通信中心 A0 图

二、IDEF0 建模过程

(一)建模的基本方法

1. 选择范围、观点及目的

在开始建立模型之前,首先应确定建模对象的立足点,即确定建模范围、观点及目的。

范围是把模型的主题作为更大系统的一部分来看待,描述了外部接口,区分了与环境之间的界线,确定了模型中需要讨论的问题与不应讨论的问题。

观点是确定从什么角度去观察建模对象,以及在一定范围内所涉及的部分。

目的说明建模的意图。

这三个概念指导并约束了整个建模过程。虽然在建模过程中这些内容也可以有所变化,但必须自始至终保持一致、清晰,而不被曲解。

2. 建立内外关系

建模的第一步通常是建立内外关系——A-0图。A-0图不包含任何内部功能需求,仅仅表达系统与外部的联系。作图时画一个单个的盒子,概要描述系统的总体需求。再用进入及离开盒子的箭头表示系统与环境的数据接口。这个图形确定了整个模型的内外关系,确定了系统的边界,构成进一步分解的基础。

3. 画出顶层图

把 A-0 图分解为 3~6 个主要部分,得到 A0 图。A0 图是系统功能需求分析的顶层模型,从结构上反映系统的顶层功能需求。它之下的每个图都是对 A0 图中某功能的细化分解。作图时要清晰描述 A-0 图中每个盒子的名字所要说明的含义。

4. 建立一系列图形

为了完整描述系统的每个功能需求,需要使用比 A0 图更低级的图形,用以说明 A0 中各个盒子所要说明的内容,即把它们分解成几个主要部分来形成一张新图,将高层需求逐步展开描述,一直到分解至足够细的粒度。

分解的次序可采用以下原则:

(1)保持在同一水平上进行分解——均匀的模型深度。

(2)按困难程度进行选择,从最困难部分开始或者选择某一盒子分解,该盒子的分解将产生最多的关于其他盒子的信息。

5. 写文字说明

最后每张图将附有 1 页(特殊情况可增加)叙述性文字说明。文字说明分成两列,左边一列为"说明"(Text),右边一列为"词汇表"(Glossary)。

(二)工作阶段

1. 数据收集阶段

数据收集阶段需要明确建模的对象以及对象中的各种数据和功能。通过阅读原始资料来收集与问题有关的信息;主动与涉及该问题的人士讨论;对获取的数据、信息进行思考归纳,为实际建模做准备;选择下一步深入的题材。

2. 构造阶段

根据数据收集阶段得到的信息画出 IDEF0 图,画图时按照自顶向下、逐步求精的原则进行。此阶段包括重画的过程。

3. 表达阶段

每张图中第一次出现的含义不够明确的活动名字和 ICOM 名词,需要做扼要的定义或解释。编写准确、适当的文字说明,采用格式化的规范形式来表达,作为图中活动的辅助说明。

4. 交互阶段

当初步完成建模工作后,需要与利益相关方进行讨论,进一步确认和修正模型并使之更加准确地反映实际。通常这项工作需要多个方面的人员参与。最终形成的模型经审核确认后建模工作才能结束。

第三节 IDEF1X 方法

IDEF0 方法分析了数据的加工或变换过程,其中涉及大量的数据。在需求分析中有必要搞清楚这些数据的含义以及相互联系,必须进一步分析这些数据的组织方式和结构,才能为指挥信息系统的设计提供完整的需求信息。为此,IDEF 建模体系中提供了一种数据建模的方法,即 IDEF1X 方法。IDEF1X 是在实体-关系模型(E-R 图)基础上发展起来的,目前已被广泛应用于管理信息系统的分析和设计。

一、数据模型的表示

数据建模是数据库应用中常用的分析和设计手段。它通过对现实世界中的实体及其相互关系进行抽象描述,从语义层面上分析数据结构,并逐步将现实世界中的人与事物映射到数据库中的物理数据。

(一)数据模型化

建立系统的传统方法仅仅是着眼于从以下两个不同的观点来定义数据:用户视图和计算机视图。对于用户视图(也被称为"外部模式"),数据定义从记录和屏幕显示角度来设计,以帮助各个单位处理他们自己的具体任务,对数据结构的要求是随事务环境和各用户的偏好而变化的。对于计算机视图(也被称为"内部模式"),数据以文件结构方式来存储和检索,计算机存储数据的结构是根据所用的具体计算机技术和高效处理数据的要求而定的。分析人员通过一个一个的具体事务要求,逐步定义出了这两种数据视图,如图 6-13 所示。因此,一个最初应用所定义的内部模式,并不能方便地用于后续的应用,结果导致了数据冗余和不一致性。在早期的信息系统中,用物理记录形式定义数据和按顺序方式处理数据,此后引入了数据库管理系统(DBMS)。DBMS 允许随机存取逻辑上相关的数据。在 DBMS 中,逻辑数据结构通常被定义为层次的、网状的、关系的或者面向对象的。尽管 DBMS 大大地改进了数据的共享性,但是单单使用一个 DBMS 并不能保证数据的一致性。

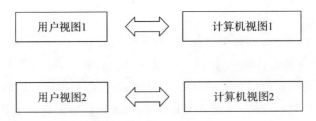

图 6-13 传统的数据视图

为了解决以上问题,需要增加数据的第三个视图,即概念视图(也被称为"概念模式")。它独立于数据的物理存储和存取方式,不偏向于任何专门的数据应用。如图 6-14 所示。概念模式的主要目标是提供一个数据的含义和相互关系的一致定义,以确保数据集成、共享和管理的完整性。

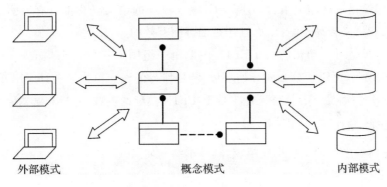

图 6-14 三模式方法

概念模式有以下三个重要的特性:
(1) 必须和所针对域的基础结构相一致,并且真正覆盖所有的应用范围。
(2) 必须是可扩展的,如:可以在原先定义的数据不变更的情况下,再定义新的数据。
(3) 必须可转化成用户所需的视图和多种数据存储及存取结构。

概念视图定义数据的要求导致了语义数据模型化技术的发展,即在数据相互关系中定义数据的含义,如图 6-15 所示。现实世界中的实体或对象被符号化地定义为物理存储器内的数据。语义数据模型是一个抽象化的定义,它定义了所存储的数据符号如何与现实世界的实体相关联。因此,语义数据模型必须真实地反映现实世界。IDEF1X 就是一种概念视图的建模方法,它是从 E-R 模型方法发展而来的,从本质上看它就是一种实体-关系建模方法。

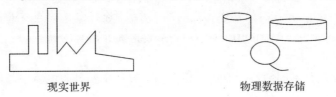

图 6-15 语义数据模型

(二) IDEF1X 简介

IDEF1 就是一种语义数据模型化技术。IDEF1X 是 IDEF1 的延伸版本,二者主要的差异在于 IDEF1 是用来描述系统中数据的储存及数据之间的关系,而 IDEF1X 着重于实体属性和实体关系之间的数据模型。利用 IDEF1X 所构建出的数据库,可获得数据的一致性、独立性及减少程序维护时的麻烦,因此,IDEF1X 是构建数据库的有效工具。IDEF1X 目前有很多成熟的工具支持,主要是数据库设计领域的工具,如 ERWin,但是 IDEF1X 一般不作为独立的建模方法,只是作为一种辅助技术。

IDEF1X 具有以下特性:

(1) 支持概念模式的开发。IDEF1X 语法支持概念模式开发所必需的语义结构,完善的 IDEF1X 模型具有所期望的一致性、可扩展性和可变换性。

(2) IDEF1X 是一种相关语言。IDEF1X 对于不同的语义概念都具有简明的一致结构。IDEF1X 语法和语义较易于掌握,而且还是强健而有效的。

(3) IDEF1X 是可自动化的。IDEF1X 图能由一组图形软件包来生成。例如美国空军开发的三模式词典,可用于分布式异构环境,利用所得的概念模式来进行应用开发和具体事务的处理。另一些商品化的软件还能支持 IDEF1X 模型的更改、分析和结构管理。

(三) IDEF1X 组件

IDEF1X 模型由三种建模构建组成,其基本结构如图 6-16 所示。

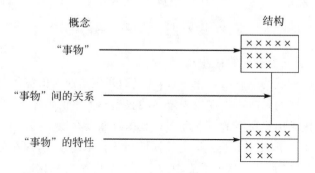

图 6-16 基本模型化概念

(1) 实体(Entities),描述系统相关的事物,例如人、概念、地方和事物等,用图形化的盒子表示;

(2) 关系(Relationship),描述事物之间的关系,用连接盒子的连线来表示;

(3) 属性或关键字(Attributes/Keys),描述事物所拥有的特性,用盒子中的属性名来表示。

每个组件又依其不同的特性而进一步分为 7 种基本组件,如表 6-2 所示。以下详细介绍表中每种组件的含义和使用方法。

表 6-2　IDEF1X 的基本构成组件

组　件	分　类
实体(Entities)	独立标识实体(Identifier-Independent Entities) 依赖标识实体(Identifier-Dependent Entities)
关系(Relationships)	标识的连接关系(Identifying Connection Relationships) 非标识的连接关系(Non-Identifying Connection Relationships) 分类关系(Categorization Relationships) 非确定关系(Non-Specific Relation)
属性/关键字 (Attributes/Keys)	属性(Attribute) 主关键字(Primary Keys) 次关键字(Alternate Keys) 外来关键字(Foreign Keys)

1. 实体

一个实体标识一个现实或抽象事物的集合,这些事物必须具有相同的属性特征。而其中的每一个成员称为该实体的一个实例。例如:"李四"和"王五"是"连队主官"实体的两个实例。一个现实世界的事物可以由数据模型中的多个实体来定义,即一个实例可以是现实世界多种事物的交叉组合。例如:学员"张三"可以同时是"军人"实体和"学生"实体。

实体分为两种类型:独立标识实体(也称独立实体)和依赖标识实体(也称从属实体)。独立实体表示不需要经由与其他实体的关系来决定,即可被确认为唯一的实体实例,是一个从概念语义上独立于其他实体存在的实体。而从属实体是属于需要经由与其他实体的关系来决定,才可被确认为唯一的实体实例,它从概念语义上依赖于其他实体的存在而存在。

实体的表达方式是以盒子来表达,如图 6-17 所示。方角盒子表示独立实体,圆角盒子表示从属实体。每一个实体都有其唯一的实体名称标于盒子上方,也可以在名称当中加入正整数数字作为实体号码,并在名称与号码之间加上一个斜杠。实体名必须是一个名词短语,描述实体所代表事物的一个集合。这个名称应该是单数的形式,而不能使用复数的形式,允许用缩写,但必须是有意义的,且在整个模型中保持一致。实体的形式定义和同义词(或别名)的清单,必须在模型的词汇表中给出。一个实体可以出现在多张 IDEF1X 图上,但在一张图中,至多出现一次。

实体遵循以下规则:

(1)每一个实体必须使用唯一的实体名,相同的含义必须总是用于同一实体名。

(2)一个实体可以有一个或多个属性,这些属性可以是它自身所具有的,也可以是通过一个关系而继承得到的。

(3)一个实体应有一个或多个能唯一标识实体每一个实例的属性。

(4)任何实体都可与模型中其他实体有关系。

(5)如果一个实体的主关键字全部或部分由外来关键字组成,那么该实体就是从属实体。

相反,如果根本没有外来关键字属性用作一个实体的主关键字,那么这个实体就是独立实体。

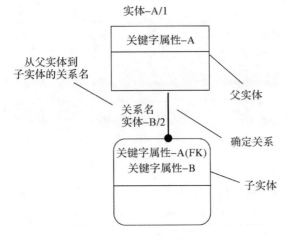

图 6-17　IDEF1X 图形表达方法

2. 属性

一个属性表示一类现实或抽象的事物的一种特征或性质,一个属性的实例是这类事物个体成员的一个具体特性,由特征类型和值来定义,这个值也称为属性值。在 IDEF1X 模型中,属性是与具体的实体相联系的。实体的每一个相关属性都必须具有一个唯一确定的值。例如:"士兵名"和"生日"是与实体"士兵"相关的属性,"士兵"实体的一个实例可有这样的值:"张三"和"1994 年 1 月 1 日"。

一个实体必须具有一个或一组属性及其值唯一地确定该实体的每一个实例。这个属性或属性组就构成该实体的"主关键字"(Primary Key)。例如,属性"士兵编号"就可以作为"士兵"实体的主关键字;而属性"士兵名"和"生日"只是其他属性,因为它不能唯一地确定该实体的每一个实例。

每个属性都由一个唯一的名字来标记,这个名字用一个名词短语来表示,它描述了属性所表示的实体特征。在实体的盒子内,每一行只列一个属性,主关键字属性被放在列表的最上面,且用水平线把它与其他属性分开,如图 6-18 所示。

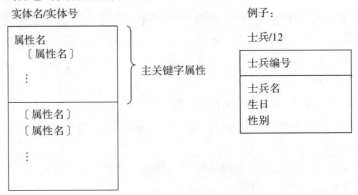

图 6-18　属性和主关键字语法

属性遵循以下规则：

(1)每个属性都必须具有一个唯一的名称,且相同的名字必须总是描述相同的含义。因此相同的含义不可能对应于不同的名字(别名除外)。

(2)每个实体可以具有任意多个属性,一个属性只能归属于一个实体,这一规则称为"单主规则"。

(3)一个实体可以有任意多个继承属性,而每个继承属性都必须是某个相关父实体或一般实体的一个或一组关键字。

(4)实体的每一个实例的属性都必须具有一个值,这个规则称为"非空规则"；并且不能有多个值,这个规则称为"非重复规则"。

3. 关系

关系分三种:确定关系、非确定关系和分类关系。

(1)确定关系(又称"连接关系""父子关系"或"依存关系"),是明确定义的两个实体及其相关实例之间的关系。在这种连接关系中,某个实体的关键字将作为另一个实体的外键属性；提供外键的实体称为父实体,接受外键的实体称为子实体。

父实体的每一个实例可以与子实体的0个、1个或多个实例相连接,子实体的每个实例则必须精确地同父实体的1个实例相连接。即,只有与之相连接的父实体的实例存在时,子实体的这个实例才能存在。因此,子实体就是从属实体。例如:假设"士兵"与"装备请领单"两个实体之间存在确定的连接关系,则若一个士兵(实例)发出0张、1张或多张装备请领单(实例),并且每张装备请领单必须只由一个士兵发出。

需要注意的是,IDEF1X是一种概念建模方法,其模型描述的是两实体间的关系类型或关系集合,一般不描述某个关系实例,只是通过关系基数定义关系实体的数目。

关系可以由关系基数来进一步定义,以详细说明每个父实体的实例可以对应存在几个子实体的实例。图6-19表示了不同类型的关系基数。

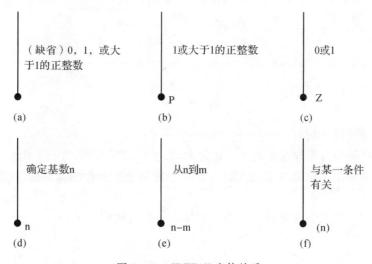

图6-19 IDEF1X 实体关系

图(a)表示每一个父实体可以与 0 个、1 个或是多个有关联性的子实体实例相连。

图(b)表示每一个父实体实例至少与 1 个或是多个有关联性的子实体实例相连。

图(c)表示每一个父实体实例至多与 1 个有关联性的子实体实例相连。

图(d)表示每一个父实体实例与某个确定数量的子实体实例相连。

图(e)表示每一个父实体实例与一定范围内数量的子实体实例相连。

图(f)表示每一个父实体实例与某一条件下限定数量的子实体实例相连,例如条件为:大于 3、必定是 7 或是 9。

在 IDEF1X 图中,用一条实线来表示父子实体之间存在确定关系,那么子实体总是依赖标识实体,用圆角的盒子来表示。此时,父实体的主关键字属性还为子实体的主关键字属性所继承,如图 6-20(a)所示。在通常情况下,父实体是独立实体。但如果父实体又在其他某个关系中充当子实体,那么该实体和其子实体都是从属实体。一个实体可以与其它实体有任意多个关系,但只要它在任一个确定关系中充当了子实体,则就用圆角盒子来描述。

IDEF1X 用虚线来描述父子实体之间的非确定关系,如图 6-20(b)所示。一般情况下,在非确定关系中的父实体和子实体都可以是独立标识实体,但如果父实体或子实体在某个其它确定关系中充当了子实体的角色,那么它就是一个从属实体。

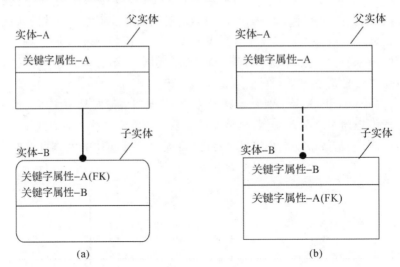

图 6-20 确定关系和非确定关系

关系建模遵循以下规则:

1)一个确定关系总是存在于两个实体之间,一个作为父实体,另一个作为子实体;

2)父实体的一个实例可与子实体的 0 个、1 个或多个实例相联系,具体情况由特定的基数而定;

3)子实体的一个实例必须且只能与父实体的一个实例相联系;

4)确定关系中的子实体总是一个从属实体;

5)一个实体可以与任意多个其他实体相联系,可以在不同的关系中充当不同的角色,如在一些关系中当父实体,而在另一些关系中当子实体。

(2)非确定关系。在完善的 IDEF1X 模型中,实体间的所有关系都必须用确定关系来描述。但是，在建模的初始阶段，标识一些实体间的非确定关系对开发模型往往是有帮助的。这些非确定关系可以在进一步的建模阶段中不断地得到细化。

非确定关系又可称为"多对多关系"（确定关系中不存在多对多的关系），即关联的两实体之间的任一实体实例，都将对应另一个实体的 0 个、1 个或多个实例。例如，一个士兵可以分配到多个作战任务中，而一个作战任务可以分配多个士兵，那么"士兵"实体和"作战任务"实体之间的连接关系就是一个非确定关系。

在细化建模中，可以通过引入第三个实体来消除这种关系的不确定性，将非确定关系转换为确定关系。例如，在上例中引入第三个实体"作战任务分配"，该实体与"士兵"实体和"作战任务"实体构成确定关系，充当"士兵"和"作战任务"实体的公共子实体。这样，新的关系被确定为：一个士兵具有 0、1 或多个作战任务分配，且一个作战任务也具有 0、1 或多个作战任务分配。每个作战任务分配都是确切地针对一个士兵和一个作战任务。这个为处理非确定关系而引入的实体，通常被称为"相交实体"或称为"相关实体"。

一个非确定关系用一个两端都带圆点的连线来描述，如图 6-21 所示。一个非确定关系是双向命名的。关系名称用斜杠分开，其次序由实体之间的相对位置而确定。如果两个实体是水平排列的，第一个关系名按从左至右方向来描述；如果两实体是垂直排列的，那就按从上至下的方向来描述。第二个关系名按相反的方向来描述。

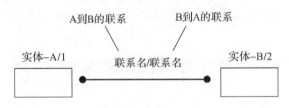

图 6-21 非确定关系的语法

非确定关系建模应遵循以下规则：

1) 一个非确定关系总是存在于两个实体之间，而不是三个或更多实体之间。

2) 在关联的两个实体中，任意一个实体的实例可以与另一实体的 0、1 或多个实例相关联，具体情况要视基数而定。

3) 为了完全地设计出一个模型，非确定关系最终必须由确定关系来替代。

(3) 分类关系。在现实世界中，某个事物从概念意义上可以表达为另一些事物的抽象，这种描述一个概念是另一些概念的抽象或分类关系称为分类关系。例如：假设"士官"是一个要被获取的概念。尽管这个"士官"实体已有了一些关于所有士官所需的信息，但对于指挥管理士官，也许还需要有不同于专业技术士官、指挥技术士官和普通岗位士官的附加信息。因此，这四类士官就是"士官"实体的分类，它们在 IDEF1X 模型中通过一个分类关系互相联系。

分类关系是发生在两个或多个实体之间的确定关系。其中，抽象概念的实体（只有一个）称为一般实体，具体概念的实体（可以多个）称为分类实体。分类关系有两种：完全分类和不完全分类。

在完全分类关系中，每个一般实体的实例都恰好与一个且仅一个分类实体的实例相联系。一般实体的每一个实例和与之相联系的一个分类实体实例,描述的是现实世界的同一事物,因此它们具有相同的唯一标识符。如上例,"士官"实体是一般实体,而"指挥管理士官""专业技术士官""指挥技术士官"和"普通岗位士官"则是分类实体。此外,对于同一个一般实体的分类实体总是互不相容的,即一般实体的一个实例只能与一个分类实体的一个实例相对应。在上例中,这就意味着一个士官不可能既是指挥管理士官又是其他类型士官。

不完全分类关系是指,存在一般实体的一个实例不与任何分类实体的任一实例相联系。在一般实体实例中的一个属性值,确定哪一个可能有的分类实体实例将与该一般实体实例相关联。这个属性被称为分类关系的"鉴别器"。在以上的例子中,鉴别器可以命名为"士官类型"。

分类关系用如图6-22所示的线、圆圈加下划线和几条分支线组合起来表示。对分类实体而言,基数不必说明,因为总是0或1。分类实体都是从属实体,而一般实体通常是独立实体,当然也不排除从属实体的可能性,因为它的关键字可由一些其他关系而继承得到。在分类关系表示中,圆圈的下划线是双线时,这表示分类实体是完全集,而下划线是单线时,则表示分类的非完全集。

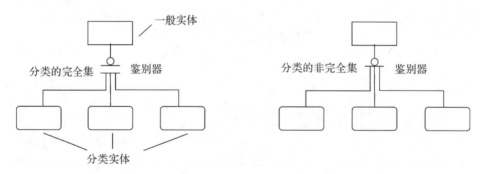

图6-22 类别关系的语法

分类关系建模应遵循以下规则:

1) 一个分类实体只能有一个对应的一般实体,即对于一个分类关系而言,它只能是一个分类集的一个成员。

2) 一个分类关系中的一个分类实体可以是一个其他分类关系中的一般实体。

3) 一个实体可具有任意个分类关系,在这些分类关系中,这个实体作为一般实体。例如:"男士官"和"女士官"可以是一般实体"士官"的第二个分类集合。

4) 一个分类实体不能是标识的关系中的一个子实体。

5) 分类实体的主关键字属性必须和一般实体的主关键字属性相同。

6) 一个分类实体的全部实例都具有相同的"鉴别器"值,并且不同分类实体的所有实例都具有不同的"鉴别器"值。

4. 关键字

关键字是一组唯一确定实体实例的属性,在它们没有确认为主关键字或次关键字之前统称为候选关键字(Candidate Key),其他属性称为非键属性。例如:属性"装备请领单号"可以唯一地确定"装备请领单"实体的实例。每一个实体至少有一个候选关键字,必须指定其中一个为主关键字,而其他的就被称为次关键字(Alternate Key)。次关键字放置于水平分隔线的下方。每一个次关键字分配一个唯一的整数号,这个整数号放在"AK"标注之后,用圆括号括起来,放在关键字名之后,如图6-23所示。

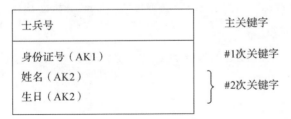

图6-23 次关键字语法

关键字属性建模应遵循以下规则:
1)每个实体有且只有一个主关键字。
2)每个实体可以有0个或多个次关键字。
3)关键字可以由1个或多个属性组成。
4)个别属性可以是多个关键字(主/次关键字)的一部分。
5)构成关键字的属性可以是实体自身所有,也可以从其他实体中继承而来。
6)关键字必须仅仅包含用于唯一标识实体的那些属性。如去掉其中一个属性,则无法标识实体的实例,这一规则被称为"最小关键字规则"。
7)如果主关键字是由多个属性组成,那么每个非键属性的值必须完全函数依赖于主关键字。每个非键属性必须仅仅函数依赖于主关键字和次关键字。

5. 外来关键字

如果在两个实体之间存在确定关系或分类关系,那么构成父实体或一般实体主关键字的属性将被继承为子实体或分类实体的属性。这些继承属性被称为外来关键字(Foreign Key)。外来关键字可以作为子实体的主关键字、候选关键字及非键属性。建模中,通过把继承属性名加"(FK)"标注放到实体盒子中的方法来描述外来关键字,如图6-24所示。图6-24(a)为继承非键属性的例子,图6-24(b)为继承主关键字属性的例子。

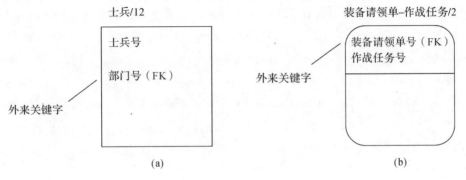

图6-24 外来关键字语法的例子

二、IDEF1X 建模过程

IDEF1X 建模过程分为四个阶段，各个阶段定义了工作内容、方式和目标。这四个阶段的划分并不是十分严格，但是在每个阶段必须形成完整的分析文档。

(一) 阶段 0: 建模准备

IDEF1X 建模的开始阶段必须描述和定义系统的边界和要求达到的目标，主要包括以下几个方面的工作。

1. 确定建模目标

依据 IDEF0 模型的来源和用途，明确目标和范围：

(1) 目标说明。对要定义的模型及其上下文的限制进行概括说明。

(2) 范围说明。对所表述系统的功能模型的边界进行说明。

2. 制订建模计划

建模计划概述要完成的任务和这些任务的开发顺序。计划中一般包括项目计划、收集数据、定义实体、定义关系、定义键、定义属性、确认模型和评审验收等阶段。

3. 组织模型开发队伍

为了科学、合理建模，在任务开发的人员组织上，需要多个层次的开发人员协调一致，共同努力才能得到正确的模型。IDEF1X 开发队伍中一般包括以下五种角色：

(1) 项目负责人。项目负责人负责建模的全过程，选择建模者，确定信息源，选择专家，组织并召集评审会。

(2) 建模者。建模者是应用建模技术建立系统模型的工作者，建模工作主要包括收集原始数据、培训、表示模型和控制模型。

(3) 信息源。模型的信息源来自各个部门，涉及具备特别管理知识或某方面业务处理能力的人。项目负责人根据建模者的需求，确定有效的信息源。建模者必须仔细地考虑每个源所提供的信息，从中处理那些不同的观点，使模型真实地反映实际情况。

(4) 专家。专家具备领域中某方面的专门知识，他们能对开发模型做出关键性的评论。通过与专家们的反复验证，可以使模型更加准确地反映问题的全貌。

(5) 评审委员会。评审委员会由建模工作所涉及的领域中的专家及有关人员组成，应具有代表性。评审会由项目负责人组织，对建模工作提出指导和仲裁，工作的最终成果是对模型作最后鉴定。

4. 收集源材料

一旦确定了建模的目标，就需要进一步收集有关的材料为建模做准备，可以采用与有关人员交谈、观察、查看实际文件等方法收集各方面的信息。这些材料可以包括：调研结果、观察结果、策略和生产过程、系统的输入和输出、数据库和文件说明等。

5. 制定约定

制定一些有益的约定可以加强模型含义的表示，促进模型的各个部分能被更好地理解。制定约定应不违反 IDEF1X 规范，例如，可以为实体和属性分别规定一个标准命名的约定。

(二)阶段1:定义实体

本阶段的目标是标识和定义在建模问题范围内的实体。

1. 识别实体

得到实体必须研究问题域中存在的实例,从具有共同特征的实例中抽取实体概念。例如,连队的每个士兵,他们具有共同的属性特征,可以将这些共同属性抽取出来形成模型中的实体。从前一阶段收集的材料中可直接或间接地识别出模型中的实体。

2. 定义实体

阶段1工作要形成的第二个成果是早期实体词汇表,即实体定义集。定义实体的内容包括确定实体名、描述实体概念和定义实体同义词等。

(三)阶段2:定义关系

本阶段的目标是标识和定义实体之间的基本语义关系。在该阶段中,有些关系可能是非确定的,并需要在以后的阶段中进一步完善。

1. 标识相关实体

一个关系可以简单地定义为两个实体之间的一种关联,即二元关系。任何的n元关系都可以用n个二元关系来表示。IDEF1X被限制为二元关系,比n元关系更容易定义和理解。

IDEF1X模型的目标是通过存在的依赖性(父—子)关系或分类关系定义实体间相互的关系,但在模型开发初期阶段中,允许定义非确定的关系,即两实体并不互相依赖。

可以用实体-关系矩阵构造相关实体的关系,在矩阵中在两个相关实体的交叉位置上画"X"。这里关系的性质并不重要,而关系存在的事实必须是充分的,如表6-4所示。

表6-4 实体关系矩阵

实体	士兵	连长	训练课目	训练成绩
士兵			√	√
连长			√	√
训练课目	√	√		√
训练成绩	√	√	√	

2. 定义关系

标识实体的关系后,需要做进一步的细化工作,包括表示依赖、确定关系名和编写关系说明。

作为关系定义的结果,可能会删去一些关系或增加新的关系。为了建立依赖,必须在两个方向上检验实体间的关系,通过关系的两端决定关系的基数。一旦建立了关系依赖性,建模者可对关系命名和定义。关系名通常用动词短语表示,且必须有意义,建模者可将关系名进一步扩展为具体、简明和有意义的定义或描述语句。

3. 构造实体级图

实体级图是简化的模型,所有的实体用方角盒子表示,并允许非确定的关系,实体级图的范围和数目可以变化。如果可行,则可在一张图中画出所有的实体,有助于反映模型的全貌并确保一致性;否则可以画多张图,但须注意图形之间的一致性以及实体和关系的定义。为了更明确,还可以追加参照图来扩充有关的实体信息。

图 6-25 是根据表 6-4 得出的实体级图。

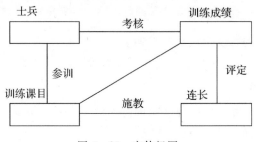

图 6-25 实体级图

(四)阶段 3:定义键

本阶段的主要工作是在实体级图的基础上进一步细化并完成以下工作:

1. 分解不确定关系

本阶段要求只能采用确定关系形式,即对于模型中的不确定关系,需要分解成确定关系。上例中"士兵"实体和"训练课目"实体之间就是不确定关系。分解的方法是构造一个新的交叉实体作为两个实体的子实体,新实体与两个父实体之间用确定关系代替,如图 6-26 所示。

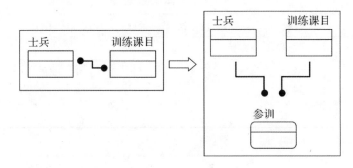

图 6-26 不确定关系改进为确定关系

2. 描绘功能视图

在阶段 3,由于反映在模型中的大量实体和关系的复杂性,很难为数据模型的含义构造一个全面的印象。描绘功能视图就是为了使模型在评估和确认过程中更直接与系统功能方面相联系。该部分工作就是,针对功能模型(如 IDEF0 模型)中的每个功能视图,将相关实体和关系表示在一张图上,通过建立有限制的上下文,使模型的这些部分便于理解和评估。

3. 标识键属性

标识键属性就是找到实体中可以作为键的一个或多个属性。IDEF1X 中有四种类型的键:候选键、主键、次键和外键。首先需要仔细研究实体的实例,选择出一个或多个属性组成一个实体的候选键。如果只有一个候选键,则将其作为主键,否则,根据问题需要选择一个候选键作为主键,其他作为次键。得到实体主键和次键后,需要将属性标注在实体中,主键放在实体水平分割线的上方,次键放在下方,同时给每一个键适当地编号。

4. 迁移键

键的迁移是把一个实体的主键复制到其他有关实体中的过程,此时复制键称为外来键。方法是:

(1)如果关系是确定关系,则将父实体的主键迁移到子实体,作为子实体的外键,并作为主键的一部分,放到实体水平分割线的上方。

(2)如果关系是非确定关系,则将父实体的主键作为子实体的外键,并作为子实体的次键,放到实体水平分割线的下方。

(3)如果是分类关系,则将一般实体的主键作为分类实体的主键。必须注意,迁移后一般实体和分类实体的主键必须完全一致。

5. 确认键和关系

完成上述工作以后,还需要进一步确认和检查,必须满足以下规则:

(1)禁止使用不确定关系,要将不确定关系转化为确定关系。

(2)键从父实体(或一般实体)向子实体(或分类实体)的迁移是强制的,即必须的。

(3)对于实体不同的实例,构成实体键属性的值不允许重复,否则不成为键。

(4)对于实体实例,作为键的属性的值不允许为空值。

(5)存在复合键的实体,不能划分为具有更简单键的多个实体。

6. 定义键属性

一旦模型标识了键,就该定义作为键使用的属性,且必须是精确的、具体的、完全的和全面可理解的,通常在实体属性矩阵中进行表示。

7. 阶段结果描述

经过以上工作后,就可以得到 IDEF1X 的阶段数据模型。最后将本阶段的工作在实体-关系图上正确反映,并编制相关的说明文件。

(五)阶段 4:定义属性

这是模型开发的最后阶段,可得到完全改进的数据模型,模型由一个完整的对实体、属性和关系的定义集和交叉参考集支持。该阶段包括以下几方面工作:

1. 标识非键属性

收集与问题相关的所有属性,为每一个属性确定一个明确的有意义的名字,并将它们列表,形成属性池。属性池在模型的上下文中是一个潜在可行的属性清单。

2. 分配属性

这一步将每一个属性分配到所有者实体中,绝大部分的属性可以较明显地属于某个实体。但是,有些实体在分配时又可能会遇到困难,这时需要参照一下抽取该属性的原始材料。属性分配时,需要记录一下分配的情况,以备以后参考。

3. 定义属性

需要确认实体的属性名、属性描述、属性同义词或属性别名。每个属性必须有唯一的名字,并且要求属性的描述必须是精确的、具体的、完整的和完全可理解的。

4. 改善模型

对即将完成的模型做进一步的确认和检查。需要综合运用上述几个阶段的规则来验证模型的正确性。除此之外还需要检查属性之间的函数依赖关系,根据范式理论将实体分解成范式形式,并重新绘制实体关系矩阵,最后提交评审委员会专家评审,通过评审后才最终得到模型。

5. 阶段结果描述

在开发得到的最终模型中,需要包括设计各个阶段形成的图表和文档,其中实体-关系矩阵和相应说明文档是模型的核心,并最终形成完整的模型分析报告。

需要说明的是,IDEF1X 建模过程是一个循序渐进的过程,在每一个阶段之间和每个阶段中都可能存在多次反复,为了使工作能够顺利进行,前期的源材料收集和准备工作以及确定建模目标就显得格外重要,同时需要各方面人员的密切协作才能将建模工作顺利完成。

小 结

在 IDEF 系列方法中,IDEF0 和 IDEF1X 得到了最为广泛的应用。IDEF0 功能建模方法按功能逐层分解的原则,结合图表的方法描述系统,使得系统功能模型规范、直观、易于理解。因此,IDEF0 被广泛用于系统功能需求分析。IDEF1X 数据建模方法着重于分析系统的实体属性和实体关系,作为现实世界和计算机世界之间过渡的桥梁,既客观表达了系统概念模型,又是数据库设计的有效工具。在下一章我们将学习 UML 面向对象建模语言,结合 UML 用例图与 IDEF0 共同表示系统的功能需求,结合 UML 类图和 IDEF1X 共同表示系统实体及其关系,这将结构化分析与设计、面向对象方法与设计的优点结合了起来,目前已被普遍使用,能够从多个侧面更全面详尽地表示系统,更易于理解并为后续设计和开发阶段奠定基础。

思 考 题

1. 说明 IDEF0 方法的基本组件及各组件的作用。
2. 以 IDEF0 模式范例说明它是如何分解系统活动的。
3. IDEF0 有何优缺点?
4. 比较 IDEF0 图与 UML 的用例图有什么不同点。
5. 简要叙述 IDEF0 建模过程。
6. IDEF0 能用来描述活动的过程或时序关系吗?为什么?

7. 为什么会提出概念模式?
8. 举例说明 IDEF1X 的基本结构及组件。
9. 比较 IDEF1X 实体与 UML 中类的区别。
10. 独立标定实体与从属标定实体有何区别?
11. IDEF1X 中有哪些连接关系?
12. 主关键字的作用是什么?
13. 为什么说 IDEF1X 比 UML 更适合数据库的开发?
14. 简要叙述 IDEF1X 建模过程。

第七章　UML 方法与技术

上一章介绍的结构化的 IDEF 建模方法是较为流行的系统需求分析方法。自 20 世纪 90 年代以来,大部分的软件开发技术采用了面向对象的方法,因此需求分析也逐步开始采用面向对象的思想,由此产生了当前最为流行的面向对象建模方法——统一建模语言(UML)。本章介绍 UML 方法,使学生对需求建模方法和技术有更深刻的认识、更全面的了解。通过本章学习可以掌握以下知识:

(1)理解面向对象建模思想;
(2)初步掌握面向对象的系统概念建模方法,即对象的类模型;
(3)初步掌握各种系统行为建模方法,即系统的活动模型、状态模型和时序模型;
(4)初步掌握面向对象的系统功能分析方法,即用例模型。

第一节　UML 概述

统一建模语言(Unified Modeling Language,UML)是一种面向对象的图形化建模语言,已成为软件界广泛承认的标准。它是运用统一的、标准化的标记和定义实现对软件密集型系统进行面向对象的描述和建模,对软件制品进行可视化和文档化的管理,也可用于业务建模以及其他非软件系统的建模。本节概要介绍 UML 的发展历史、建模体系及其特点,让读者对该方法有一个通盘认识。

一、UML 的产生与发展

1989 年到 1994 年是面向对象的建模语言的战国时期,其数量从不到十种增加到了五十多种。其数量的增多虽然有利于学术的发展,但是对于建模用户来说,了解众多的建模语言是一件非常棘手的事。特别是,这些建模语言的方法和概念相互重复又各具特色,用户不容易区分各方法之间的优缺点和相互间的差异,因而很难根据应用特点选择合适的建模语言,极大地妨碍了模型的使用和交流,也就加剧了所谓的"方法战"。在此背景下,一些明显突出的方法脱颖而出,具有代表性的方法有 Booch、OMT 和 OOSE 等。

Booch 方法是格兰德·布驰(Grand Booch)在 1987 年发明的面向对象建模方法和语言,广泛应用于面向对象的软件设计和构造,在项目设计和构造阶段的表达力特别强,是当时业界很有影响力的对象结构建模语言。OMT(Object Modeling Technology)方法是詹姆斯·兰拔(James Rumbaugh)于 1991 年创建的,它不仅可以用于软件设计,而且具有很强的分析能力,尤其对以数据处理为主的信息系统的分析与设计最为有用,是当时欧美学院派的代表性方法。OOSE(Object-Oriented Software Engineering)方法是爱瓦·雅柯布森(Ivar Jacoboson)于 1994 年创建的对象分析方法,其特点是通过用例(UseCase)分析方法驱动需求获取、分析和高层设计,是一种将需求分析与软件设计紧密联系的面向对象建模方法。最终,三位大师共同努力,在吸收了三种方法的优势和精华基础上,提出了统一建模语言 UML。

UML 的起源还与一个著名的软件公司 Rational Software(注:该公司于 2008 年并入 IBM 公司)密切相关。1994 年 10 月,Booch 和 Rumbaugh 加盟了 Rational 公司,将他们各自的方法 Booch 93 和 OMT‑2 统一起来,并于 1995 年 10 月提出了统一方法 UM 0.8(Unified Method 0.8)。同年,OOSE 的创始人 Jacobson 也加入这项工作中。三位大师构建了一套完整的面向对象建模方法体系,于 1996 年 6 月和 10 月分别发布了两个新的版本,即 UML 0.9 和 UML 0.91,并将 UM 命名为统一建模语言 UML。UML 很快得到了工业界的认可,在 IBM、Microsoft、HP、ORACLE、Rational 等国际计算机巨头们的支持下成立了 UML 成员协会。1997 年 1 月,UML 1.0 版本被正式提交国际对象管理组织(Object Modeling Group,OMG),成为标准化的软件建模语言。UML 在 1999 年、2001 年和 2005 年分别进行了完善,形成了 1.3、1.4 和 1.5 版本。2005 年 7 月,UML 2.0 正式版被 OMG 采纳。本书写作时,版本为 UML 2.4 Beta2。

UML 的形成和发展过程如图 7-1 所示。

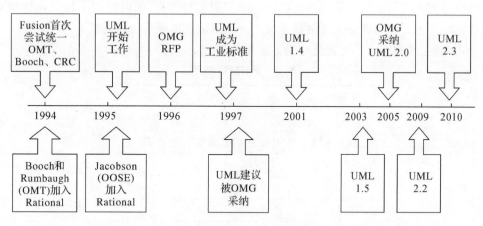

图 7-1 UML 发展过程

目前 UML 主要用于软件系统建模,其目标就是用面向对象的方式描述任何类型的系统,包括信息系统、嵌入式实时系统、分布式系统、系统软件以及商业系统等。必须强调的是,UML 是一种通用建模语言,定义了一些基本的图形化模型符号及其语义,并且提供了这些模型符号的语义扩展。人们可以用多种不同方式来使用 UML,派生出多种面向对象建模方法;而无论方法如何变化,它们的基础还是 UML 图形化模型符号。这就是 UML 的最终用途——为不同领域的人们提供统一的交流语言。

二、UML 建模体系

UML 作为一种通用的建模语言,它具有可扩展性和通用性,适用于为各种多变的系统建模。UML 语言体系由视图、图、模型元素、通用机制和扩展机制等几部分构成。

(一)视图

视图可以理解为从某个特定的视角(或目的)来对系统进行建模,视图实际上就是要建模系统的某个方面。要完整地描述一个系统,通常的做法就是用一组视图来反映系统的各个方面,每个视图代表完整系统描述中的一个抽象,显示系统中的一个特定的方面。每个视图由一组图构成,图中包含了强调系统中某一方面的信息。

UML 包含四种视图:静态结构、动态行为、模型管理和物理组成。

静态结构视图描述系统中的结构成员及其相互关系,反映事物或信息的逻辑结构和功能结构信息。模型元素包括类、用例、构件和节点等。类元为研究系统动态行为奠定了基础,可用于描述系统的结构模型、用例模型和实现模型。

动态行为视图描述系统随时间变化的行为,反映事物或信息发生或发展的流程或状态信息。动态行为视图用从静态结构视图中抽取系统瞬间值的变化来描述系统的行为。动态行为视图包括状态机图、活动图和交互图。

模型管理视图说明模型的分层组织结构,反映模型本身的管理信息。包是模型的基本组织单元,特殊的包还包括模型和子系统。模型管理视图可跨越其他视图,并根据系统开发和配置组织这些视图。

物理组成视图用来表示信息系统的物理组成和拓扑结构,同时还用来标识在物理架构中组件的展开方式。物理组成通常是集成人员和测试人员所关注的问题。

UML 的主要视图及其可视化建模方法见表 7-1。

表 7-1 UML 视图

视图	可视化模型表示方法
静态结构	类图
	复合结构图、协作图、构件图
	用例图
动态行为	状态机图
	活动图
	时序图、通信图
物理组成	部署图
模型管理	包图

(二)图

图是由一组有特定含义的图形符号组成的,图形符号是模型元素的图形化符号。把这些符号有机地组织起来形成的图可表示系统的某个部分或某个方面,模型就是通过这些图展现出来的;或者说,图就是模型的组成部分,一个完整的系统模型应该由各种类型的图组成。每种图都是一种特定的图形化模型表示方法。UML 包括类图、复合结构图、协作图、构件图、用例图、状态机图、活动图、时序图、通信图、部署图、包图等 11 种图。一个典型的系统模型不一定包含所有类型的图,但应该有多个类型的图。在 UML 的图中,类图、用例图、状态机图、活动图以及时序图是使用最多的图,在本章后续章节将会对这些图进行详细介绍。

(三)模型元素

在图中使用的概念统称为模型元素。模型元素的语义是通过形式化说明准确定义其含义。模型元素在图中通过相应的图形符号表达或展现出来,因此模型元素与图形元素是一致的。一个图形符号可以存在于多个不同类型的图中,但具体以怎样的方式出现在哪种类型的图中要符合一定的建模规则。图 7-2 给出了类、对象、状态、节点、包和组件等模型元素的符号图例。

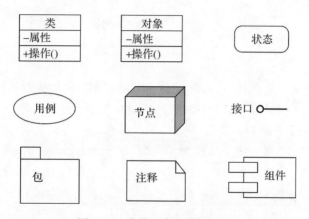

图 7-2 类等元素的符号图例

模型元素之间存在特定含义的联系或关系,这些关系也是模型元素,常见的关系有一般关系、关联类关系、继承关系、依赖关系和聚合关系等。图 7-3 是这些关系的符号图例。

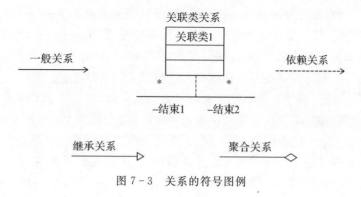

图 7-3 关系的符号图例

(四)通用机制

如果图形符号无法表达某些模型元素的所有信息或特定含义,则可以采用通用机制来描述这些无法展现的模型元素的附加信息。常用的通用机制有修饰、注释和说明等。它们修饰添加在图的模型元素上,为模型元素附加一定的语义,方便建模者把类型和实例分开,比如当元素代表某类型对应的实例时,其名字下面就会加上下划线。为在模型中添加一些额外的模型元素无法表示的信息,UML提供了注释功能,通常采用虚线把含有信息的注释与其所对应的模型元素联接起来。图7-4为注释示例,该注释说明了在设计"股票选项"类中MarketPrice方法时应使用B&S公式。说明是指对事物是什么或做什么的断言式描述。UML中的说明包括文档、响应、持久性以及并发性等。

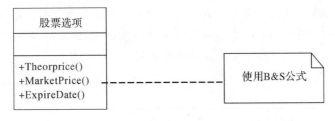

图7-4 注释的符号图例

(五)扩展机制

UML提供了一些扩展机制,允许建模者在不用改变UML基本建模语义的情况下,对某些建模元素在特定领域应用中做扩展,使这些建模元素在该领域建模中赋有特定的含义。例如,在数据库应用领域中可以用Table和View等概念新定义类图中类的元类型,用PrimaryKey、ForeignKey等概念定义属性的元类型,用StoredProcedure和StoredFunction等概念定义方法的元类型,这样类图就可以更准确地描述数据库应用模型。通常,这些扩展机制事先被设计好,以便于在不需理解全部语义的情况下就可以存储和使用。由于这个原因,扩展可以作为字符串存储和使用。扩展机制包括约束、标记值和元类型等,由于篇幅原因,这里就不做详细介绍。

三、面向对象的需求建模方法

如果采用面向对象的方法,需求分析的过程可以理解为把系统必须提供的服务清晰地陈述或转换为对要处理对象的正确理解。需要强调的是,需求分析是一个找出系统要处理什么的过程,而非确定如何来处理的过程,因此在此阶段我们需要把一组复杂的需求分解为基本元素与关系,而解决方案就建立在这些元素和关系的基础之上。

所谓模型就是能正确展现分析设计人员对事物的认识,并能为其他人员所理解的一系列产品。对某个事物建模,往往要采用多视图建模的方法。比如,在建筑工业中对空间几何体构建模型通常要构建主视图、俯视图、左视图这三种视图模型。之所以要构建这三种模型,是因为一个视图只能反映物体的一个方位的形状,不能完整反映物体的结构形状,而三视图是从三个不同方向对同一个物体进行投射的结果。另外还有如剖面图、半剖面图等作为辅助,基本能完整地表达物体的结构。

构建指挥信息系统的需求分析模型也是一样,由于系统的复杂性,很难用一种模型来完整展现该系统需求分析的全貌,因此在UML建模中一般采用静态模型、动态模型和功能模型三种模型的方法来构建面向对象的需求分析模型。基本过程可以概括为：

首先，识别系统运行场景中的对象以及它们之间的关系。这就需要用静态模型方法对系统涉及的对象及其关系进行建模。

其次，分析每个对象扮演的角色，以及为其他成员提供特定的服务或执行特定功能的行为。这就需要用功能模型方法对系统涉及的功能进行分析。

最后，深入分析对象之间的交互行为。在面向对象世界中，行为的启动是通过将"消息"传递给对此行为负责的对象来完成的；同时还将伴随着执行要求附上的相关信息（参数）；而收到该消息的对象则会执行相应的"操作"来实现需求。这就需要用动态模型方法对系统以及对象的行为方式进行建模。

用类和对象表示现实世界的概念，用消息和操作来模拟现实世界的行为——这就是面向对象建模的基本思路。

从前面对 UML 建模体系的介绍，可以看到 UML 提供了可视化的图形表示方法及语义化的模型描述规范。事实上，UML 语言提供了静态、动态和功能性建模机制，利用 UML 的半形式化特性及嵌入的扩充机制，可以从静态、动态和功能性三个方面构建包括指挥信息系统等复杂系统的需求分析模型。本章余下部分将结合 UML 语言完整介绍这三种模型方法。

第二节　UML 静态模型方法

当用面向对象的方法处理实际问题时，需要建立实际问题或系统的对象概念模型。对象概念模型描述应用中有意义的概念，这些概念包括真实世界中的实体概念、抽象的逻辑概念以及计算机领域的计算概念等。因此可以认为对象概念模型是对客观世界现象的抽象认识，它反映客观世界事物在人脑中形成的逻辑概念（包括抽象概念及其相互之间的联系）。建立静态模型实质上就是要找出这些概念以及这些概念之间的关系，而 UML 的类图和对象图就是用来描述静态模型的建模方法。

一、类图

类图是面向对象建模中最常用的图，是表达系统设计领域中对象概念的模型，是分析和设计软件系统的基础。类图由类、类的属性和操作、类之间的关系、端口等构造块和公共机制组成。一幅类图可表达一个完整的对象概念模型，也可以是某个对象概念模型的局部。对象图是系统运行某个时刻的快照，它反映类在某个时刻取值后的状态。

（一）类

类是一组结构及行为相似，具有相同属性、操作、关系和语义的对象。类可以在类图和复合结构图中创建。现实世界中发生的各种事件都是由这些对象主导的活动所产生的，与对象所拥有的属性、行为和它们之间的联系密切相关。因此，对象的概念建模就是描述类的属性、行为和关系。属性可以记忆对象在活动过程中的状态变化。操作（也称方法）和关系决定了对象开展活动的行为方式。在计算机世界中，类作为程序的基本构件，可以被实例化成对象。被实例化的对象称为实例，也可称为对象。

在 UML 图形化表示方式中,类用长方形表示,分为上、中、下三个区域,每个区域用不同的名字标识。上面的区域内用黑体字标识类的名字,每个类都有一个唯一的名称。中间的区域内标识类的属性,是已被命名的类的特性,它描述该类实例中包含的信息。下面的区域内标识类的操作方法(即行为),操作是类所提供的服务,它可以由该类或其他类的对象请求执行,以完成特定的系统功能。这三部分作为一个整体描述某个类,如图 7-5 所示。

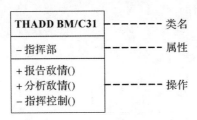

图 7-5 类的图示

在构造类图描述系统时,首先就是要定义类,而后定义属性与操作。要准确找到类并不是一件容易的事,往往需要相关领域专家的帮助。对于建模者而言,类的描述通常要把握两个特点:一是使用来自问题域的概念;二是类的名字用该类实际代表的含义命名。

属性描述了类的对象所具有的特征。描述类的特征可能很多,在系统建模时只抽取那些系统中需要使用的特征作为类的属性。也就是只关心那些"有用"的特征,通过这些特征来识别该类的对象。从系统处理的角度来看,只有那些可以变化或者说可以改变的值才能作为类的属性。

属性分为内嵌属性和关系属性。内嵌属性描述了一个对象状态变化的信息,而关系属性描述一个对象与另一个对象之间发生关系的信息。例如,人的"年龄"就是"人"这个类的内嵌属性,而为说明某个人是另一个人的上司而建立的"领导"属性就是一个"人"的关系属性。同时,属性也是有类型的,类型除了可以是整型、实型、枚举型等基本类型外,还可以是已经定义的类。此外,从程序执行角度看,属性还具有不同的可见性(visibility),利用可见性可以控制外部事物对类中属性的操作。属性的可见性包括四种,见表 7-2。

表 7-2 属性的可见性

可见性名称	图形表示	访问方式
public,公有属性	+	可以为系统中其他任何对象所访问,并能修改
private,私有属性	-	仅能被对象访问和修改
protected,保护属性	#	仅能被本对象或其子对象访问
package,包内属性	*	仅能被包内对象所访问

属性仅仅表示了需要处理的数据,对数据的具体处理方法的描述则放在操作部分。类的操作说明了一个对象所具有的行为,即该对象能够为其他对象提供的服务。类的操作又可称为类的方法。操作分为内部操作和一般操作。内部操作只有两个,反映程序执行过程中对象的"创建"和"销毁",分别用于在对象被实例化和销毁的时候调用执行,因此它们不属于对象建模范畴。而一般操作是指针对具体应用需求或设计而设置的操作。它们是对象建

模所考虑的问题。通常所说的类操作(方法)就是指这种操作。

每种操作由操作名、参数表、返回值类型等几部分构成,标准语法格式为:

[＜可见性＞]['['＜构造型＞']']＜属性名＞[:＜类型＞]['['＜多重性＞']'][=＜初值＞];

其中,"[ ]"中的部分是可选的,说明除了属性的名称外,属性的其他描述,包括类型、默认初值、可见性等都是可以省略的。

(1)属性名称。属性名称是描述所属的类的特性的短语或名词短语,通常将属性名的每个组成词(除第一个单词)的首字母大写,例如:name、personNumber 等。

(2)类型。类型表示该属性的种类,它可以是基本数据类型,例如整数、实数、布尔型等等,也可以是语言相关类型(如 Java 语言规定的类型),或用户自定义的类型。

(3)可见性。属性有不同的可见性,利用可见性可以控制外部事件对类中属性的操作方式。可见性的含义和表示方法见表 7-3。如果类中没有显示可见性,就认为是未定义的。在需求分析阶段一般先不考虑可见性问题。

表 7-3 属性的可见性表示法

UML 符号	意 义
+	公有属性:能够被系统中其他任何操作查看和使用
-	私有属性:只能被本类所访问
#	保护属性:可被本类及其所有的子类所访问
*	包内可见属性:可被本类所在的包中的所有类所访问

(4)多重性。多重性声明并不是表明数组的意思。例如,多重性标识为 1..*,表示该属性值有一个或多个,同时这些值之间可以是有序的(用 ordered 指明)。

(5)初始值。当类的一个对象被创建,它的各个属性就开始有特定的值。对象的状态在对象参与交互的过程中会发生变化。这时,有必要在对象的类中定义其属性的初始值。

(6)约束特性。约束特性用于描述属性的可变性。可变性描述了对属性取值修改的限制。在 UML 中共有三种预定义的属性可变性。

1)changeable(可变的):它表示此属性的取值没有限制,属性的取值可以被随意修改。

2)addOnly(只可加):它只对重复度大于取值的属性有效。

3)frozen(冻结的):它表明属性所在的类的对象一旦被初始化,取值就不能改变。例如,id: Interger {frozen} 就表示此属性的取值在对象被创建之后是不可更改的。当一个父类拥有一个待子类覆盖的虚拟方法时,该方法称为抽象方法,该类也称为抽象类。抽象类和抽象方法名称均用斜体字。如图 7-6 所示,打印机为抽象类,其打印操作为抽象方法。

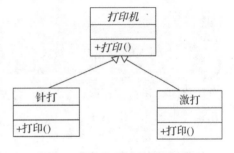

图 7-6 抽象类和抽象方法示例

(二) 关系

类图主要描述的是类以及类之间的关系,因此对类的关系建模是静态模型分析的重点和难点。以下介绍几种常见的关系,包括关联、继承、依赖、接口与实现等,在实际应用中可以针对某种关系扩展出更多的语义关系。

1. 关联关系

关联关系描述两个对象之间的作用关系。它可以是根据具体需求定义的关系,如人与人之间的同事、亲属等关系,也可以是软件程序语义上的关系,如创建、访问、包含等。关联关系可以是单向的,也可以是双向的。如果某两个类的对象之间存在可以相互通信的关系,或者说对象双方能够感知另一方,那么关联关系就是双向的。单向关系采用有向线作图,双向关系采用无向线或双向线作图。

关联关系中的两个连接点都叫作关联端。关联端有名字(角色名)和可见性等特性,而最重要的特性是多重性,即一个类的一个或多个实例可以与另外一个类的一个或多个实例相关联。需要说明的是,在分析阶段,关联表示对象之间有意义的逻辑关系,可以不说明其方向,应该尽量避免多余的关联,减少后期设计的复杂性。在设计阶段,关联用来说明数据结构的设计决定和类之间职责的分离。此时,关联的方向性很重要,而且为了提高对象的存取效率和对特定类信息的定位,也可引入更多的关联。

通常,根据不同的语义将关联分为一般关系、访问关系、聚合关系、包含关系以及关联类关系等几种典型的关系。

(1) 一般关系。一般关系是最普通的一种关联关系,只要两个类之间存在连接关系就可以用一般关系来表示。比如参谋人员使用计算机进行办公作业,计算机会将处理结果等信息返回给参谋人员,那么在"参谋人员"和"计算机"这两个类之间就存在一般关系。一般关系的图示是连接两个类之间的直线,如图 7-7 所示。由于关联是双向的,可以在关联的一个方向上为关联起名字,而省略另一个方向的名字。同时,在关联的两个关联端标明关系基数,表明关联对象的数量。如果值为 n,表明确定的关系数为 n;如果为 0..n 或 0..*,表明不确定的多个关系;如果不标明,默认为 1。

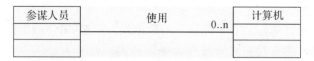

图 7-7 一般关系示例

任何关联关系(包括一般关系)中都涉及与此关联端的角色,也就是此关联中的对象所扮演的角色。如图 7-8 所示,在"驾驶"关联关系中,人扮演的就是驾驶员的角色,车可由其所属权的公司扮演,其含义是某人驾驶某公司的小汽车。关联中的角色通常用字符串命名,在类图中把角色的名字放置在与此角色有关的关联关系的末端,并且紧挨着使用该角色的类。角色名是关联的一个组成部分,建模者可以根据需要引用。引入角色的好处是:使类和对象之间的联系更加清晰。但值得注意的是,角色名不是类的组成部分,一个类可以在不同的关联中扮演不同的角色。

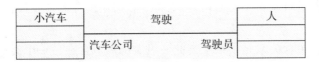

图 7-8 关联关系中的角色

(2) 访问关系。如果类和类之间的关联关系是单向的,也就是一个类的实例要访问另外一个类的实例,那么称之为访问关系。访问关系采用带箭头的直线连接两个类。只有箭头所指的方向上才有这种访问关系,如图 7-9 所示。

图 7-9 访问关系示例

(3) 聚合关系。聚合关系(Aggregation)是一种具有特殊语义的关联关系,表示对象之间的关系在概念上是"整体与部件"关系。这种关系又可细分为两种,在语义上有一定的差异。一种称为强聚合关系,指某个对象仅仅作为另一个对象的内部组成部分,不可脱离整体而单独存在;例如,汽车发动机是汽车的一个部件,一般不单独销售。另一种是弱聚合关系,指某个对象尽管可作为另一个对象的组成部分,但它也可以独立存在;例如,篮球运动员和教练员与篮球队就是这种关系,尽管球队是由一些球员和教练员组成,但这些球员或教练可能在下个赛季加入另一支球队。

在图形表示上,用实心菱形箭头表示强聚合,用空心菱形箭头表示弱聚合,如图 7-10 所示。在表达聚合关系时,通常需要描述关系基数,表示有多少部件类对象实例聚合到整体类对象。整体类对象的基数往往是 1,因此可以省略。

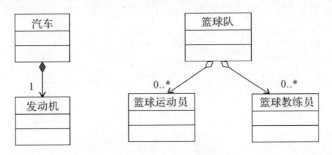

图 7-10 聚合关系模型示例

聚合关系在描述软件程序时也有一定的含义。通常,部件类对象作为整体类对象的内部组成,仅仅被整体类对象访问和操作。即从功能使用上看,部件类对象对于位于整体类对象之外的其他对象是不可见的。这是面向对象程序设计的一个特性——对象封闭性,它可将一组功能复杂的对象封装起来,构成一个相对独立的组件。

如果聚合关系是强聚合,则部件类对象一般由整体类对象实例化,也必须由整体类对象销毁。即部件类对象的生命周期依赖于整体类对象。如果整体类对象被销毁,而部件类对象却存在,那么部件类对象将无法被销毁,它将一直占用内存而不发挥任何作用。编程时应避免类似情况发生。

(4)包含关系。包含关系是指某个类的一组实例被包含在另一个类的某个实例中,构成一种局部与整体的关系。包含关系是一种特殊的聚合关系,与一般的聚合不同的是,在包含关系中构成整体的局部对象完全隶属于整体对象,即如果没有整体对象,则部分对象也就没有存在的价值,部分对象对整体对象有生命依赖关系。如图7-11所示,窗口是由文本框、列表框、按钮和菜单组成。包含关系与一般聚合关系的图示区别在于包含关系采用了实心菱形。

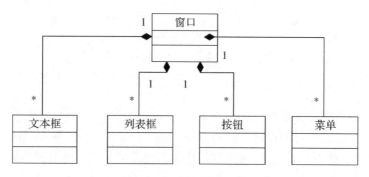

图7-11 包含关系示例

(5)关联类关系。如果一个关联特性是由一个类来定义的,则该类是一个关联类,这也意味着两个对象之间的关联关系存在与否及其细节完全取决于第三个对象,同时这两个类之间的关联关系称为关联类关系。在作图时,通过虚线将关联类与对应的关系联系起来,表示该关系是一个关联类关系,对象之间的关系连接是由关联类说明的。关联类与一般的类一样,也有属性、操作和关系。图7-12给出了一个关联类关系示例,学生是否学习了某门课程以及学习的效果如何,取决于是否拥有课程成绩,因此"学生"类与"课程"类之间的关系就可以用"成绩单"这个关联类来描述。

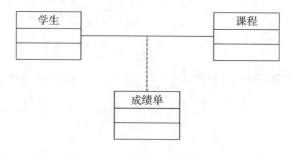

图7-12 关联类关系示例

2.继承关系

继承关系是指类与类之间存在一般描述与具体描述之间的关系,具体描述建立在一般描述的基础上,并对其进行扩展。具体描述中继承一般描述的所有特性,包括其所有的属性、操作和关系,除此之外还包含一般描述中没有的属性、操作和关系。在继承关系中,一般描述的类被称作父类,具体描述的类被称作子类。或者说,父类定义了父对象,子类定义了子对象。在 UML 图形中,继承关系用从子类指向父类的空心三角形箭头表示。

继承是一种常见的面向对象机制,其建模语义与编程语义完全一致。通过该机制可以方便地描述抽象概念和具体概念之间的关系,建立层次化的类结构模型。该机制允许描述的公共部分只被声明一次而可以被许多类所共享,而不是在每个类中重复声明并使用它。更重要的是,如果公共部分的描述发生变化,只需找到相应的父类并对其进行修改,由此可以避免因多处修改造成不一致等问题。这种继承关系不仅可以用于类图,而且可用于用例图,起到相同的作用。

在继承关系中,父类中的属性和操作又被称为成员,不同可见性的成员在子类中用法不同。父类中公有的成员在被继承的子类中仍然是公有的,而且可以在子类中随意使用;父类中的私有成员在子类中也是私有的,但是子类的对象不能访问父类中的私有成员。因此,把一个类的成员设置成私有成员后,就能不允许除本类定义对象以外的任何其他对象对其做任何操作,从而达到保护数据的目的。但如果既需要保护父类的成员,又需要让其子类也能访问它们,那么父类的成员的可见性应设置为保护型。

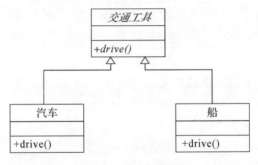

图 7-13 继承关系示例

图 7-13 中给出了一个继承关系的示例。其中,交通工具为父类,汽车和船为子类。但这里涉及一个新的概念就是抽象类(又称虚类),它通常用于定义一种没有实例的抽象概念,这种类的存在意义在于描述子类中的公共成员。比如,这里交通工具就是一个抽象类,很难想象该类的对象是什么样子,因为它既不是车,也不能是船,所以认为该类没有具体的对象,它只描述交通工具的一般特征。抽象类的类名用斜体字表示,其拥有的操作 drive() 就是我们前面所讲到的抽象方法。

3. 依赖关系

依赖关系表示两个或多个模型元素(类、组合、用例等)之间语义上的依赖关系,即某一对象在系统运行中依赖另一对象。如果被依赖的对象发生变化,将会影响依赖对象的执行。比如,在某个类中调用另一个类的操作或方法,则这两个类就构成了依赖关系;它意味着,在具体执行中要求事先实例化一个被调用类对象,且调用类的对象已获得指向被调用类对象的指针。类似的依赖关系见表 7-4。

表 7-4 依赖关系

依赖关系	功　能	关键字
访问	声明一个对象(或包)访问另一个对象(或包内的对象)	access
绑定	为模板参数指定值,以生成一个新的模型元素	bind
调用	声明一个类调用其他类的操作(方法)	call
导出	声明一个实例可从另一个实例导出	derive
友员	允许一个元素访问另一个元素,不管被访问的元素是否具有可见性	friend
引入	允许一个包访问另一个包的内容并为被访问包的组成部分增加别名	import
实例化	关于一个类的方法创建了另一个类的实例的声明	instantiate
参数	一个操作和它的参数之间的关系	parameter
实现	说明和其实之间的映射关系	realize
精化	声明具有两个不同语义层次上的元素之间的映射	refine
发送	信号发送者和信号接收者之间的关系	send
跟踪	声明不同模型中的元素之间存在一些连接,但不如映射精确	trace
使用	声明使用一个模型元素需要用到已存在的另一个模型元素,这样才能正确实现使用者的功能(包括调用、实例化、参数、发送)	use

在 UML 图示中,对于具有依赖关系的两个模型元素,用带箭头的虚线连接,箭头指向独立的类,箭头旁边还可以带一个元类型(stereotype)标签(如,<<调用>>),具体说明是哪种依赖关系,如图 7-14 所示。

图 7-14 依赖关系示例

4. 接口与实现关系

接口用于描述某个类的待实现的方法。接口建模常用于多个软件组并行开发同一个软件。由于两个组都要调用对方的某些程序,这种相互依赖关系将影响各自的开发进度。为此,可以将依赖的程序部分设计为接口,以抽象类或抽象方法说明接口与实现关系。实际上,这种接口关系只是一种约定,双方不必关心接口的具体实现,只要约定不变就不会相互干扰。

UML 中的包和组件也可以定义为接口,利用接口来说明包和组件能够支持的行为。当一个系统的内部对象需要与外部对象发生关系,则外部对象可以建模为接口对象。在建模时,接口起着非常重要的作用,因为模型之间的相互协作都是通过接口进行的。一个结构良好的系统,其接口必然也定义得十分规范。

接口是一个特殊的类,它仅包含操作,不包含属性,在类图中用一个带接口名称的小圆圈表示。接口的方法通常被描述为抽象操作,即只用标识(<返回值><操作名称><参数表>)说明它的行为。

一个接口可以被一个或多个类实现,一个类也可以实现多个接口。接口与实现它的模型元素之间用一条直线连接,表示"实现关系"语义;而调用该接口的类与接口之间通常用带箭头的虚线连接,表示"依赖关系"语义。实现关系将一种模型元素(如类)与另一种模型元素(如接口)连接起来,其中接口只是行为的说明而不是结构或者实现。如图7-15所示,打印服务器 PrintServer 实现了 SubmitJob、Checkstatus 以及 SetPrintProperties 三个接口,这些接口的具体实现方法隐藏在 PrintServer 类中。

图 7-15　实现关系示例

二、类图的实例化——对象图

实例是计算机世界中执行程序的对象,是类被实例化后的运行实体。它在任何时刻都有一个值,随着对实例进行操作,值也会被改变。在现实物理世界中,实例是指类的概念所定义的个体对象。因此,对象图或者反映程序执行态的快照,或者反映现实世界中活动对象的快照。

快照是对系统(计算机系统或人类活动系统)运行期间某一瞬间的状态描述,包括系统中有哪些对象以及它们的取值和连接关系等。UML 用对象图描述这种快照,对象图就是对类图的实例化描述。在设计类图时,建模者站在抽象角度考虑问题,用类描述系统的相关概念及其相互间的静态关系,包括类的属性、操作、继承关系、聚合关系等。然而,这些概念对象是否与真实世界的对象相吻合,尤其是活动中的对象状态在不断变化,类图不能反映。而对象图采用快照方式,捕捉类图中对象变化的瞬间状况,可以与物理世界的情形之间形成直接对照,以便检验静态模型的正确性。

在系统运行期间,对象的每个属性都有一个具体数值,每个值必须与属性的数据类型相匹配。由于对象是类的实例,一个对象可继承的所有属性都已经反映在该实例中,因此对象图中的对象就不存在继承关系。对象之间的连接关系被称为链接(link)。链接是类与类关系的实例,因此都是单一的,不存在基数描述。对象之间的链接必须遵从它们的类关系的约束。例如,图7-16(a)为类图,描述了参谋人员使用电脑的概念模型,其中关系基数表明一个参谋人员可以使用多个电脑,且至少使用一个电脑。图7-16(b)为对象图,图中就可以出现张三拥有两台电脑,一个是张三办公室电脑,另一个是张三家中电脑。如果实际情况是,张三可能没有任何电脑,该图中的"张三"对象没有与任何"电脑"对象相链接,则对象图就与类图不一致,说明概念模型与现实情况不符。

对象图的图示方法与类图的图示方法比较接近,主要差别在于对象的名字下面要加下划线。对象名有两种表示格式。第一种格式是对象名在前,类名在后,中间用冒号连接;第二种格式是冒号后紧接着类名,这种格式用于尚未命名的对象实例或建模者不关心具体的对象名字。

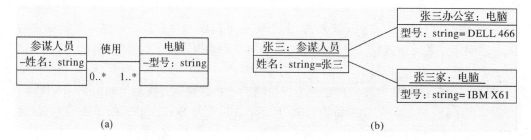

图 7-16 类图及其对象图示例

对象图通常作为静态建模的补充手段,在 UML 模型中是可选件,不在 UML 标准规范之内。此外,对象图中一般不说明对象方法,因为对象图主要描述的是对象状态,此时建模者不关心对象的行为,后者属于 UML 动态模型范畴(详见第三节)。

三、静态建模的基本过程与方法

在需求分析中,分析员通过业务领域对象概念建模分析和描述业务需求,建立领域模型;在软件设计中,架构师通过软件对象概念建模分析对象关系,描述软件结构。因此,概念模型是领域分析的基本手段,也是软件设计的最终成果。

(一)识别对象

对象建模是一个复杂的思维过程,是在认识和分析客观世界的基础上对事物的本质进行抽象和提炼。对象建模遵循认知的一般规律,是一个由浅入深、由表及里、不断反复和深化的过程。建模通常从识别对象开始,建立一个一般的、模糊的概念,或者说得到一些对象名词和简单的解释。然后,就这些模糊概念的对象进行研究,挖掘其内涵,建立对象之间的联系,最终形成类图的完整描述。

如果需求分析中已形成了较为完整的需求规格说明书,则可以从中较方便地找出需要建模的对象,因为对象名字通常是出现在文档中作为主语或宾语的名词或名词短语。例如,某个需求规格说明书描述道:"图形编辑器可用于画直线、矩形和椭圆,还可以编辑这些图形。使用者选择菜单中的工具,做各种操作。菜单中的工具包括选择工具和创建工具,而后者又分为直线工具、矩形工具和椭圆工具。当鼠标点击某个工具时,该工具被激活。任何时刻只有一个活动工具。当选择工具处于活动状态时,可用光标选择屏幕上已有的图形。"其中,图形、直线、矩形、椭圆、菜单、工具、选择工具、创建工具、直线工具、矩形工具、椭圆工具等都可以识别为对象类。而图形编辑器不被识别为对象的理由是,它就是软件系统本身;活动工具、活动状态等描述某个对象状态,因此也不是对象本身;操作、鼠标点击等属于动作,更不能识别为对象。

当然,如果没有这种规范的需求文档,就需要从相关资料或访谈记录中提炼出对象。多数情况下遇到的是这种情形,难度就较大了。下面给出几个基本原则:

(1)将领域中的有形实体(如人、物、组织等)或无形实体(事物、抽象概念、信息)识别为对象,将其抽象为概念,描述为 UML 类。在需求规格说明书中,这些实体通常是出现在某句话的主语或宾语中的名词或名词短语。例如,在"张三在网上买了一件毛衣"这句话中,涉及电子商务中"客户"和"商品"两个概念。如果一个相同概念有几种不同的说法,则选择最具有代表性的一个。

(2)描述实物或概念实体的形状、状态、记忆的数据等往往都不是对象,而是对象的属性特征。

(3)留心形容词。一个名词加上形容词往往代表另外一个概念,也即另一个类,比如上例中的选择工具、创建工具、直线工具等,虽然都属于工具的一种,但它们是不同的对象类。

(4)注意区分对象属性和对象概念,通常对象中的细节信息不是对象概念,而可能是对象的属性。

(5)对系统外部对象进行建模。所谓的外部对象指系统之外的且与系统直接交互的软硬件设备、接口等。系统的用户也属于外部对象,但通常不反映在类图中,而在用例图中对其建模。

(6)一般情况下,被建模的系统本身不是对象。

(二)建模对象职责

找出对象后,可以建立类的抽象层次模型,但其中的类缺少属性、操作和关系等重要信息。在对这些信息建模时,可以把对象想象成生命体。它有"社会关系",认识周围的其他对象。它有功能,能够完成一定的任务。它有行为,可以按照预订的方针、路线完成预订的动作。我们称对象所拥有的这些"本能"为对象职责。对象职责可以归纳为:

(1)对象属性:对象拥有什么样的外表和什么知识;

(2)对象操作:对象能够做什么样的事情;

(3)对象关系:对象之间有什么样的"社会关系"。

1. 属性建模

如果人是系统中的对象,则姓名、年龄、外貌等特征就是对象的属性。此外,对象还有记忆,能够记住周围发生的事情。在程序设计时,我们也可以为对象安排记忆属性,用于记住对象在运行过程中发生的事情。比如,在图书馆管理系统中我们可以为"会员"对象安排一个"借书数"属性,用于记忆会员所借书的数量。再比如,我们在对电梯建模时可以安排一个"状态"属性,用于记忆电梯上行或下行的状态。对象的属性就是对象的外表特征,是对象拥有的知识,它(它们)记忆或反映了对象变化的状态。对属性进行建模必须注意需求的范围。每一个属性都是为了完成需求而设定的。

2. 操作建模

人之间的相互区别不仅仅取决于其外表,更重要的是其能力,即他(她)能做什么,不能做什么。在信息系统中,我们称这种能力为服务或操作。系统的服务来源于需求。让我们看看几个简单的描述功能需求的语句:"打印下学期所有学生的选课单";"在自动柜员机上显示活期账户余额";"在超市结账时扫描所购物品的条码";"交通信号灯由红色变为绿色";等等。从这些语句中我们不难发现,它们都是描述动作,都可能成为信息系统的服务。我们在建模时,通常采用需求中的动词或动词短语对服务进行命名,如"打印""显示""扫描条码""改变颜色"等。在需求描述中可能有许多这种动词或动词短语,它们不一定都是信息系统的服务。我们可以问信息系统要做什么、能做什么、不能做什么、哪些是系统完成的、哪些是人工完成的等，排除人工服务，获得系统服务。在建立对象模型时，我们同样要问这些问题，以确定该对象应该安排哪些服务。

在程序设计中，事件驱动的概念对大多数程序员来说已经非常熟悉。对象操作还可以看作信息系统对外部事件的响应，即当这些事件发生时对象所采取的行动。业务策略中包含了许多事件。比如，在餐馆服务业务中顾客点餐、买单都属于该业务的事件。这些事件都是按照一定的业务政策和过程发生和发展的。因此，进行对象操作建模的关键是认真分析这些业务政策和过程，从中寻找系统的信息处理方法。

此外，在对象的属性和操作建模中还应该把握这样一个对象封装原则：①如果一个对象拥有的操作需要记忆一些数据，或者是针对某些数据的操作，则这些数据应尽可能建模为该对象的属性；②如果一个操作是专门针对某个对象的属性数据的，则也应尽可能将其建模为该对象的操作。对象的操作建模涉及对象的行为，因此该部分建模还应在对象行为分析(见第三节)中不断完善。

3. 关系建模

对象与人类似，生活在一个相互交流、相互协作的"社会"里。对象的社会就是计算机系统。如果说人际关系对我们的生活十分重要，那么对象关联对计算机系统运行也同样重要。对于软件开发人员来说，就是要按照用户的需求设计一个计算机系统(换句话说，就是构造一个对象的"生活"方式)，使其运行能够满足用户的需要。关系建模的基本原则是按照前文中描述的四种关系类型对号入座，根据实际需求和设计建立相应的关系。

第三节　UML 动态模型方法

一组完整的系统模型必须从静态和动态两个方面来共同描述系统，其中对象概念模型描述系统的静态方面，行为模型则描述系统的动态方面。对象概念模型仅仅对客观世界事物现象建立了一种概念关系，描述待开发系统的静态结构，但它不能描述系统的动态行为，不能放映系统为了实现预定目标所需要开展的各种活动等。

UML 提供了三种方式来描述动态模型，分别为活动模型、状态模型及交互模型。这三个模型各有侧重点，互为补充，一起完整地说明了一个系统的动态行为。其中，活动模型主要描述多个参与活动对象形成的行为方式，侧重点在于对象交互时执行的工作(活动)以及活动出现顺序；状态模型主要描述系统的状态或较为复杂对象的状态，侧重点在于描述事件驱动下复杂对象状态的变化情况，即系统或复杂对象在生命周期内处于哪些状态，每一种状态的行为以及什么样的事件引起系统或复杂对象状态发生改变；交互模型主要描述多个对象在完成某项任务(功能)的过程中相互间的交互，侧重点在于展现对象交互的先后次序、通信关系及交互内容。

一、状态模型

状态图又称状态机图，是对系统进行行为建模的一种成熟方法。状态图通过对系统对象的生命周期建立模型来描述对象随时间变化的状态特征。通过状态图可以掌握一个对象在其生命周期内的所有状态,以及相关事件对对象状态的影响。对于对象而言,一个状态代表了其生命周期内的一个阶段。对象可以对事件进行探测并作出回应,它还能与外界其他部分进行通信。事件表示对象可以探测到的事物的一种运动变化,任何影响对象状态改变的事物都可以是事件。

(一)状态机

状态机理论是计算机科学理论的一部分,UML 中的状态机模型主要是基于 David Harel 所做的扩展,表现为状态与状态转换的图。建模时,通常一个状态机依附于一个类,描述一个类的实例对接收到的事件所产生的反应;状态机也可以依附于操作、用例和协作,并描述它们的执行过程。

状态机是一个类的对象所有可能的生命历程的模型。对象被孤立地从系统中抽出和考察,任何来自外部的影响被概述为事件。当对象探测到一个事件后,它依照当前的状态做出反应,包括执行一个动作和转换到新状态。状态机可以构造成继承转换,也能够对并发行为建立模型。

(二)状态图中的组成元素

UML 的状态图组成元素主要包括状态、迁移、动作等。

1. 状态

状态是指在对象生命周期中满足某些条件、执行某些活动或等待某些事件的一个条件和状况。它描述了对象生命周期中一个时间段的行为。

一个状态图通常包括一个起始状态和多个终止状态。起始状态表示对象生命周期的开始,用一个黑圆点表示。终止状态表示对象生命周期的结束,用黑圆点外加一个圆表示。

状态用圆角矩形表示。状态可以有名字或者是匿名的,一个状态通常包括名称、进入/退出动作、内部转换、子状态和延迟事件等五个部分。子状态说明状态可以嵌套,由多个子状态构成的复合状态可以有两种组成模式:顺序与并发。所谓顺序模式说明了子状态之间顺序发生的时间序列,比如图 7-17(e)说明了一辆坦克在运行状态下,可以处于前进或后退两种子状态。所谓并发模式说明了子状态可以并行,比如图 7-17(f)说明了坦克在运行状态下可能有多个并行的子状态:前进与低速、前进与高速、后退与低速、后退与高速。

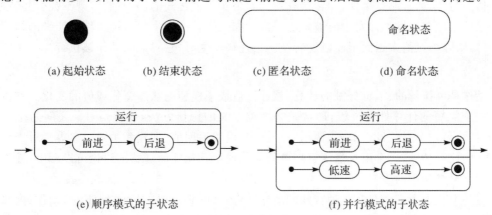

图 7-17 状态示例

2. 迁移

迁移是指两个状态之间的状态转换关系,它表示第一个状态的对象将执行某个动作,如果规定的事件发生或者规定的条件满足,则对象进入第二个状态。迁移用从源状态到目标状态的箭头表示,迁移包括触发器事件、监护条件以及动作等属性,这些属性以文字串附加在箭头旁,如图 7-18 所示。

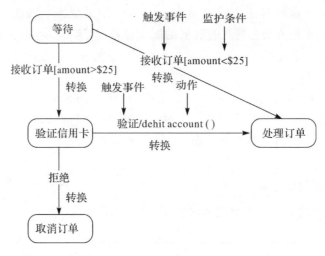

图 7-18 迁移示例

迁移通常是由事件触发引起的状态变化。事件是发生在时间和空间上的一点并值得注意的事情。它在时间上的一点发生,没有持续时间。如果某一事情的发生造成了影响,那么在状态机模型中它就是一个事件。当我们使用事件这个词时,通常是指一个事件的描述符号,即对所有具有相同形式的独立发生事件的描述,就像类这个词表示所有具有相同结构的独立类一样。一个事件的具体发生叫作事件的实例。事件可能有参数来辨别每个实例,就像类用属性来辨别每个对象,事件参数可以供迁移的动作使用。

迁移可能具有一个监护条件,监护条件是一个布尔表达式。监护条件可以引用对象的属性值和触发事件的参数。当一个触发器事件被触发时,监护条件被赋值。如果布尔表达式的值为"真",那么触发事件,即转换有效。如果布尔表达式的值为"假",则不会引起转换。监护条件只能在触发事件发生时被赋值一次。如果在转换发生后监护条件由原来的"假"变为"真",则因为赋值太迟而不能触发转换。当迁移发生时,它对应的动作被执行。

3. 动作

动作是可执行的、不可分割的计算,该计算造成了模型的状态变化或值的变化。动作一般是一个简短的计算处理过程,通常是某个类定义的操作方法,或者是对象之间的交互行为,包括给另一个对象发送消息、调用一个操作、设置返回值、创建和销毁对象等。对于没有被定义的控制动作,通常用自然语言来进行详细说明。从前面迁移的讨论可以看出,迁移的动作的结果是状态的改变。

在一个状态内部也存在几种特殊的动作:进入(On Entry)/退出(On Exit)动作、内部转换动作(Do)和事件响应动作(On Event)。进入/退出动作表示只要迁移发生,在进入或离开某个状态时,则该动作将被执行。进入动作通常用来进行状态所需要的内部初始化。因为不能回避一个进入动作,任何状态内的动作在执行前都可以假定状态的初始化工作已经完成,不需要考虑如何进入这个状态。同样,无论何时从一个状态离开都要执行一个退出动作来进行善后处理工作。进入动作和退出动作原则上依附于进来的和出去的迁移,但是将它们声明为特殊的动作可以使状态的定义不依赖状态的迁移,因此起到封装的作用。内部转换是指对象在某状态内收到触发器事件后执行的动作,内部转换不改变对象的状态。除了使用保留字 entry 和 exit 代替触发事件名称之外,进入/退出动作使用与内部转换相同的表示法。图 7-19 为进入/退出动作和内部转换示例。

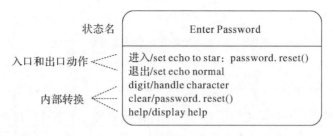

图 7-19　进入/退出动作和内部转换示例

(三) 使用状态图建模

状态图通常用来描述事件驱动对象的行为。在为事件驱动对象的行为建模时,主要描述对象可能经历的稳定状态,触发从状态到状态迁移的事件,每一次状态变化所发生的动作,等等。为事件驱动对象的行为建模也涉及为对象的生命周期建模,从对象的创建开始到对象的销毁,强调对象可能经历的稳定状态。

一般绘制状态图主要包括三个步骤:①寻找主要的状态;②确定状态之间的转换;③细化状态内的活动与转换,用复合状态来展开细节。

我们以某系统中的地基雷达为例来说明这个步骤。地基雷达在战时工作过程是这样的:作战时,当预警卫星或其他天基探测器对敌方发射导弹发出预警后,THAAD 系统首先用地基雷达远距离搜索目标,一旦捕获到目标,即对其进行跟踪,并把目标数据传送给 BM/C3I 系统;BM/C3I 系统把目标数据装载到准备发射的 THAAD 拦截弹上,并下达发射拦截弹命令。拦截弹发射后,首先按惯性制导飞行。随后 BM/C3I 系统指挥地基雷达向拦截弹传送修正的目标数据,对拦截弹进行中段飞行制导。拦截弹飞行一段时间后,动能杀伤拦截器与助推火箭分离并到达拦截目标的位置。然后,动能杀伤拦截器进行自主寻找的飞行,通过直接碰撞拦截并摧毁目标。

根据上述的作战场景,我们首先来寻找地基雷达的主要状态。地基雷达首先应该处于待命状态,等待预警卫星或其他天基探测器的预警信号。一旦收到预警信号后,地基雷达将处于搜索状态,开始对目标进行搜索。捕获到目标后,地基雷达将进入跟踪状态,将目标数据传送给 BM/C3I 系统,一旦收到 BM/C3I 系统指令,地基雷达将进入引导状态。摧毁目标后,地基雷达将重新进入待命状态。因此,地基雷达的主要状态有四种:待命、搜索、跟踪及引导。从上面的解释中也可以清晰地看到状态之间的转换,图 7-20 是地基雷达的简单的状态模型。

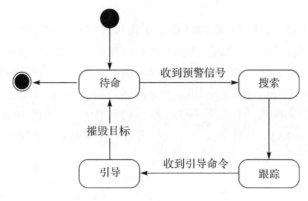

图 7-20 地基雷达的状态模型

二、活动模型

活动图是 UML 用于对系统的动态行为进行建模的另一个工具。活动图是一种表述业务过程以及工作流的技术，与流程图类似，它可以用来对业务过程、工作流建模，也可以对用例实现进行建模。活动图与流程图的最主要的区别在于，活动图能够支持带条件的行为和并发行为。

(一)状态图与活动图的关系

状态图可以描述一个对象在其生命周期所经历的状态序列、引起状态转换的事件以及因状态转换而引起的动作。活动图则是描述一个系统或对象动态行为的另一种方法，是状态图的另一种表现形式。活动图的功能主要是记录各种活动和由于其对象状态转换而产生的各种结果。

(1) 状态图与活动图的相同点：均描述一个系统或对象在生存期间的状态或行为；均描述一个系统或对象在多进程操作中同步或异步操作的并发行为。

(2) 状态图与活动图的不同点：

1) 触发一个系统或对象的状态(活动)发生转换(迁移)的机制不同。状态图中的对象状态要发生转换，必须有一个可以触发状态转换的事件发生，或有一个满足了触发状态转换的条件。活动图中的活动迁移不需要事件触发，一个活动执行完毕可以直接进入下一个活动。

2) 描述复杂操作的机制不同。状态图采用状态嵌套的方式来描述对象如何完成一个复杂操作。活动图通过采用建立泳道的方法描述一个系统中几个对象共同完成一个复杂操作或一个用例实例所需要的活动，它更适合描述一个系统或对象的并发行为。

因此在构建系统的各种动态模型中，状态图和活动图不必同时出现，系统分析与设计人员可以选择状态图为主要系统或对象的行为状态建立模型，也可以选择活动图为某些需要重点强调的对象行为建立模型。

(二)活动图的组成元素

活动图与状态图一样，也包括起始点和结束点。起始点指明活动开始位置，一个活动图只能有一个起始点;结束点指明活动的结束位置,一个活动图可以有多个结束点,不同的结束点表达系统执行后可以达到不同的结果状态。起始点和结束点的图示方法与状态图中相同。另外,活动图中还包括其他的一些组成元素,这些组成元素与状态图中有一定的相似性,但也有自己的特点,下面我们一一加以说明。

1. 活动框

活动框(也称活动节点)是活动图的基本组成部分。一个活动图至少应该包括一个活动框。活动框中可以表达活动状态或动作状态,两者的区别在于活动状态是可分解的,而动作状态是不可分解的。活动框用圆角矩形框表示,框含有活动的描述,对活动的描述包括指定活动名称和内容。其中,活动名称可以用文字(谓词短语)描述,内容为一组动作(action)描述。

与状态一样,如果活动框中为活动状态时,活动框中内容也包括进入/退出动作和内部转换等,它们描述的语法格式也为:＜事件类型＞/＜动作＞,如图 7-21 所示。事件类型包括:

(1)Entry:进入时执行一次动作;

(2)Exit:退出时执行一次动作;

(3)Do:进入后退出前执行一次动作;

(4)Event ＜事件＞:当事件发生＜事件＞时执行一次动作。

图 7-21 活动示例

2. 迁移

当一个活动完成后,控制流立即传递给下一个活动。迁移就是用来表示从一个迁移传递到下一个迁移的路径,因此迁移描述的是活动的执行顺序。迁移的表示格式为:＜事件＞[＜守护条件＞],如图 7-22 所示,其语义为当活动1结束时,发生了某个事件,且守护条件成立,则进入活动2。在一个活动图中不允许出现两个标记完全相同的迁移。如果一个活动有多个事件相同的迁移出口,则必须用守护条件进行区分。通常,有向线上可以无事件标签,这种迁移称为无事件迁移,意味着只要完成了上一个活动,则自动进入下一个活动。

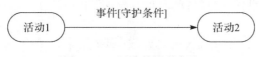

图 7-22 迁移的图示方法

3. 决策框

在活动的控制流上可以选择执行不同的活动流程。决策框就是用作这个用途的,它是一个无动作的特殊活动框,规定了基于布尔表达式的活动流程选择条件。决策框根据上一个活动执行后产生的结果,根据判断条件决定执行哪一条转换,而不做任何实际动作。在其每个输出的迁移上,都放一个守护条件,只有守护条件为真,该输出迁移才发生。因此,它是一种无动作节点,仅仅是用于描述某个执行流程的语法/语义结构。需要注意的是,决策框的所有输出的守护条件不能重复,否则控制流就会产生二义性,并且这些守护条件应该覆盖所有的可能,否则控制流停滞。一般可以规定一个输出迁移的守护条件为 else,即如果没有其他的守护条件为真,控制流就转向该迁移。

决策框用菱形符号表示,如图 7-23 所示。活动图描述了这样的场景:在发现敌情后进行威胁估计,如果构成威胁则立即做好作战准备,否则继续侦察。

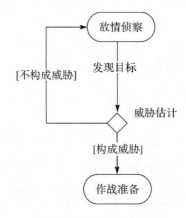

图 7-23 决策框示例

4. 分支与汇聚

控制流也会出现并发的可能,即将单一的控制流分成两个或多个并发的控制流,这就是所谓的分支。分支是一种用于标识可并发活动的语法/语义符号,它没有任何动作,仅仅表明分支后变迁流入的活动没有先后顺序或依赖关系,可以并行执行,因此分支包括一个输入迁移和多个输出迁移,每个输出代表一个独立的控制流,这样在分支下面,与每个输出路径相关的活动都是并行进行的。当然,这些控制流描述的是概念上的并发活动,但是在实际运行系统中,这些流可能是真正并发的(例如有多个 CPU),也可能是交叉进行的(例如只有一个 CPU)。同时需要强调的分支只能有一个输入,即只允许一个活动引发分支。

分支用粗黑线表示,图 7-24 给出了一个分支的示例,它表示活动 2 与活动 3 可以并行执行,但它们都必须在活动 1 完成之后才能执行。

与分支对应的是汇聚,分支代表的是并发,那么汇聚代表这些控制流的同步。汇聚是一种用于标识需同步活动的语法/语义符号,汇聚也没有任何动作,仅仅表明汇聚前变迁

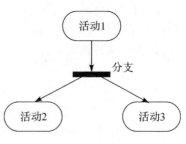

图 7-24 分支示例

流出的活动必须全部执行完才能执行汇聚后变迁指向的活动。汇聚一般存在多个输入和一个输出。在汇聚的输入端，与路径有关的活动是并行的，在汇聚处并行的流被同步，即每个流都要等到所有的输入流到达汇聚条，然后汇聚条将多个输入控制流合并，输出一个控制流，进而执行后面的活动。必须强调的汇聚只能有一个输出，即只允许汇聚到一个活动。

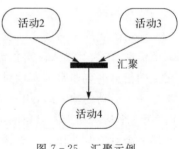

图 7 - 25　汇聚示例

汇聚也用粗黑线表示，如图 7 - 25 所示，它表示活动 2 与活动 3 可以并行执行，但必须在它们都完成之后才能执行活动 4。

分支与汇聚应该是平衡的，也就是说离开分支的控制流的数目应该与进入相应汇聚处的控制流数目相等。

5. 泳道

对于研究活动图的人而言，他们可能有个非常关心的问题，即活动是哪个对象或系统来开展或完成的，要求模型能够直观地显示活动是哪个对象完成的。泳道很好地解决了这类问题，它将模型中的活动按照职责组织起来，根据开展活动的对象或系统，将活动通过虚线划分出不同的区域来显示，而泳道的名字则放在顶部。图 7 - 26 显示了顾客乘坐电梯时的活动模型，依据活动执行的角色，模型划分成顾客和电梯两个泳道，泳道内所包括的活动均由顶部的名称所表示的角色（顾客或电梯）所完成。

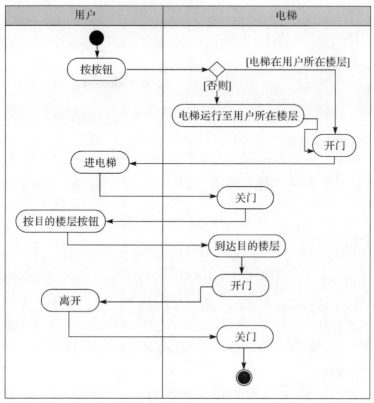

图 7 - 26　用户按电梯的过程

6. 对象流

活动图展现了活动之间发生的顺序,而在活动发生迁移时,可能有该活动的输出传给下一个活动,作为其输入。对象流就是用于标识活动之间交互的信息内容和流向。活动之间交互的信息内容通常为实例对象,用矩形符号表示,矩形的内部有实例名或类名。当一个对象是一个活动的输入时,用一个从对象指向活动虚线箭头来表示;当对象是一个活动的输出时,用一个从活动指向对象的虚线箭头来表示。当表示一个活动对一个对象有影响时,只需要用一个对象与动作间的虚线来表示。在描述对象流时可以标识对象的状态,方法是将对象状态用中括号括起来放在实例名或类名的下面。图7-27为活动图对象流描述示例,该模型显示了一个简单的顾客网上购物的活动模型,其中顾客下订单活动和厂家处理订单活动之间传输的信息就是订单对象。

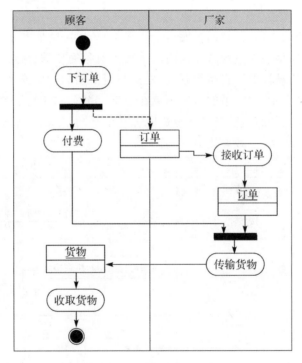

图 7-27 对象流描述示例

7. 复杂活动

与状态图中的状态一样,复杂活动也是可以进行分解的,通常复杂活动称为父活动,而分解后的活动称为子活动。在模型中,子活动的活动框嵌套在父活动内,子活动之间的迁移也说明了控制流的转移。用户也可以用活动图为这些子活动建立模型。子活动模型的开始点就是父活动的入口,结束点就是父活动的出口,因此它们往往可以省去。

(三)活动图的建模

活动模型是为系统动态的某些方面进行建模,这些动态方面包括系统中的任意一种抽象(包括类、接口、组件、节点)的活动,因此活动模型的相关内容可以是系统、子系统、操作或类。活动模型也可以用来描述用例脚本。通常活动模型主要用于两种情形,一种是对工作流建模,一种是对操作建模。

使用活动图描述工作流通常被用于可视化、规范、构建和文档化系统的过程中,需要着重描述以下方面的内容:资源、规则、目的和工作流。资源包括两类:物质和信息。其中系统活动中的角色(人、子系统、系统等)就是资源的例子,他们是物理对象,物质还包括生产的、消费的或处理的物理对象。信息对象是指信息系统所处理的对象,信息对象携带与活动有关的信息,在建模中需要将物理对象和信息对象分开。规则约束了资源的使用,比如规则规定战略信息必须保密。而资源的使用就是真正的工作,称为工作流。建模中描述的目的是为了推进工作流,在工作流中,根据指定的规则使用资源。构建工作流的一般顺序为:

(1)为工作流建立一个焦点,除非你所涉及的系统很小,否则不可能在一张图中显示出系统中所有的控制流。

(2)选择对全部工作流中的一部分有高层职责的业务对象,并为每个重要的业务对象创建一条泳道。因此活动图中的每一条泳道表示一个职责单位,活动图能够有效地体现出所有职责单位之间的工作职责、业务范围及之间的交互关系、信息流程。

(3)识别工作流初始节点的前置条件和活动终点的后置条件,可有效地确定工作流的边界。

(4)从工作流的初始节点开始,规定随时间发生的活动和动作,把它们作为活动状态或动作状态放在活动图中。

(5)对复杂的动作或多次出现的动作集合,可以将它们组合成复杂活动,再提供一个单独的活动图来展开描述这个复杂活动。

(6)用迁移来连接这些活动状态和动作状态,从工作流中的顺序流开始,然后考虑决策框,再考虑分支与汇聚。

(7)如果工作流涉及重要的信息对象,则需要在图中加入对象流,必要时说明对象属性值和状态的变化。

如果为操作建模,每一个类的对象占据一个泳道,而活动则是该对象的成员方法。一般按照以下步骤:

(1)收集操作所涉及的抽象概念,包括操作的参数、返回类型、所属类的属性以及某些邻近关系的类。

(2)识别该操作的初始节点的前置条件和活动终点的后置条件,也要识别在操作执行过程中必须保持的信息。

(3)从该操作的初始节点开始,说明随着时间发生的活动,并在活动图中将它们表示为活动节点。

(4)如果需要,使用分支来说明条件语句及循环语句。

三、交互模型

对象间的相互作用体现了对象的行为。这种相互作用可以描述成两种互补的方式,一种以独立的对象为中心进行考察,另一种以互相作用的一组对象为中心进行考察。上节讲到的状态模型的描述范围不宽,但它描述了对象深层次的行为,是单独考察每一个对象的"微缩"视图。对状态模型的说明是精确的并且可直接用于编码。然而,在理解系统的整个功能时存在一定困难,因为一个状态模型只集中描述某个对象的行为,要确定整个系统的行为必须同时结合多个状态模型进行考察。交互模型更适合于描述一组对象的整体行为,交互模型是对对象间协作行为进行建模,它由对象、对象间的交互关系组成,并包含在对象间传递的消息。

UML 2.0 中提供了时序图、协作图(通信图)、交互概览图和定时图四种交互图。其中,使用最多的是时序图与协作图。时序图与协作图都描述了对象之间的交互作用,它们由对象、对象之间的交互次序和协作关系组成,并包含在对象间传递的消息。但时序图与协作图在展现和表达方式上有所区别。时序图描述了消息的时间顺序,在图形上它更像是一张表,如图 7-28 所示,对象沿 X 轴排列,而消息按照时间递增沿 Y 轴排列,因此一般都用于描述实时系统和复杂的脚本。而协作图重点描述了发送和接收消息的对象之间的组织结构,如图 7-29 所示。

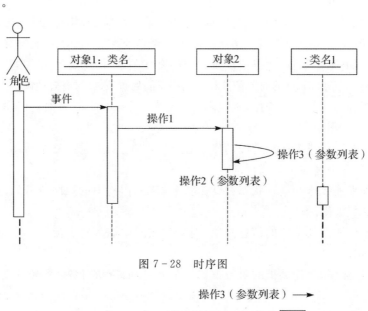

图 7-28 时序图

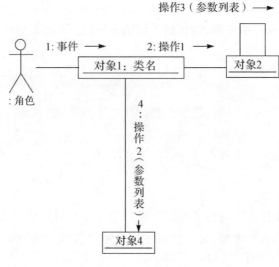

图 7-29 协作图

(一)时序图

时序图又称顺序图,描述了对象之间基于时间先后顺序的动态交互,它显示了随着时间的变化,对象之间是如何进行通信的,它注重消息的时间顺序,即对象之间消息的发送和接收的先后顺序。时序图也可以用于表示用例的行为顺序。当执行一个用例行为时,时序图中的每条消息对应一个类操作或状态机中引起转换的触发事件。时序图有两个坐标轴:纵坐标显示时间,横坐标显示对象。如图 7-30 所示。

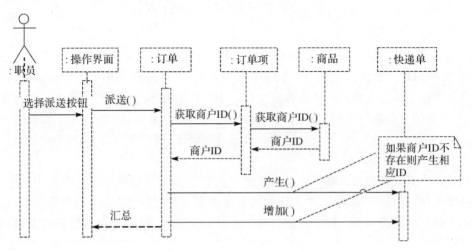

图 7-30 时序图中的主要元素

1. 时序图中的主要元素

时序图存在两个轴:水平轴表示不同的对象,垂直轴表示时间。在时序图的横坐标上都是参与交互的对象。在图例中这些对象用矩形框表示,并标有对象名和类名,也可以只标有类名。垂直虚线是对象的生命线,用于表示在某段时间内对象是存在的。对象间的通信通过在对象的生命线间画消息线来表示。

时序图强调了消息的时间顺序。在画时序图时,首先将参与交互作用的对象沿着水平轴放在图的顶端,将发起交互的对象放在图的左边,将接收消息的对象放在图的右边,将这些对象发送和接收的消息按照时间增加的顺序沿着垂直轴由上而下地放置。

消息以带有标签的箭头表示。当消息的源和目标为对象或类时,标签就是响应消息时所调用方法的签名。不过,如果源或目标中有一方是外部角色,那么消息就以描述交流信息的简要文本为标签。时序图中的消息可以是信息、操作调用,类似于 C++ 中的远程过程调用 (Remote Procedure Call, RPC) 或 Java 中的远程方法调用 (Remote Method Invocation, RMI)。当收到消息时,接收对象立即开始执行活动或动作,即对象被激活了,用对象生命线上的一个细长矩形来表示执行动作时间的长短。

在时序图中,消息可以有序列号,如格式为 1.1.1。通常,序列号可以被省去,因为箭头实线的物理位置已经表明了相对的时间顺序。消息还可以带有条件表达式,表示分支或决定是否发送信息。如果用于表示分支,则每个分支都是相互排斥的,即在某一时刻仅可发送分支中的一个消息。

总之,时序图中包括如下元素:
(1)角色(Actor):指系统外部对象,可以是人或者其他系统、子系统。
(2)对象(Object):指参与交互的系统内部对象。
(3)生命线(Lifeline):表示时序图中的对象在一段时期内的存在。
(4)激活期(Activation):表示时序图中的对象执行一项操作的时期,在时序图中每条生命线上的窄的矩形代表活动期。
(5)消息(Message):表示交互和协作中交换信息、调用方法等。

2. 创建与销毁对象

对象代表了一个特定的实例,具有身份和属性值。实际上,实例和对象基本上是同义词,它们常常可以互换使用。实例是抽象的具体表示,操作可以作用于实例,实例可以由状态来存储操作结果。实例被用来模拟现实世界中存在的具体的或原型的东西。对象就是类的实例,所有的对象都是实例,但是并不是所有的实例都是对象,例如,一个关联的实例不是一个对象,它只是一个实例,是一个连接。对象具有状态、行为和身份,同种对象的结构和行为定义在它们的类中。

创建一个对象是指发送者发送一个实例化消息后实例对象的结果。在时序图中,创建对象的操作使用消息箭头表示,箭头指向被创建的框。对象创建之后就会具有生命线,就像时序图中的任何其他对象一样。对象符号下方是对象的生命线,它会持续到对象被销毁或者图结束。

如果对象位于时序图的顶部,说明在交互开始之前该对象已经存在了。如果对象是在交互的过程中创建的,那么它应当位于图的中间部分。创建对象的两种表示方法如图7-31所示。

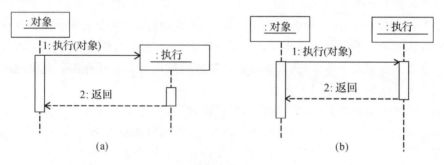

图7-31 创建对象的两种表示方法

销毁对象指的是将对象销毁并回收其拥有的资源,它通常是一个明确的动作,也可以是其他动作、约束或垃圾回收机制的结果。在时序图中,对象被销毁时用在对象的生命线上画"×"表示,在销毁新创建的对象或时序图中的任何其他对象时都可以使用。它的位置是在导致对象被销毁的信息上或者对象自我终结的地方,该点通常是对删除或取消消息的回应,如图7-32所示。

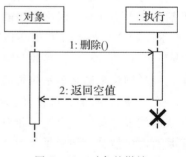

图7-32 对象的撤销

3. 对象间的通信

消息是对象与对象之间的单向通信,它实质上是从发送者到接收者的控制信息流,传达了接收者要执行动作的相关信息,消息可能是信号(显示的、命名的、异步对象通信)或调用(具有返回机制的同步操作调用)。它能触发事件,接收到一个消息通常被认为是一个事件。对象通过相互间的通信(消息传递)进行合作,并在其生命周期中根据通信的结果不断改变自身的状态。

为了表示从对象到对象的消息,箭头开始并结束于同一个对象。可以为消息标注消息的名字(操作或信号)、消息的参数值,也可以为消息标注序列号以表示消息在整个交互作用过程中的时间顺序。在时序图中,消息的序列号通常被省去,但是在协作图中,消息的序列号是必要的。无论在时序图还是协作图中,序列号对于识别并发的控制线程是有用的。同时还可以为消息标注护卫条件。根据护卫条件是否相斥,这个构造可以代表条件的或并发的消息。消息的分类见表 7-5。

表 7-5 消息的分类

消息类型	表示法	描述
简单消息	⟶	表示普通的控制流。只表示控制如何从一个对象传递给另一个对象,而没有描述通信的任何细节。这种类型的消息主要来自通信细节未知或者无须考虑通信细节的场合
同步消息	⟶	表示嵌套的控制流。通常表示一个操作调用。处理消息的操作在调研者恢复执行之前完成,可用一个返回消息来表示控制流的返回,或者当消息处理完毕后隐式的返回
异步消息	⟶	表示异步的控制流。发送者将该消息发送给接收者后,无须等待接受者消息处理的完成而继续执行
返回消息	------>	表示控制流,显示从接收消息的对象返回的消息

(二)协作图

协作图(也称通信图)描述了在一定的语境中一组对象以及这些对象间用以实现某些行为的相互作用,协作中的消息集合叫作交互,一个协作可以包含一个或多个交互,每个交互描述了一系列消息,协作中的对象为了达到目标交换这些消息。它强调参与一个交互对象的组织,也可用于显示对象之间如何进行交互以执行特定用例或用例中特定部分的行为。协作图由以下基本元素组成:活动者(Actor)、对象(Object)、连接(Link)和消息(Message)。协作图中的消息,由标记在连接上方的带有标记的箭头表示。协作图示例如图 7-33 所示。

协作图与时序图在语义上是等价的,所以它们可以彼此转换而不会损失信息。但这并不意味着两种图都显式地可视化了同样的信息。例如协作图描述了对象怎样互相连接,但相应的时序图没有显式地描述这些信息;在时序图中可以描述返回消息,但相应的协作图没有描述这个信息。

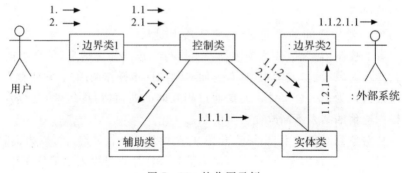

图 7-33 协作图示例

(三)交互模型的构建

在采用时序图或协作图为系统的动态方面尤其是对象交互建模时,上下文可以是整个系统、一个子系统、一个操作或一个类。另外,在为用例的一个脚本建模时一般也采用时序图或协作图。

构建交互模型一般可分为以下几个阶段。

1. 准备阶段

在此阶段,首先根据自己的喜好和实际的表现需要来选择时序图或协作图。不过由于它们在语义上是等价的,因此可以绘制出一种图,再通过建模工具来自动转换成另一种图。

交互模型可以应用在分析模型和设计模型中,分析模型中的交互图侧重于分析类的职责分配和交互流程,而设计模型中的交互图则侧重于设计类的引入和实际方法的调用与流程控制。

在准备阶段先确定参与交互的对象、对象之间的关系(协作图),然后确定对象间的消息交互流程(用同步调用、异步消息、返回消息表示),并利用交互片断(顺序图)或迭代标记及监护条件来表示循环和分支结构。

2. 需求分析阶段

在领域分析中,将应用边界类、控制类和实体类从一个用例中抽取三类对象。然后根据事件流来分析通信流程与协作关系。

3. 构建模型阶段

时序图按时间顺序为控制流建模,强调了消息的传递,这对于可视化用例脚本上下文的动态行为是非常有用的。步骤如下:

(1)确定交互作用的上下文。上下文可以是系统、子系统、操作、类、用例或协作的一个脚本。

(2)确定哪些对象参与了交互作用,将这些对象从左到右放在时序图中,将重要的对象放在左边。

(3)确定每个对象的生命线。对于那些在交互过程中创建和破坏的对象,要用适当的消息原型显示地标出对象的产生和破坏。

(4)从发起交互作用的消息开始,将后来的消息从上到下地放在生命线之间。

(5)如果要规定时间或空间约束,可以为消息附加适当的时间或空间约束。
(6)如果想更正式地描述这个控制流,可以为每个消息添加前置条件和后置条件。

单个时序图只能描述一个控制流,通常可以有多个交互图,一些交互作用图描述主要过程,其他的描述被选过程或例外过程。

第四节 UML 功能模型方法

功能是由不同系统层面上相关或相似的基础功能组成的相对封闭的单位。功能模型把基础功能整体归入一个包含不同层面的层次结构中,并展示了功能之间相互的层次关系。功能模型体现了一个外在的或者"黑箱"视图,从一个最终用户观点来理解系统行为。需求分析阶段的主要目标是开发一个"系统将要做什么"的模型,与"系统怎样去做"无关。功能模型就是描述系统的这些功能需求,设计人员通过功能模型可以更好地分析和理解系统的功能需求,从而准确获取系统需求。UML 语言提供的用例图就是用来构建功能模型的。用例是系统的一个功能单元,可以被描述为参与者与系统之间的一次交互作用。参与者可以是一个用户或者另外一个系统。用户(或最终使用者)对系统要求的功能被当作多个用例在用例视图中进行描述,一个用例就是对系统的一个用法的通用描述。用例模型的用途就是列出系统中的用例和参与者,并显示哪个参与者参与了哪个用例的执行。用例视图是其他视图的核心,通过展开用例可以直接驱动其他视图的开发。

一、用例驱动的需求分析思想

我们知道需求分析是复杂系统分析设计、开发过程中至关重要的一环,它既决定了最终产品是否达到了需求方当初既定的要求,也影响了后期开发过程的其他环节。传统的需求分析方法从数据的"输入—>加工—>输出"着眼,以"自顶向下"的方式进行功能的分解,因此在实现上往往通过整个业务过程来描述系统外在可见的需求,立足于把握业务过程中的所有细节。这种传统的面向过程、注重细节的结构化的需求分析方法,在面对复杂系统尤其是军事电子信息系统这类复杂、需求多变的系统时,其方法上首先分割了各项系统功能之间的应用环境,这样很难做到综合理解这些功能项在实现某一系统功能时之间的相互联系,更为重要的是这种方法难以把握用户的需求变化,开发人员容易陷入细节的汪洋之中而无从下手,开发效率低下。

用例驱动的需求分析技术是一种日益流行的面向对象的需求分析技术,它通过用例的参与者和用例以及用例之间的关系来描述系统外在可见的需求,是用户和开发人员共同剖析系统功能需求的起点。用例是对一组动作序列的描述,系统对它的执行将产生参与者可观察到的结果。用例驱动的需求分析技术为复杂系统的需求分析提供了一种有效的解决方案。首先,用例通过识别并独立分析每一个参与者的不同用例,可以了解系统的每一类用户的要求和愿望而不会沉溺于其细节。其次,用例驱动着整个系统开发过程,各项活动都是从用例开始执行的,确保了整个过程不会在需求上偏离方向。最后,用例分析技术采取迭代增量的方式,在各迭代过程中对用例进行修改和增加,很好地适应了复杂多变的需求环境。

用例驱动的需求分析技术以构建系统用例模型为核心,把应满足用户需求的基本功聚合起来形成了功能需求模型。对于正在构造的新系统,用例描述系统应该做什么;对于已构造完毕的系统,用例则反映了系统能够完成什么样的功能。构建用例模型是通过开发者与用户共同协商完成的,他们要反复讨论需求的规格说明,达成共识,明确系统的基本功能,为后阶段的工作打下基础。

在用例模型中,系统仿佛是实现各种用例的"黑盒子",分析人员只关心系统实现了哪些功能,并不关心内部的具体实现细节(比如,系统是如何做的?用例是如何实现的?)。因此,用例模型主要应用在工程开发的初期,进行系统需求分析时使用。分析描述使开发者在头脑中明确需要开发的系统功能有哪些。

具体而言,分析用例模型可以达到以下主要目的:

(1)确定系统应具备哪些功能,这些功能是否满足系统需求(开发者与用户协商达成共识的东西)。

(2)为系统的功能提供清晰一致的描述,以便为后续的开发工作打下良好的交流基础,方便开发人员传递需求的功能。

(3)为系统验证工作打下基础。通过验证最终实现的系统能够执行的功能是否与最初需求的功能相一致,保证系统的实用性。

(4)从需求的功能(用例)出发,提供跟踪进入系统中具体实现的类和方法,检查其是否正确。特别是为复杂系统建模时,常用用例模型构造系统的简化版本(也就是精化系统的变化和扩展能力,使系统不要过于复杂),然后利用该用例模型跟踪对系统的设计和实现有影响的用例。简化版本构造正确之后,通过扩展完成复杂系统的建模。

二、用例图中的主要元素

用例图的基本组成部件是用例、参与者和系统。用例图描述了参与者、用例和用例之间的关系。其一般起始于一个参与者,之后是业务或系统,最后返回到参与者。参与者是与系统交互的外部实体,它可以是系统用户,也可以是其他系统或硬件设备,总之,凡是需要与系统交互的东西都可以称作参与者。系统的边界线以内的区域(即用例的活动区)抽象表示系统能够实现的所有基本功能即用例。用例用来描述系统的功能,也就是从外部用户的角度观察,系统应支持哪些功能,帮助分析人员理解系统的行为,它是对系统功能的宏观描述。一个完整的系统通常包含若干个用例,每个用例具体说明应完成的功能,代表系统的所有基本功能(集)。因此用例模型运转的大致过程是:外部角色先初始化用例,然后用例执行其所代表的功能,执行完用例便给角色返回一些值,这个值可以是角色需要的来自系统中的任何东西。

(一)参与者

参与者,又称角色,是指系统以外的,在使用系统或与系统交互中所扮演的角色。所谓与系统交互是指参与者向系统发送消息或从系统中接收消息或在系统中交换消息,因此,参与者代表了某种特定功能的角色,它是一个虚拟的概念,可以是人,也可以是在业务中扮演某个角色的部门或者外部系统与设备。

每个参与者可以参与一个或多个用例。它通过交换信息与用例发生交互作用,因此也与用例所在的系统或类发生了交互作用,而参与者的内部实现与用例是不相关的。在

UML模型中,参与者就是一种特殊的类,可以通过继承关系来定义。

需要注意的是,一个人或者独立的事物在用例图中可以扮演多个角色,只要这个参与者以不同的身份参与系统,那么他所扮演的角色就不止一个。比如,李雷是某商店的售货员,平时以售货员的角色与商店系统互动,但是当他购买物品时,他就是以顾客的身份参与到系统当中的,他所扮演的角色就是两个。因此,参与者所扮演的角色可以分为几个等级,主要角色指的是执行系统主要功能的角色,比如在仓储管理系统中主要角色就是仓库管理员和配送员;次要角色指的是使用系统次要功能的角色,将角色分级可以帮助系统把所有功能表示出来。而主要功能是使用系统的角色最关心的部分。角色也可以分为主动角色和被动角色。主动角色可以初始化用例而被动角色只能参与一个或者多个用例,在某个时刻与用例通信。

(二)用例

UML模型中的用例概念是指:在不展现一个系统或子系统内部结构的情况下,对系统或子系统的某个连贯的功能单元的定义和描述。用例的定义包含用例所必需的所有行为,包括执行用例功能的主线次序、标准行为的不同变形、一般行为下的所有异常情况及其预期反应。在模型中,每个用例的执行独立于其他用例,虽然在具体执行一个用例功能时由于用例之间共享对象的缘故可能会造成本用例与其他用例之间有这样或那样的隐含的依赖关系。用例的动态执行过程可以用UML的交互作用来说明,可以用状态图、顺序图、协作图或非正式的文字描述来表示。用例功能的执行通过类之间的协作来实现。一个类可以参与多个协作,因此也参与了多个用例。

用例是一个UML中非常重要的概念。它可以促进设计人员、开发人员和用户的沟通,理解正确的需求;还可以划分系统与外部实体的界限,是系统设计的起点,是类、对象、操作的起源。UML中的用例图示用椭圆表示,用例的名字写在椭圆的中心或者下方,用例位于系统边界的内部。用例的命名方式与参与者相似,通常用执行功能的名字命名,比如调动货物、更新记录等。

在描述用例时,一般需要把握好用例的以下特征:

(1)用例总由参与者发起。用例所代表的功能必须由角色激活然后才能执行。因为角色想要系统完成的功能都是由用例来具体完成的,角色一定会直接或者间接地命令系统执行用例。

(2)用例为参与者提供可见的输出。用例的输出对于系统用户来说一定是可见的,产生实际作用或具有实际价值的结果,而不是系统内部的中间产品。比如,打印机控制系统中的队列操作(如"入队""出队"等),是系统功能的一部分,但对于用户来说是不可见的,没有产生实际价值,因此就不能作为用例,而只能是用例内的一些动作。

(3)用例具有完整性。用例是一个完整性的描述。虽然实际实现时,一个用例可以分为多个小用例,但是当用例执行时,只有当所有的小用例执行结束,用例给参与者反馈一个实在的值时,用例的执行才算结束。

(三)参与者与用例之间的关系

用例和参与者之间也有连接关系,这种关系属于关联,又称作通信关联。它表明哪种角色可以与该用例通信。通信关联是双向的一对一关系,即角色可以与用例通信,用例也可以与角色通信。参与者与用例之间的关系用一条直线表示。

(四)用例之间的关系

用例描述的是系统外部可见的行为,是系统为某一个或几个参与者提供的一段完整的服务。从原则上来讲,用例之间都是并列的,它们之间并不存在包含从属关系。但是从保证用例模型的可维护性和一致性角度来看,我们可以在用例之间抽象出包含、扩展和继承几种特定语义关系。这几种关系都是从现有的用例中抽取出公共的那部分信息,然后通过不同的方法来重用这部分公共信息,以减少模型维护的工作量。

1. 包含

包含关系的语义是指基用例会用到被包含用例。具体地讲,就是将被包含用例的事件流插入基用例的事件流中。使用包含用例来封装一组跨越多个用例的相似动作(行为片断),以便多个基用例复用。基用例控制与包含用例的关系,以及被包含用例的事件流是否会插入基用例的事件流中。在 UML 中,用例之间的包含关系采用箭头加扩展元类型说明<<include>>来表示,箭头从基用例指向包含用例。

包含关系的典型应用就是复用。当某用例的事件流过于复杂时,为了简化用例的描述,我们可以把某一段事件流抽象成为一个被包含的用例。这种情况类似于在过程设计语言中,将程序的某一段算法封装成一个子过程,然后再从主程序中调用这一子过程。包含关系如图 7-34 所示。

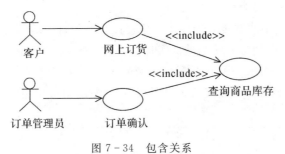

图 7-34 包含关系

例如,在电子商务系统中,客户在网上订货过程中需要查询商品库存,同时订单管理员在确认客户订单时也需要查询商品库存。这时,可以将"查询商品库存"单独设为一个用例,以供"网上订货"和"订单确认"两个用例复用。

2. 扩展

扩展关系(extend)说明基用例可以被扩展用例扩展,扩展用例定义的动作序列将作为基用例动作序列的延伸,为基用例添加新的行为。扩展用例可以访问基用例中的对象属性,因此它能根据基用例中扩展点的当前状态来判断是否执行自己。但是扩展用例对基用例不可见。在 UML 中,用例之间的包含关系采用箭头加扩展元类型说明<<extend>>来表示,箭头从扩展用例指向基用例。扩展关系如图 7-35 所示。

一个扩展用例可以在基用例上设计多个扩展用例。例如,在电子商务系统中允许客户对查询的结果进行导出、打印。对于查询而言,能不能导出、打印查询都是一样的,导出、打印是不可见的。导出、打印与查询相对独立,而且为查询添加了新行为,因此可以采用扩展关系来描述。

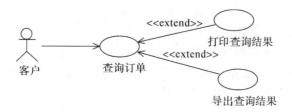

图 7-35　扩展关系

3. 继承

继承关系描述用例之间的层次结构,类似于类图中的继承关系,子用例将继承父用例的所有结构、行为和关系。子用例可以使用父用例的一段行为,也可以重载它,父用例通常是抽象的。在实际应用中很少使用用例之间的继承关系,子用例中的特殊行为都可以作为父用例中的备选流存在。

(五)用例的描述规范

描述用例的目的是使外部用户从他们的角度可以知道系统能完成什么样的工作,至于系统内部是如何实现这些功能的则不用考虑。用于描述用例的文字要思路清晰,内容明确,前后一致,避免使用复杂而有歧义的语句,方便用户理解和验证用例。在 UML 中,对用例的描述并没有硬性规定,但在一般情况下用例描述应包括以下几个方面:

(1)用例名称。用例名称应该表明用户的意图或用例的用途,如借阅图书、归还图书、预定图书等。

(2)简要说明。对用例进行简要说明,描述该用例的作用,说明应当简明扼要。

(3)参与者。与此用例相关的参与者列表。

(4)前置条件。前置条件描述了执行用例之前系统必须满足的条件。这些条件必须在执行用例之前得到满足,如果条件不满足,则用例不会执行。例如,当学生借阅图书时,借阅图书用例需要获取学生的借阅证信息。如果学生使用了一个已经被注销的借阅证,那么借阅图书用例就不能执行。因此借阅图书用例的前置条件可以写成以下形式:读者出示的借阅证必须是有效的借阅证。

(5)后置条件。后置条件将在用例成功完成后得到满足,它提供了系统功能的正确性验证描述。例如,当学生借阅图书成功后,借阅图书用例应该提供该学生的所有借阅信息,所以借阅图书用例的后置条件可以写成以下形式:显示读者的全部借阅信息。

(6)假设条件。为了让一个用例正常地执行,系统必须满足一定的条件,如果没有满足这些条件,系统不会调用该用例。假设条件描述的是系统在使用用例之前必须满足的状态,并且假设它们为真。例如,当学生借阅图书时,需要图书管理员已经成功登录图书管理系统,才能处理借阅图书业务。因此借阅图书用例的假设条件可以写成如下形式:图书管理员已经成功登录图书管理系统。

(7)基本操作流程。基本操作流程是指参与者在用例中所执行的正常动作序列。

1)图书管理员输入借阅证信息;
2)系统检查读者是否有超期的借阅信息;
3)系统检查读者的借书数量是否已经达到借书限额;
4)图书管理员输入要借阅的图书信息;
5)系统将读者的借阅信息保存到数据库中。
(8)可选操作流程。可选操作流程是指参与者在用例中所执行的非正常动作序列。
示例:下面是对"借阅图书"用例的描述。
用例名称:借阅图书;
简要说明:图书管理员接到要借阅的图书,进行借书操作;
参与者:图书管理员;
前置条件:读者出示的借阅证必须是有效的借阅证;
后置条件:显示读者的全部借阅信息;
假设条件:图书管理员已经成功登录图书管理系统。
可选操作流程:读者有超期的借阅信息,图书管理员进行超期处理;读者的借书数量已经达到借书限额,系统显示不能借阅图书的信息。

三、功能模型的构建

用例模型主要包括以下两部分内容:一是用例图(Use Case Diagram),即确定系统中所包含的参与者、用例和两者之间的对应关系。二是例规约(Use Case Specification),即对用例进行详细描述。每一个用例都应该有一个用例规约文档与之相对应,该文档描述用例的细节内容。在用例建模的过程中,建议的步骤是先找出参与者,再根据参与者确定每个参与者相关的用例,最后再细化每一个用例的用例规约。

(一)寻找参与者

首先,寻找参与者可以从以下问题入手:
(1)系统开发完成之后,有哪些人会使用这个系统?
(2)系统需要从哪些人或系统中获得数据?
(3)系统会为哪些人或系统提供数据?
(4)系统会与哪些系统相关联?
(5)系统是由谁来维护和管理的?
这些问题有助于找出系统的参与者。例如,在设计 ATM 机系统时,回答这些问题可以使我们找到更多的参与者,包括银行客户、操作员、后台服务器等,如图 7-36 所示。

其次,系统边界决定了参与者。参与者是由系统的边界所决定的,如果我们所要定义的系统边界仅限于 ATM 机本身,那么后台服务器就是一个外部的系统,可以抽象为一个参与者。如果我们所要定义的系统边界扩大至整个银行系统,ATM 机和后台服务器都是整个银行系统的一部分,这时候后台服务器就不再被抽象成为一个参与者。

最后,识别特殊的参与者,如系统时钟。有时候我们需要在系统内部定时地执行一些操作,如检测系统资源使用情况、定期地生成统计报表等。从表面上看,这些操作并不是由外部的人或系统触发的,应该怎样用用例方法来表述这一类功能需求呢?对于这种情况,我们可以抽象出一个系统时钟或定时器参与者,利用该参与者来触发这一类定时操作。从逻辑上,这一参与者应该被理解成是系统外部的,由它来触发系统所提供的用例对话。

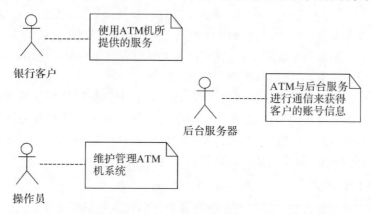

图 7-36　ATM 机中的参与者

值得注意的是,用例建模时不要将一些系统的组成部分作为参与者来进行抽象。如在 ATM 机系统中,打印机只是系统的一个组成部分,不应将它抽象成一个独立的参与者;在一个 MIS 管理系统中,数据库系统往往只作为系统的一个组成部分,一般不将其单独抽象成一个参与者。

(二)确定用例

找到参与者之后,就可以根据参与者来确定系统的用例,主要是看各参与者需要系统提供什么样的服务,或者说参与者是如何使用系统的。寻找用例可以从以下问题入手(针对每一个参与者):

(1)参与者为什么要使用该系统?

(2)参与者是否会在系统中创建、修改、删除、访问、存储数据?如果是的话,参与者又是如何来完成这些操作的?

(3)参与者是否会将外部的某些事件通知给该系统?

(4)系统是否会将内部的某些事件通知该参与者?

综合以上所述,ATM 系统的用例图可表示如图 7-37。

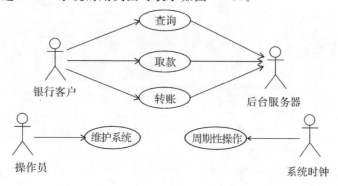

图 7-37　ATM 机中的用例

在用例的抽取过程中,用例必须是由某一个参与者触发而产生的活动,即每个用例至少应该涉及一个参与者(扩展、包含、抽象等特殊用例除外)。如果存在与主角不进行交互的用例,就可以考虑将其并入其他用例,或者检查该用例相对应的参与者是否被遗漏。反之,每个参与者也必须至少涉及一个用例,如果发现有不参与任何用例相关联的参与者存在,就应该考虑该参与者是如何与系统发生对话的,或者由参与者确定一个新的用例,或者该参与者是一个多余的模型元素,应该将其删除。

可视化建模的主要目的之一就是增强团队的沟通,用例模型必须是易于理解的。用例建模往往是一个团队开发的过程,系统分析员在建模过程中必须注意参与者和用例的名称应该符合一定的命名约定,这样整个用例模型才能够符合一定的风格。如参与者的名称一般都是名词,用例名称一般都是动宾词组等。

(三)描述用例

应该避免这样一种误解——认为由参与者和用例构成的用例图就是用例模型。用例图只是在总体上大致描述了系统所能提供的各种服务,让我们对于系统的功能有一个总体的认识。除此之外,我们还需要描述每一个用例的详细信息,这些信息包含在用例规约中,用例模型是由用例图和每一个用例的详细描述——用例规约所组成的。每一个用例的用例规约都应该尽可能符合第四节中的用例描述规范。

(四)检查用例模型

用例模型完成之后,可以对用例模型进行检查,看看是否有遗漏或错误之处。主要可以从以下四个方面来进行检查:

1. 功能需求的完备性

现有的用例模型是否完整地描述了系统功能,这也是判断用例建模工作是否结束的标志。如果发现还有系统功能没有被记录在现有的用例模型中,那么就需要抽象一些新的用例来记录这些需求,或是将他们归纳在一些现有的用例之中。

2. 模型是否易于理解

用例模型最大的优点就在于它应该易于被不同的涉众所理解,因而用例建模最主要的指导原则就是它的可理解性。用例的粒度、个数以及模型元素之间关系的复杂程度都应该由该指导原则决定。

3. 是否存在不一致性

系统的用例模型是由多个系统分析员协同完成的,模型本身也是由多个工件所组成的,所以要特别注意不同工件之间是否存在前后矛盾或冲突的地方,避免在模型内部产生不一致性。不一致性会直接影响需求定义的准确性。

4. 避免二义性语义

好的需求定义应该是无二义性的,即不同的人对于同一需求的理解应该是一致的。在用例规约的描述中,应该避免定义含义模糊的需求,即无二义性。

(五)补充规约

补充规约记录那些在用例模型中不易表述的系统需求,主要包括以下内容:

1. 功能性

功能性需求主要在用例模型中刻画,但是也有部分需求不适合在用例中表述。有些功能性需求是全局性的,适用于所有的用例,如出错处理、协议标准支持等,不需要在所有的用例中描述这些功能性需求,只需要在补充规约中统一描述就可以了。

2. 可用性

记录所有可用性相关的需求,如系统的使用者所需要的培训时间、是否应符合一些常见的可用性标准,如 Windows 界面风格等。

3. 可靠性

定义系统可靠性相关的各种指标,包括可用性、平均故障间隔时间、平均修复时间、精确度、最高错误或缺陷率等。

4. 性能

记录系统性能相关的各种指标,包括对事务的响应时间(平均、最长)、吞吐量(如每秒处理的事务数)、容量(如系统可以容纳的客户或事务数)、降级模式(当系统以某种形式降级时可接受的运行模式)、资源利用情况等。

5. 可支持性

定义所有与系统的可支持性或可维护性相关的需求,其中包括编码标准、命名约定、类库、如何来对系统进行维护操作和相应的维护实用工具等。

6. 设计约束

设计约束代表已经批准并必须遵循的设计决定,其中包括软件开发流程、开发工具、系统构架、编程语言、第三方构件类库、运行平台和数据库系统等。

(六)词汇表

词汇表主要用于定义项目特定的术语,它有助于开发人员对项目中所用的术语有统一的理解和使用,它也是后续阶段中进行对象抽象的基础。

小　　结

UML 建模方法是目前最流行的软件建模方法。采用该方法进行需求建模,可以从需求分析顺利过渡到软件设计、编码和测试等软件工程活动。

UML 采用静态模型、动态模型和功能模型描述系统需求的方方面面。其中,类图是静态建模的主要手段,通过对现实世界的人、物、系统、组织等对象进行抽象,形成需求中的概念,同时描述这些概念的相互关系。活动图、状态图和时序图描述人机交互的动态行为,通过这种动态模型分析可以捕捉复杂系统接口和软件需求的细节。UML 采用用例图分析系统的功能需求,从使用者角度描述系统提供何种功能服务,以事件流方式描述使用这些功能的详细情景。

需求分析可以先从用例模型入手,描述系统的功能需求;从情景描述文档中识别对象,建立静态模型;再针对每个用例,通过动态模型分析,描述系统的行为,完善静态模型,得到一个系统的完整需求模型。当然,如果前期的需求获取已有一定的基础,即得到了初始需求分析文档,则也可以先从需求规格说明书中识别对象、建立类图,然后再通过功能分析和行为分析完善类图。

思 考 题

1.下面是一个图书馆支持系统的介绍:

这是一个图书馆支持系统。图书管理员在该软件系统的支持下方便地与读者打交道。图书按性质分为图书和杂志两种,它们的借阅政策(如借阅时间长短)是不同的。图书馆将图书和杂志借给借书者。所有借书者已经预先注册,所有的图书和杂志也预先注册。图书馆负责新书的购买。每一本图书可以购进多本,当旧书超期或破旧不堪时,要从图书馆去掉。借阅人可以预订当前已借出的图书和杂志。这样,当他所预订的图书或杂志归还或新购进时,图书馆就可以尽快地通知预订人。当预订了某书的借书者借阅了该书后,预订就自动取消或通过手工方式取消预订。在该软件系统的支持下还能够方便地建立、修改和删除标题、借者、借阅信息和预订信息。

试通过以上文字描述,寻找系统的初始对象名词清单。

2.以下是一个楼宇电梯系统的介绍:

除第一层外,各楼层需设置两个按钮↑(UP)和↓(DOWN)(第一层只设置↑)和一个显示电梯所在楼层的指示灯(INDICATION)。按钮↑(UP)和↓(DOWN)的功能描述为:当电梯处于静止态时,即没有任何任务未完成(假设正停在第 A 层),则当乘客按下第 B 层↑或↓按钮后,若 B＝A,则打开电梯门,让用户进入电梯,当用户按下楼层按键后,相应转入上升态或下降态;若 B<>A,则电梯向第 B 层运动,相应地转入上升态(B>A)或下降态(B<A),若到达第 B 层前,没有其他用户要求,则在电梯停在第 B 层后,按 B＝A 的情况处理;楼层指示灯(INDICATION)显示当前电梯所在楼层;电梯有三个状态:上升态,下降态,停止态。当电梯处于上升状态时,只有完成沿途所有上升请求后,才能转入下降态;对下降态的处理与此相同;当没用户请求时,电梯处于最后一次请求处理完后的位置。电梯内需设置如下几个按钮:开门(OPEN),关门(CLOSE),楼层按钮(假设为 1…15),超重指示灯,紧急报警按钮(EAERGENCY),另外需设置一个专业维修人员才能开启的控制锁(CONTROL LOCK)……(此后没有出现新的名字)。

试通过以上文字描述,寻找系统的初始对象名词清单。

3.如果在图书馆系统中每一本书都贴一个有颜色的带子,表示借阅政策不同(如红带子表示只能借 2 周,而蓝带子可以借 8 周,白带子可以借半年),则开始设计的对象模型如图 7-38 所示。

试对该模型进行优化处理,并阐述优化的理由。

```
Book
 is BlueBanded
 is RedBanded
 is WhiteBanded
 period Of borrowing
 title
 keywords
```

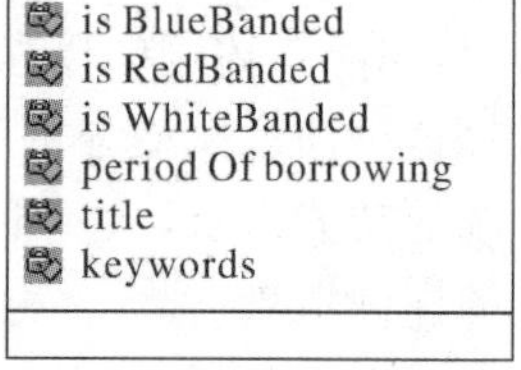

图 7-38 对象模型

4.根据你的生活经验画出以下对象的关系模型,并用文字解释你的模型表达的含义:学校、草场、校长、教室、书本、学生、教师、食堂、休息室、课桌、椅子、计算机。

5. 为下列需求描述语句设计概念模型:
(1)老师要求某个学生完成给定的作业;
(2)学生要求某个老师提供某个问题解决方案;
(3)教学秘书要求某个老师上某门课程。

6. 图 7-39 是一个打扑克牌游戏的计算机程序部分对象模型。玩家在屏幕上打完牌以后可以看到一副完整的牌的分布情况,也可以在打牌的过程中看到手中的一副牌、(别人)打出的一副牌以及垫出的一副牌。每张牌有花色大小区分。根据需求,要对系统添加以下操作:显示、洗牌、发牌、计分器清零、分类排序、插入、删除、大牌得分、(上一轮牌赢家)出牌和垫牌。试为各对象安排职责,并用时序图描述某一轮牌中各对象交互的情景细节。

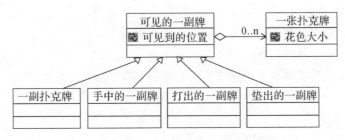

图 7-39 打扑克牌游戏的计算机程序部分对象模型

7. 哲学家问题描述如下:在一个圆桌边有 5 个哲学家和 5 把叉子。每个哲学家可以取到其左右两边的叉子。每把叉子可以由两个哲学家所共享,但不能同时使用,即每把叉子或者在桌上空闲,或者已经被一个哲学家使用。哲学家必须同时拿到其左右两旁的叉子才能吃饭。试设计该问题的对象模型。

8. 图 7-40 是一个运动项目预赛打分系统不完整的对象模型。该系统用于简化运动比赛的时间安排和记分。系统中有若干比赛项目和一些参赛者。每个参赛者可以参加几个项目,每个比赛项目也允许多名参赛者。一个比赛项目有多名裁判,负责对该项目所有参赛者进行评判打分。在某些情况下,一个裁判可以在几个项目中打分。比赛的焦点是预赛。预赛是参赛者在一个项目中希望取得好成绩的第一步。该模型反映了预赛记分处理的部分需求和设计信息,但它是一个不完全的模型,试通过增加重数、角色以及各对象的主要职责,并指定访问方向,使得该模型成为一个较为完整的模型。

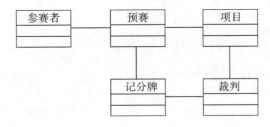

图 7-40 不完整的打分系统对象模型

9. 在第 8 题中添加一个关联,使得在不修改预赛类的情况下能够直接判定参赛者打算参加什么项目。

10. 将地址、年龄、日期、难度系数、姓名、名称、得分作为数性加到第 8 题的模型中去。

11. 小李经常与朋友一起到羽毛球馆打球。他和同伴先要向球馆的管理员出示会员卡，管理员检验两个人的会员卡以后，为他们制定一个空闲场地，并限定时间为 2 小时。有时，小李忘记带球牌和球。那么，他就必须向管理员租球牌和买球。时间一到，管理员就会来催他们赶紧收拾东西离开。试用时序图模型描述以上情景。

12. 一个汽车销售公司主动为顾客办理汽车贷款业务。他们建立顾客档案，包含姓名、年龄、身份证号码、地址以及工作单位等信息。在与顾客协商以后确定办理贷款的银行，这时他们必须记下银行名称、银行编号等信息，同时建立一个顾客贷款档案，包含信息为车辆 ID、顾客类型、顾客 ID、银行账号、银行 ID、贷款利率和当前利率。在购得汽车后，还必须为每个汽车建立一个档案，信息包括车主 ID、车辆 ID、车主类型、车型。试为该业务设计一个对象模型，描述对象之间的关联关系和对象拥有的属性。

13. 下面设计一个象棋对弈游戏。其需求陈述如下：象棋对弈游戏者为两人，分别为红方和黑方，棋盘由九道竖线和十道横线交叉组成，构成九十个交叉点，棋盘中间没有划通直线的地方，叫作"河界"，划有交叉线的地方，叫作"九宫"。棋子共三十二枚，红黑双方各十六枚，棋子分七种，包括帅（将）一个，车、马、炮、相（象）、士各两个，兵（卒）五个。每类棋子都有自己的行棋规则（略）。棋子只能落在棋盘的横线和竖线的交点上。在对局时，由执红棋的一方先走，双方交替走棋，每次只能走一着，直至分出胜负或走成和棋为止，一局棋结束。轮到走棋的一方，将某个棋子从一个交叉点到另一个空着的交叉点，或者吃掉对方的棋子而占领交叉点，都算走了一着。双方各走了一着，称为一个回合。在游戏过程中，如果双方同意或者一方投降，可以随时结束本次游戏重新开局。在游戏过程中，系统充当裁判角色，判定每一步行棋的规则和双方的胜负。

(1) 根据上述需求描述，找出系统中的角色。

(2) 分析系统用例。

(3) 只考虑棋子的绘制和行棋规则，抽象出棋子类的超类及类的层次结构；找出棋子类的主要属性和方法。

(4) 从上述需求描述中找出可能的对象。

(5) 请考虑判定双方胜负的职责应该归属于哪个类比较合适，是否可以放在其他类中？

(6) 行棋规则的判断应该归属于哪个类比较合适？在规则判断过程中还需要和哪些其他的类交互？

(7) 建立系统完整的对象模型。

(8) 分析每个棋子有几种状态，建立其状态图。

(9) 根据对象模型设计一个可行的实现方案。

(10) 使用 Java 或其他语言实现一个简单的对弈游戏。

14. 在上述系统中，如果系统调整为通过网络进行对弈，需要增加哪些新的对象？原有对象需要做些什么修改？请画出新的对象模型。

15. 在上述系统中，现在需要将每局游戏情况进行记录，以便于游戏中间随时保存，下次可以继续游戏，或者在每次游戏结束后进行回放。需要增加哪些新的对象？原有对象需要做些什么修改？请画出新的对象模型。

第八章 美国国防部体系结构分析方法(DoDAF 2.0)

第一节 美国国防部体系结构概述

DoDAF 是指,为满足特定的国防部目的,将有关操作和解决方案的体系结构概念、原则、假设和术语组织成有意义的模式。DoDAF 就有关沟通业务、任务要求和能力向管理者、架构师、分析人员和开发人员提供指南、原则和方向,这些人员负责开发和构建必要的服务、应用程序和基础设施来满足利益相关方要求,实现他们的期望。通过构建并使用体系结构、体系结构框架支撑组织机构上的变革:

(1)深化对重用现有信息资产的认识和机遇,加快决策制定过程;
(2)满足利益相关方、主顾和客户对有效和高效过程、系统、服务和资源配置的要求;
(3)提供管理企业当前状态的配置和维护期望性能的有效性的机制;
(4)促进企业未来状态的设计;
(5)为开发中的解决方案确立基线体系结构。

DoDAF 2.0 中提供的实例大部分集中在国防部的主要变革领域,包括联合能力集成和开发系统(JCIDS),国防采办系统(DAS),系统工程(SE),规划、计划、预算和执行过程(PPBE)及组合管理(pmi)。这些主要流程在各军种、各部局、联合参谋部以及其他的国防部职能部门引起了深远的变革。利用 DoDAF 中的指导方针进行体系结构开发,展示了通过基于体系结构的方法来实施变更和归档变更的进程:

(1)界定并记录范围和边界;
(2)记录最佳实践;
(3)规定并描述一般性能度量;
(4)记录并描述管理评审和审批的可能解决方案。

组成信息的数据是体系结构开发的关键要素。DoDAF 2.0 提供了供数据管理者、工具商和其他人使用的 DM2 中的 PES、CDM、LDM,以促进确立讨论领域和通用的词汇,支撑数据的叠置分析,定义并鼓励共享信息的使用,提供体系结构数据集成的目标。

DoDAF 框架与美国国防部政策法规保持一致,并支撑这些政策法规。这些政策法规要求计划及其要素:①确保其体系结构满足既定的目标和国防部的需求;②提供必要的信息来支撑高层的决策。这些政策法规还要求一个层级内跨横向体系结构边界的一致性。其中包含的指导方针和信息还确保当体系结构开发遵循这些法规政策时,能与管理和预算办公室(OMB)的企业体系结构指南一致。

DoDAF新版本在多层环境中开发联邦体系结构(见第四章第三节)来支撑国防部的选择。为了实现联邦并推动分层职责和责任机制,本框架提供了数据结构,以确保在适当的跨体系结构边界的接触点可以比较一致性。使用这些数据结构可以确保高层以支撑决策要求的形式获取低层数据。本框架还包括对架构师的帮助,支撑在他们的体系结构设计中体现网络中心性和定义用于管理网络中心化体系结构的(数据)结构。

DoDAF 2.0还促进基于SOA的体系结构的创建,基于SOA的体系结构专门根据服务来定义解决方案。在执行国防部的或联合的功能和需求时,这些服务可以被发现、被订阅、被使用。

第二节 美国国防部体系结构描述框架

一、多视图的描述框架

DoDAF 2.0是围绕数据、模型和视图来组织的。这种方法适用于多个国防部程序,如业务转型(BT)、JCJDS以及对国防部具有重要影响的其他重要功能,它们需要多种客户视图。这些视图使用基于授权数据的信息,远远超越了DoDAF前几版中的操作、系统和技术视图,与DoD指令4630.8的集成体系结构的要求一致。这些视图以模型为基础,模型是依据第二卷介绍的数据分类采集特定数据的模板,此外,这些可能是用户定义的视图更清晰地解释了特定数据。用体系结构数据组装起来的模型就称为视图。定制的视图可以使包含在体系结构中的信息用来沟通不同职能机构中的利益相关方,并为各利益相关方所理解。依据前几版DoDAF开发的具有视图用途的产品,可以继续使用,并得到DoDAF 2.0的继续支持。

(1)模型是采集数据用的模板。

(2)视图是使用格式或模型表示的一组相关信息。DoDAF 2.0中描述的视图,是以任意一种可理解的格式表示数据。格式包括能传达数据含义的任一表示形式(例如控制面板、电子数据表、图表、数据模型等)。

(3)视图描述了来自一个或多个视点并以一种对决策管理有用的特定方式组织的数据。值得一提的是,视图定义包括特定视图中应该显示的信息,如何构建和使用视图(通过适当的图式或模板),表达和分析信息的建模技术,以及这些选择的原因(例如通过描述该视图的用途和针对对象)。

(4)2007年7月15日的ISO 42010将体系结构描述定义为"用来归档体系结构的产品集"。对DoDAF 2.0来说,体系结构描述的定义是"用来归档体系结构的视图集"。

以上定义来自有关体系结构描述和定义的国际标准,但DoDAF并不完全符合这些文档的要求,主要是由于国防部定义的体系结构描述的视点很广。DoDAF开发的目标是追求一致性并经过一段时间达到一致性。

二、视图组成

体系结构视图是一组经过选择的体系结构数据,这些数据以可理解的方式组织起来,促进直观性。体系结构描述的直观性可以采用多种形式,例如控制面板、融合式、文本、组合式或图形,它们代表在体系结构描述的开发过程中采集的数据及其导出信息。视图仅是体系结构数据的部分表示,类似于一张照片只能在这幅图片中提供物体的一个视图,并不能代表物体的全貌。图8-1就是DoDAF 2.0中体系结构各视角的框架图。

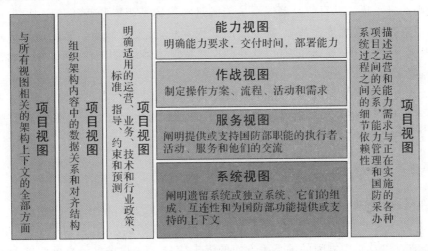

图8-1　DoDAF 2.0视图组成

(1)全视角。与所有视图相关的体系结构描述的顶层概貌。全视角(AV)模型提供有关体系结构描述的总体信息,诸如体系结构描述的范围和背景。范围包括体系结构描述的主题领域和时间框架。体系结构描述所处的背景由构成体系结构描述背景的相互关联的各种条件组成,包括条令、战术、技术和程序,相关目标和构想的阐述,作战概念(CONOPS),想定和环境条件。

(2)能力视角。能力视角(CV)集中反映了与整体构想相关的企业目标,这些构想指在特定标准和条件下进行特定的行动过程或达成期望效果的能力,它们综合使用各种手段和方式来完成一组任务。它为体系结构描述中阐述的能力提供了战略背景和相应的高层范围,比操作概念图中定义的基于想定的范围更全面。这些模型是高层的,用决策者易于理解并用于沟通能力演进方面战略构想的术语来描述能力。

(3)数据和信息视角。数据和信息视角(DIV)集中反映了体系结构描述中的业务信息需求和结构化的业务流程规则。它描述体系结构描述中与信息交换相关的信息,诸如属性、特征和相互关系。数据在第二卷中有详细描述。必要时,本视角模型中用到的数据需要由多个利益共同体来一道考虑。

(4)作战视角。作战视角(OV)集中反映了完成DoD使命的机构、任务或执行的行动以及彼此间必须交换的信息。它传达的是信息交换的种类、交换的频率,信息交换支持哪些任务和活动以及信息交换的性质。

(5)项目视角。项目视角(PV)集中反映了项目是如何有机地组织成一个采购项目的有序组合。它提供了描述多个采购项目之间关联关系的方法，每一种采购项目都负责交付特定系统或能力。

(6)服务视角。服务视角(SvcV)集中反映了为操作行动提供支撑的系统、服务和相互交织的功能。DoD流程包括操作、业务、情报和基础设施功能。SvcV功能和服务资源及要素可以链接到OV中的体系结构数据。这些系统功能和服务资源支撑操作行动，并促进信息交换。

(7)标准视角。标准视角(StdV)是用来管理系统各组成部分要素的编排、交互和相互依赖的规则的最小集。其目的是确保系统能满足特定的一组操作需求。StdV提供技术系统的实施指南，以工程规范为基础，确立通用的积木块，开发产品线。它包括一系列技术标准、执行惯例、标准选项、规则和规范，这些标准在特定体系结构描述中可以组成管控系统和系统/服务要素的文件(profile)。

(8)系统视角。系统视角(SV)集中反映支持操作行动中的支撑自动化系统、相互交织性和其他系统功能的信息。随着时间的流逝，国防部对面向服务的环境和云计算的重视也许会导致系统视角的消失。

三、需求产品组成

(一)军事需求视角

军事需求视图主要描述军事决策人员对作战任务、作战活动、作战时序、作战规则、指挥体制、作战节点以及它们之间的关系等方面的需求信息。这些需求信息可归纳为六个需求产品：使命任务(简称MV-1)、作战构想(简称MV-2)、作战活动(简称MV-3)、作战时序(简称MV-4)、指挥体制(简称MV-5)、作战节点(简称MV-6)，见表8-1，这些产品描述的信息都是军事决策人员从作战指挥的角度对指挥信息系统提出的需求。

表8-1 军事需求模型描述

模型	描述
MV-1 使命任务	军事决策人员对所要完成的使命、达成的战略目标及其任务的要求，主要描述指挥信息系统需要达到什么战略目标、完成的使命任务是什么以及各项使命需要完成的任务集合
MV-2 作战构想	在一定作战环境和背景下，系统完成特定任务的作战样式，主要包括完成什么任务、由谁完成任务、在什么位置利用什么资源完成任务、完成任务达到的目的以及相互之间的指挥协同关系等内容，提供实施作战任务的高层次构想
MV-3 作战活动	军事决策人员对如何完成作战任务的要求，主要描述为完成作战任务应该如何执行作战活动，包括作战活动之间的层次分解关系以及活动之间的信息交换关系
MV-4 作战时序	军事决策人员对作战节点执行作战活动在时间上的要求，主要描述在各种特定作战场景下，各作战节点之间事件交换的时间顺序以及作战活动执行的顺序

续表

模 型	描 述
MV-5 指挥体制	军事决策人员对作战活动执行组织的要求,主要描述指挥信息系统中各项作战活动的执行组织以及组织之间的各种关系,包括静态编成关系、隶属关系、指挥关系、协同关系等内容,这些组织被分配到各个作战节点上执行相应的活动
MV-6 作战节点	军事决策人员对作战活动的执行者及其位置的要求,主要描述作战活动由谁执行、在什么位置执行等,如作战部队、武器平台及其地理分布等情况的描述,或者是如何将作战活动分配到作战节点上进行执行,还包括作战节点的层次分解关系、作战节点执行的作战活动,以及作战节点之间的信息交换关系等

(二)能力视角

在 DoDAF 2.0 中引入了能力视角和该视角中的 DoDAF 模型,用于解决能力组合管理者所关注的问题。能力模型描述还专门描述了能力的分类和能力的演化。

国防部逐渐使用增量采办方法来管理复杂采购问题所带来的风险。因此,有必要提供处于不断演化中的能力的可视化方法,这样,组合管理者能够在整个项目组合范围内同步引入能力增长。DoDAF 中的能力模型是基于组合管理者所用的计划和能力信息的,捕捉相互依赖的项目和能力之间日益复杂的关系。表 8-2 为能力模型描述。

表 8-2 能力模型描述

模 型	描 述
CV-1 构想	转型努力的整体构想,为所描述的能力提供了战略背景和高层视野
CV-2 能力分类法	能力的层次结构,规范了一个或多个体系结构描述中引用到的所有能力
CV-3 能力分段	在不同的时间点或特定时间段内计划达到的能力。CV-3 用行动、条件、预期效果、遵从规则、资源消耗与产出、度量来表现能力阶段状态,而与执行者和区域位置解决方案无关
CV-4 能力依赖	已列入计划的能力与能力逻辑分组的定义之间的依赖关系
CV-5 能力映射到组织开发	能力需求的完成为一个特定的能力阶段展现计划的能力部署及其互连。CV-5 按照执行者、区域位置和与其相关联的概念来展现某一阶段的计划解决方案
CV-6 能力映射到作战活动	所需能力与这些能力所支持的作战行动之间的映射
CV-7 能力映射到服务	能力与其职能服务之间的映射

设立能力视角的另一个理由是国防部转型计划的重要性日益凸显[如全球交换(GEX),国防采办倡议(DAI)等]。这些类型的项目聚焦于能力的交付,而不必从项目管理方面的标准,相对于聚焦的能力交付,更倾向于利益驱动。这些转型计划的能力检查及它们之间的相互依赖关系为国防部企业体系结构提供了一种潜在强力的工具。

(三)数据和信息视角

DoDAF模型的数据和信息视角提供了一种手段,用以描述作战和业务信息需求以及其中管理的规则,这些规则是组织机构业务活动的约束。从国防部内部众多企业体系结构构建过程中获得了经验,可以用于识别多个抽象层次,那些层次对精确沟通组织或企业的信息需求是必要的。适用于一个给定体系结构的抽象层次级别由体系结构的用途和用户决定。需要时,该视角采集的数据需要由各个COI来考虑。

DoDAF 2.0糅合了概念层、逻辑层和物理层三个抽象层,这些抽象层与支持作战或业务的多数数据模型的不同的层次相关,见表8-3。

表8-3 数据和信息模型描述

模型	描述
DIV-1 概念数据模型	所需高层数据概念以及它们之间的关系
DIV-2 逻辑数据模型	数据需求和结构化业务过程(活动)规则的文档。在DoDAF 1.5中,它是OV-7
DIV-3 物理数据模型	逻辑数据模型实体的物理实现格式,例如,消息格式、文件结构、物理模式等。在DoDAF 1.5中,它是SV-11

DIV-1中的信息表示与DIV-2中的数据相比,或者相同,或者后者对前者进行了分解,或者前者是后者的重要因素。DIV-1信息表示详细的程度范围,包括概念列表、结构列表(即整体一部分,超-子类型)和内部关联的概念。在DIV-1层,任何关系都只做到简单声明,然后在DIV-2中进行相应的明确。类似的,在DIV-2层中加入了属性(或附加的关系)。

(四)作战视角

作战视角DoDAF模型描述了指导作战所需的任务和活动、作战要素以及资源流交换,一个单纯的作战模型在物质上是独立的。但是,不同的作战和它们之间的关系可能被新的技术影响,如协同技术,其中,过程的进步实际上先于政策反映了新的规程。同样,在某些情况下,有必要用文档记录活动执行的方式,给出当前系统的约束条件,并且检验新系统促进多个活动流水作业的方法。在这种情况下,作战模型可能有物资方面的约束和需求需要解决。因此,有必要包含一些高层次的系统体系结构数据,以增加作战模型的信息量。作战模型的描述见表8-4。

使用作战视角的DoDAF模型应该提高需求定义的质量,主要通过如下途径:

(1)明确用户在策略层面的能力需求,在能力边界方面达成初步一致。

(2)提供一种经过验证的业务/作战参考模型,能够通过它评估需求定义的完备性(可视化辅助验证)。

(3)对于一个经过验证的业务或作战活动,应该明确地将其与具体功能需求联系起来。

(4)用一致的方式和真正能够反映用户协同需求的方法,捕捉与信息相关的要求(不仅仅指信息交换要求)。

(5)为测试与用户需求相关联的场景提供基础。

(6)捕捉过程工程或过程再建工程的活动。

第八章 美国国防部体系结构分析方法(DoDAF 2.0)

表 8-4 作战模型描述

模 型	描 述
OV-1(作战视角-1):高级作战概念图	对高层次作战概念的图形/文本描述
OV-2:作战资源流描述	对作战活动向的资源交换流的描述
OV-3:作战资源流矩阵	对所交换的资源及该交换相关属性的描述
OV-4:组织关系图	组织背景、角色以及组织间的其他关系
OV-5a:作战活动分解树	以层次结构组织的能力和活动(作战活动)
OV-5b:作战活动模型	能力和活动(作战活动)的背景以及它们与活动、输入和输出间的关系;附加数据可以给出代价、执行者或其他相关信息
OV-6a:作战规则模型	用于描述活动(作战活动)的三模型之一。它标识了约束作战的业务规则
OV-6b:状态转移描述	用于描述活动(作战活动)的三模型之一。它标识了与事件(通常是很短的活动)相应的业务过程(活动)
OV-6c:事件追踪描述	用于描述活动(作战活动)的三模型之一。它追踪一个场景或者一系列事件中的各种行动

(五)项目视角

项目视角 DoDAF 模型描述了计划、项目、组合和初始行为是如何提供能力的,以及组织机构为其做了哪些贡献,它们之间的依赖关系如何。DoDAF 的早期版本采用了传统的体系结构模型,认为计划和项目的描述超出了所要考虑的范围。为了弥补这一点,多种不同的 DoDAF 模型表示了系统、技术和标准的演化,例如,系统和服务的演化描述、系统技术的预测及技术标准的预测。

项目模型(组织的和面向项目的)与更传统的体系架构模型之间的综合集成,是基于 DoDAF 2.0 版本的企业体系架构描述的特征。项目模型描述见表 8-5。通过纳入关于计划、项目、组合或者初期等方面的信息,并将这些信息关联到能力和其他计划、项目、组合或者初期上,项目模型扩展了 DoDAF 的可用性,从而扩大了 DoDAF 对组合管理(PfM)过程的支持。基于流程主管的需求,不同层次的成本数据均可展现在体系架构之中。例如,一项工作的细分结构可以用一个甘特图来描绘。

表 8-5 项目模型描述

模 型	描 述
PV-1:项目组合关系	描述了组织和项目之间的依赖关系,以及管理一组项目所需的组织结构
PV-2:项目时间进度表	规划或项目的时间进度表,它给出了关键的里程碑和相互之间的依赖关系
PV-3:项目映射到能力	从规划和项目到能力的映射,以说明如何通过特定的项目或者规划要素实现某种能力

(六) 服务视角

DoDAF 在服务视角中定义的模型描述了各类服务及彼此间的相互联系,为 DoD 功能提供支撑。DoD 功能包括作战和业务功能。服务资源用以支撑作战活动和方便信息交换,服务模型将这些资源与作战和能力需求关联起来。因为获取和部署了服务以支撑组织机构的运作和能力,所以从服务视角到作战视角和能力视角,体系结构数据要素之间的关系都能用实例来说明。作战视角和服务视角中的结构模型与行为模型使得架构师和利益相关者能够针对每一可选规范,快速确定哪些功能由人来完成、哪些功能由服务来完成,然后进行风险、成本、可靠性的度量。服务模型描述见表 8-6。

表 8-6 服务模型描述

模 型	描 述
SvcV-1 服务环境描述	对服务、服务项及其互连的标识
SvcV-2 服务资源流描述	描述服务间交换的资源流
SvcV-3a 系统—服务矩阵	给定的体系结构描述内,系统和服务之间的相互关系
SvcV-3b 服务—服务矩阵	在给定的体系结构描述下服务之间的关系。可以设计来说明利益关系(如,服务—类型接口,是列入规划的还是已有的接口)
SvcV-4 服务功能描述	由服务执行的功能和服务功能(活动)之间的服务数据流
SvcV-5 作战活动—服务可追踪性矩阵	从服务(活动)追溯到作战活动(活动)的映射
SvcV-6 服务资源流矩阵	对服务间交换的服务资源流元素以及该交换的属性进行的详细描述
SvcV-7 服务度量矩阵	服务模型元素在适当时间段内的度量
SvcV-8 服务演化描述	有计划地逐步将一组服务发展为更高效的服务或者使当前服务逐渐适应未来需要
SvcV-9 服务技术和技能预告	在给定时间段将要面世应用的,而且会影响未来服务开发的新兴技术、软硬/件产品及技能
SvcV-10a 服务规则模型	描述服务功能性的三个模型之一,标识了由于系统设计或实现的某些因素而对系统功能造成的限制
SvcV-10b 服务状态转移描述	描述服务功能性的三个模型之一,用于识别服务对事件的响应
SvcV-10c 服务事件追踪描述	描述服务功能性的三个模型之一,针对作战视角中所述关键事件序列,标示出特定服务

服务并不局限于内部系统功能,也包括人机界面(HCI)和图形用户界面(GUI)功能,以及为与服务交互而使用或生成服务数据的功能。外部的服务数据提供者和使用者可以用来表示人与服务的交互。

(七)标准视角

标准视角的 DoDAF 模型是用来管理结构性描述中各部分或各元素之间的排序、交互作用、依赖关系的一组规则集。这些规则集能够从企业级中获取并且适用于每个解决方案,每个解决方案的结构性描述只指明了和体系结构描述有关的规则。其目的是确保一个解决方案能够满足特定的业务或者性能需求的集合。标准模型能够适用于学术的、作战的、业务的、技术的或者工业的应用的基于项目规范的指导方针,普通模块已经制定完成,解决方案也已经公布。这其中包含了学术的、作战的、业务的、技术的或者工业的标准,标准选项、规则、在给定的体系结构中管理解决方案元素的框架中提及的相关标准。当前的 DoD 指导方针要求模型的技术标准部分从 DISR 中产生,从而可以确定的最小集和所有产生、使用和交换信息的 DoD 系统的指导方针。标准模型描述见表 8-7。

表 8-7 标准模型描述

模 型	描 述
StdV-1 标准概览	应用于解决方案的标准的列表
StdV-2 标准预测	现有的标准和对当前解决方案元素产生的潜在影响

(八)系统视角

系统视角中的 DoDAF 模型描述提供或支持 DoD 功能的系统和相互关系。DoD 功能包括作战功能和业务功能。系统模型将系统资源和作战与能力需求关联起来。系统资源支持着作战活动并促进信息交换。DoDAF 系统模型能够支持在役系统。随着体系结构的更新,体系结构将从系统向服务转变并使用服务视角的模型。系统模型描述见表 8-8。

表 8-8 系统模型描述

模 型	描 述
SV-1 系统界面描述	系统、系统条目和相互联系的说明
SV-2 系统资源流描述	系统之间的资源流的描述
SV-3 系统—系统矩阵	在给定系统结构描述中的系统之间关系。它能被设计用于展现关注对象的相互关系(如系统-类型界面、已计划的界面对比现有接口)
SV-4 系统功能性描述	系统执行的功能(活动)和系统功能(活动)间的数据流
SV-5a 作战活动至系统功能追溯矩阵	系统功能(活动)反向到作战活动的映射
SV-5b 作战活动至系统追溯矩阵	系统反向到能力或作战活动的映射
SV-6 系统资源流矩阵	提供在系统间被交换的系统资源流元素的细节和交换的属性
SV-7 系统度量矩阵	针对合适时间框架的系统模型元素的度量(公制)
SV-8 系统演化描述	从一套系统向另一套更高效系统迁移的已规划步骤,或是当前系统向未来系统演变的已计划步骤

续表

模 型	描 述
SV-9 系统技术和技能预测	在一组时间框架预期投入使用以及将影响未来系统开发的新兴技术、软件/硬件产品和技能
SV-10a 系统规则模型	描述系统功能的三个模型之一。它标识了由于系统设计和实现方面原因作用于系统功能设计和实现的约束
SV-10b 系统状态转移描述	描述系统功能的三个模型之一。它标识了系统对事件的响应
SV-10c 系统事件轨迹描述	描述系统功能的三个模型之一。它以精练的序列方式标识了特定系统在作战视角中描述的事件

第三节 指挥信息系统需求描述方法

虽然信息是企业体系结构的生命血液,但当以原始的格式进行表示时,它可能会令决策者不知所措。同样,为了创建能在组织机构间共享的体系结构描述,对企业体系结构信息进行建模的结构化方法论是既必要又有用的。然而,许多"传统的"的体系结构产品因为格式的原因并不实用,仅对经过培训的架构师有用。许多组织机构开发了一种托管的体系结构,但却使其成为昂贵的闲置品,而不是使用它来传递重要的、准确的和相关的信息给需要的利益相关方。架构师必须能以一种有意义的方式将体系结构信息传递给流程主管和其他利益相关方,否则企业体系结构学科将会很快夭折。

体系结构相关数据采集的结果需要以适当的方式表示给各级非技术的高级执行主管和管理者。许多管理者是熟练的决策者,但没有受过体系结构描述开发方面的技术培训。由于体系结构描述开发工作是被设计用来为决策过程提供输入的,对所需数据的图形化表示就成为整个过程合乎逻辑的扩展。本章描述了这些图形化的表示方法(架构师把它们称为模型或视图)。

这里描述的表示技术和最佳实践,其开发思想是:为支持用户的通用需求所捕获的组织机构体系结构内部和外部业务信息,能以提高清晰度和可理解性、促进决策的方式呈现出来。这通常意味着必须将复杂的技术信息"翻译"成一种对管理层有用的表示形式。为通过图形的、表格的或文本的手段来呈现、理解和吸收体系结构描述所包含的众多复杂内容,DoDAF 定义了一组产品。

一、军事需求视图产品的描述方法

(一) MV-1:使命任务需求产品

使命任务需求产品提供了指挥信息系统需要支持的使命列表,完成特定使命的基本任务以及任务的层次分解关系等。由于指挥信息系统可能需要履行多个使命,每个使命都可以分解为多个基本任务,所以可能需要描述多个使命任务的分解关系图。

使命分解为基本任务以及任务的分解关系应该遵循一定的规范和约束,例如美国国防部发布的通用联合任务清单就可以作为美军进行任务分解的参考依据。使命基本任务只是完成使命的作战任务最小子集,军事决策人员还可以根据特定的目的和需要,添加支持使命完成的扩展任务。

使命任务需求产品需要描述的需求要素包括使命和任务,同时还需要描述作战任务之间的关系,这些内容通常采用层次化的树状图进行描述,也可以采用面向对象的描述方法。两种描述方式都需要通过文字进行补充说明。例如,使命和任务的属性一般都是通过文字进行描述。使命任务需求产品的规范化图形描述模板如图8-2所示,树状图的顶层结点表示使命,第二级节点表示完成使命的基本任务和扩展任务,第三级以下节点表示作战任务的进一步分解。

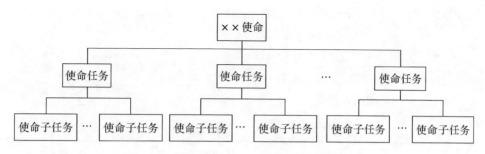

图8-2 使命任务需求产品的图形化描述模板

使命任务需求产品的面向对象描述方法可以采用UML的类图进行描述,用新的构造型"使命"和"作战任务"扩展对象类,表示特定概念的语义;用包含关系表示使命任务的分解。作战任务的细节,如任务的编号、名称、指标等,描述为"作战任务"类的属性(类型为文本型)。描述模板具体如图8-3所示,其中图8-3(a)为作战任务属性,图8-3(b)为作战任务的组成关系。

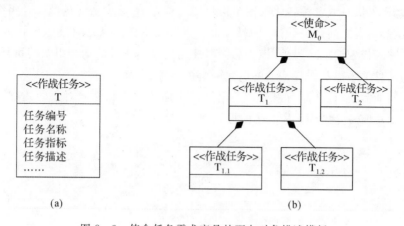

图8-3 使命任务需求产品的面向对象描述模板

(二)MV-2:作战构想需求产品

作战构想图提供了指挥信息系统完成什么任务以及如何完成任务的图形化描述。作战构想图直观表达了遂行使命任务的一个典型场景,等同于美国国防部体系结构(DoDAF)的产品 OV-1。

作战构想需求产品需要描述的核心数据要素主要包括作战态势、作战实体(节点)、地理位置、关键资源、目标和通信方式等。在产品中不需要对这些要素进行详细描述,而是应该提供高层次的描述,抽象的层次要以满足作战构想的描述为目的。地理位置反映作战任务发生的时空地域和地形地貌,通常采用普通的位图或者矢量地图进行表现。为了表现更加直观的显示效果,也可以采用三维地图或者具有三维效果的位图表示位置。作战实体或作战节点表示完成任务的指挥机构、作战部队或友邻部队等,关键资源表示完成任务所需要的武器平台、信息系统以及物资等,目标表示武器平台所要打击或保护的对象。组织、资源或者目标都可以用图标、军标或图形进行表示。另外,该产品还需要描述需求要素之间的关系,如组织之间的指挥关系、武器单元的运动轨迹等,一般采用线条进行表示。

图 8-4 是一个防空反导作战构想的样例模型,主要说明了弹道导弹在上升段、中段以及末段如何进行拦截的作战构想。

(三) MV-3:作战活动需求产品

作战活动需求产品将作战任务需求分为作战活动描述、活动之间的输入输出依赖关系描述和组合层次关系描述等,是对作战活动模型的静态描述。每个作战任务根据不同的需要、不同的角度可以存在多种作战活动的分解方式,而且作战活动的分解粒度也需要根据系统需求的目的和要求确定。

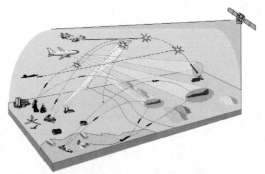

图 8-4 作战构想需求产品的描述示例

该产品需要描述的需求要素主要包括作战活动、信息、组织。作战活动由作战任务进行分解,能够将输入信息或资源转化为输出信息或资源,或者改变资源的状态。组织是作战活动的执行机构,两者之间是一种执行关系,而非拥有关系。信息是对某些事物的描述,可以作为活动的输入或者输出。另外,该产品同时还需要描述作战活动与组织的执行关系、作战活动之间的信息关系以及作战活动的层次分解关系等。

根据不同的需要,该产品可以分别采用结构化描述方法和面向对象的描述方法。结构方法主要以 IDEF0 方法为主,其描述模板如图 8-5 所示。

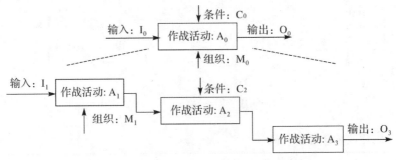

图 8-5 作战活动需求产品的结构化描述模板

作战活动用 IDEF0 的活动框表示,作战活动 A1、A2、A3 是作战活动 A0 分解的子活动。活动框的上、下、左、右的箭头分别表示作战活动的控制信息、机制信息、输入信息和输出信息,其中控制信息表示作战活动执行的条件和约束,非必须内容,机制信息用于表示执行作战活动的组织、资源等。采用 IDEF0 描述的作战活动还可以自动转换为树状图的描述,便于从整体上观察作战活动的层次关系,如图 8-6 所示。

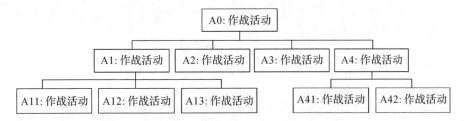

图 8-6　作战活动需求产品的树状图描述模板

作战活动需求产品的面向对象描述可以采用 UML 的用例图进行描述。此时,为用例建立一个新构造型"活动",表示每个用例代表一个活动;为用例之间关联关系建立一个新构造型"信息流",表示每个用例之间的关系是输入输出信息流依赖关系;每个参与活动的角色都是一个作战组织或节点。描述模板如图 8-7 所示。

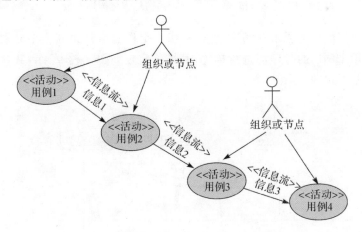

图 8-7　作战活动需求产品的面向对象描述模板

(四)MV-4:作战时序需求产品

作战时序需求产品主要描述在各种特定场景下,各作战节点之间事件交换的时间顺序以及作战活动执行的顺序。该产品通过对任务或活动执行过程的不断细化,使得事件的顺序关系、信息交换流程更加清晰、准确。

该产品描述的需求要素主要包括作战节点、事件以及时间节点等。作战节点不能在该需求产品中定义,而是引用作战节点需求产品中定义的作战节点,事件和时间节点则是在该产品中创建的需求要素。事件是事情的发生、活动的执行及其对事物状态变化产生的影响,可用于触发作战活动,也可用于表示节点之间的消息互动(称为消息事件)。时间节点用于表示事件发生的时间。该产品重点在于描述作战节点、事件和时间节点之间的关系,即某作战节点何时在事件触发下与另一个作战节点发生消息互动。

该产品可以采用事件跟踪模型和UML时序图两种描述方法,事件跟踪模型的描述模板如图8-8所示。顶端的对象是作战节点,每一个节点有一个与其相关的生命线(垂直向下)。在生命线的左侧,从上到下标注特定的时间点。生命线之间的单向箭头代表一个事件。箭头方向表示事件从一个节点到另一个节点的控制流向。事件与生命线的交点表示时间,在这些时间点上各节点产生事件。通过在生命线旁边加标注或在事件箭头上加说明,来表示时间特征或约束事件的规则。

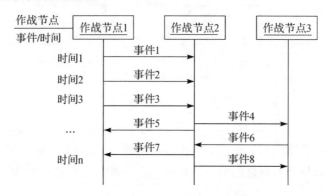

图8-8 作战活动需求产品的结构化描述模板

针对不同的使命任务要求和场景,可以采用多个作战事件跟踪模型分别进行描述。该产品也可以采用UML的时序图进行描述,其描述模板如图8-9所示,其含义与事件跟踪模型描述方法基本相同。

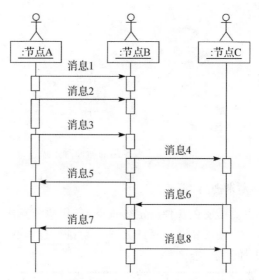

图8-9 作战活动需求产品的面向对象描述模板

(五)MV-5:指挥体制需求产品

指挥体制需求产品主要描述为保障作战任务的完成和作战活动的执行,组织机构及其指挥关系应满足的要求。根据不同的关系类型,不同级别的组织或者不同类型的组织关系可以分别采用不同的模型进行描述,而且组织机构的详细程度应该与作战活动的分解粒度保持一致。

该产品描述的需求要素主要是组织和关系。组织是为了实现特定目标而对人员和资源进行的一种实际编配。组织之间的关系可以分为三大类,一是上下级组织之间的指挥关系,例如,集团军与师之间的指挥关系;二是某级组织内部编组关系,例如,防空旅指挥所与内部编组的指挥中心、情报中心、通信中心之间的关系;三是组织机构之间为了完成特定的任务而发生的各种指挥协同关系,如保障关系、支援关系、协调配合关系等,这类关系是依赖于特定任务而动态存在的关系,随着任务的结束,相互之间的关系也随之消失。

上述三类关系一般分别采用不同的模型进行描述,指挥关系和编组关系可以采用相同的描述方法,指挥协同关系可以通过在指挥关系或编组关系的基础上添加关系线来表示。该产品可以采用结构化和面向对象两种描述方法。结构化方法以树状图为主,其描述模板如图 8-10 所示,矩形表示组织,树状图表示组织上下级的指挥关系,关系线表示组织之间的保障、协调等指挥协同关系。

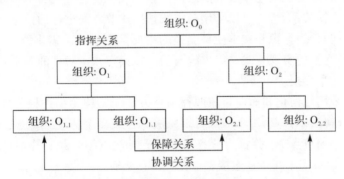

图 8-10 指挥体制需求产品的结构化描述模板

该产品的面向对象描述可以采用 UML 类图来进行,用角色表示组织,角色之间的连接线表示组织之间的关系,其表示模板如图 8-11 所示。

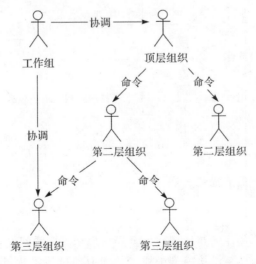

图 8-11 指挥体制需求产品的面向对象描述模板

(六) MV-6:作战节点需求产品

作战节点需求产品主要描述作战节点组成、作战节点的分解关系、作战节点执行的作战活动以及作战节点间的信息交换关系。根据作战活动的分解关系和信息关系,将作战活动进行合理规划,分配到不同的作战节点上执行。如果产生信息的活动和使用信息的活动分别由不同的作战节点完成,那么该信息流可以映射到作战节点之间的信息交换。若产生信息的活动和使用信息的活动在相同的作战节点上完成,那么该信息流不会表现为作战节点之间的信息交换关系。

该产品描述的需求要素主要包括作战节点、作战活动以及需求线,但只有作战节点是在该产品中创建的要素,作战活动和需求线均来源于作战活动需求产品。作战节点是产生、使用和处理信息的单元,通常指作战关系网络中的逻辑节点,有时也可以是通信或计算机网络中的通信节点或计算机系统。例如,指挥所、作战部队、武器平台、信息系统、单兵等都可作为作战节点。该产品还需要描述每个作战节点所执行的作战活动列表,根据作战活动与作战节点的分配关系,还需要描述作战节点之间的信息交换关系。由于两个作战节点之间一般存在多条信息交换关系,所以可以采用需求线来描述节点间进行的信息交换需求,用箭头表示信息流的方向,并用标识和文本注释交换的主要信息类型。需求线只说明信息交换的需求,不说明信息交换的实现方式。需求线与信息交换存在一对多的关系,一条需求线可以描述多个独立的信息交换。

该产品可以采用结构化和面向对象两种描述方法。结构化描述模板如图 8-12 所示。其中,节点可以分解为子节点,每个节点可以完成一个或多个活动,节点之间通过需求线描述信息交换关系。如节点 N_1 分解为节点 $N_{1.1}$ 和 $N_{1.2}$,节点 N_1 执行作战活动 A_1 和 A_2,节点 N_1 和节点 N_2 通过需求线 NL 连接表示存在信息交换。

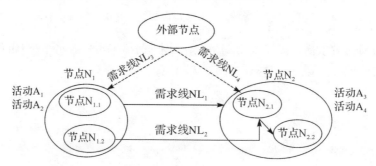

图 8-12 作战节点需求产品的结构化描述模板

该产品的面向对象描述可以采用 UML 类图来进行,用角色表示作战节点,角色之间的关联关系表示作战节点之间的需求线,其描述模板如图 8-13 所示。

二、能力需求视图产品的描述方法

(一) CV-1:构想

CV-1 用于解决企业关注的与转型努力全局构想相关联的问题,并为一组能力定义战略背景。CV-1 的目的是为体系结构模型中描述的能力提供战略背景。它也为体系结构描述提供高层视野,它比在 OV-1 中定义的基于场景想定的视野更加通用。

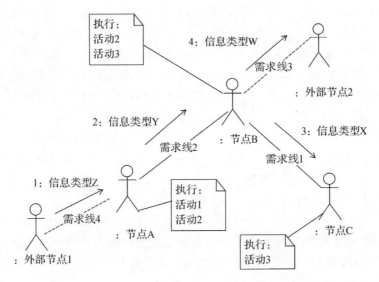

图 8-13　作战节点需求产品的面向对象描述模板

CV-1 的预期用途是沟通关于能力开发的战略构想。

详述如下:

CV-1 通过构建一个限定的时间段内的能力域,为体系结构描述中所述的一组能力定义战略背景。它描述了高层目标和战略是如何以能力相关术语来完成的。

CV-1 为转型初期提供了蓝图。CV-1 可能主要是文本描述,描述的内容是关于国防部正在进行的转型或者变革规划的顶层目标。至关重要的是识别出目标以及与这些目标相关联的期望结果和可评估收益。

(二)CV-2:能力分类法

CV-2 记录了能力分类的方法。该模型给出了能力的层次结构。可以将这些能力放在时间刻度背景中,即它能展现当前所需能力和未来能力。CV-2 规范了贯穿一个或多个体系结构用到的所有能力。此外,它能作为开发高层用例和用户需求的源头文献。

CV-2 的用法包括:

(1)能力需求的识别;

(2)能力规划(能力分类法);

(3)对所需能力元素进行编目整理;

(4)能力审计;

(5)能力差距分析;

(6)用于导出用户需求的内聚集合所需的源头;

(7)为体系结构提供参考能力。

在 CV-2 中,能力是以抽象方式描述的,即 CV-2 不指定每种能力的具体实现方法。一个 CV-2 是一种能力的层次化结构,最通用的能力作为根节点,常用的能力作为叶结点。在叶节点层,可能为能力指定度量及相关环境条件。

当在作战或系统体系结构中提及能力时，它可能是满足多个能力层次的一种特定设施、区域位置、组织机构或编配。CV-2用来捕获和组织在CV-1构想中所需的能力功能。

与AV-2综合词典相比，CV-2的结构只使用一种特定的元素关系来组织，即超－子类型，该关系类型表示两个类之间的一种具体化关系，其中第二个类是第一个类的具体化。

在DoDAF 2.0中，能力存在于一定的时空之中，也就是说，它们跨越所建模企业的整个生命周期，意在提供一种框架。这意味着开发一种适用于所有体系结构阶段的能力分类法是切实可行的。

在能力术语命名方法之外，也需要对指定能力提供适当数量的属性和度量，如所需的处理速度、能力提升的比率、最大探测范围等。这些属性和度量将与体系结构描述中使用到的能力始终保持关联，而其表达的数值可能与特定阶段相关（或者是"现在已有"值、"将来达到"的目标等）。

虽然体系结构数据必须能够支持结构化、层次化的表示列表，但是CV-2不具有强制的结构。这种结构可用文本、表格或图形方式表示。与每种能力相关的属性和度量可以包含在CV-2主体内容中。如果属性和度量的加入使得视角表示过于复杂，则可以表格的形式作为附录提供。

（三）CV-3：能力分段

CV-3列出了不同时间点、不同时间段内所要达到的能力，即能力分段。CV-3通过提供一种识别能力差距或能力重复的方法，以支持跨不同COI所使用的能力审计过程和其他类似过程。CV-3预示了能力的增量，它与采办项目的里程碑交付相关联（当这种能力增量与能力交付相关联时）。

CV-3的用途包括：

(1) 能力规划（能力分段）；

(2) 能力集成规划；

(3) 能力差距分析。

详述如下：

CV-3提供了在不同时间点或不同时期内可用能力的表示方法（与阶段相关，参看CV-1构想模型）。CV-3可以用来帮助人们识别能力差距（缺少完成某种特定功能的能力）或者能力重复（对单一功能有多种能力）。

CV-3通过分析规划项目的数据来决定提供能力元素的工程项目何时交付、升级或撤销（该数据的一部分可能由PV-2项目时间进度模型提供）。然后识别出的能力增量可以根据CV-2能力分类模型和所处阶段中需要的能力进行结构化。另外一种方法是审查所需能力的增量集合并将其与项目计划进行比较。实际上，该模型总体上趋向于在考虑所需能力和考虑计划交付什么能力之间重复迭代。这种迭代方法的输出可以是一个表示所需要的能力阶段的表格。

CV-3可用表格的形式表示，其中行（取自CV-2能力分类模型）代表能力，列（取自CV-1构想模型）代表时间阶段。

在CV-3模型表格中，每一个行列交叉点都可以表示该阶段内能力增量的变化。如果能力跨越多个时间段，则可以用一个拉长的彩色条来表示。如果在某时段内没有满足能力需求所规划的能力,则用空白表示。

在变异的 CV-3 中,可以包括提供能力增量的项目名称,用于识别能力差距。本质上是表示项目、能力与时间的关系。该模型可用于预见项目调整的需要(以弥补能力差距),或者表示当前的计划(根据交付时间表的能力可用性)。

(四)CV-4:能力依赖

CV-4 描述了所规划能力之间的依赖关系,它也定义了能力的逻辑分组。

CV-4 意在提供一种用来分析能力之间依赖关系的方法。对能力的分组是逻辑上的,分组的目的是指导企业的管理。特别地,该依赖关系和逻辑分组可以提出众多采办项目之间特定的相互作用,以获取整体全局能力。

CV-4 的期望用法包括:

(1)能力依赖的识别;

(2)能力管理(选择和安排等的影响分析)。

详述如下:

CV-4 描述了能力间的关系,它也定义了能力的逻辑分组。这一点与 CV-2 能力分类模型形成对比,后者也处理能力之间的关系;但是 CV-2 只解决特殊到一般关系(即能力分类法)。

CV-4 展现的是体系结构描述所需的能力,并基于未来能力集成的需要将其进行逻辑分组。

图形是描述 CV-4 的一种方法。某些情况下,在 CVV 中区别不同类型的依赖关系十分重要,这可以通过图形中使用彩色连接线或虚线来表示。从数据角度而言,CV-4 能够使用 DoDAF 元模型中之前已有的能力依赖类型;或者创建新的、特定的依赖关系类型。新的依赖类型需要记录在 AV-2 综合词典中。

(五)CV-5:将能力映射到组织开发

CV-5 解决能力需求的实现。该模型给出规划好的能力部署,展现与某特定阶段的关连。该模型应提供一种比 CV-3 能力分段模型中更加详细的依赖分析。CV-5 用来支持能力管理过程,特别是辅助部署规划。

CV-5 的用法包括:

(1)部署计划;

(2)能力集成规划;

(3)能力选项分析;

(4)能力冗余/重叠/差距分析;

(5)部署层的差距识别。

详述如下:

CV-5 展示了部署到特定机构的能力。CV-5 模型是针对某一阶段而言的。如果在该阶段,一个特定的能力被一个特定的机构所使用(或将要使用),则 CV-5 中应给出该能力到该组织的映射。CV-5 也可以展示它们之间的交互作用(这些交互作用在 SV-1 中定义为系统接口描述,在 SvcV-1 中定义为服务背景描述)。CV-5 与 SV-8(系统演化描述)、SvcV-8(服务演化描述)以及 PV-2(项目时间表模型)一起可看作是 CV-3 中所含信息内容的细化与扩展。

为进行更加全面的分析,可创建多个 CV-5 来表示不同的阶段。虽然 CV-5 是独立表示的,但是能力可存在于多个模型中。用来创建 CV-5 的信息是从其他 DoDAF 模型(PV-2 项目时间表,CV-2 能力分类法,OV-4 组织关系图,SV-1 系统接口描述,SvcV-1 服务背景描述)中抽取出来的,并且其中的时间安排基于 PV-2 项目时间表,表明了交付到实际组织资源的能力,以及这些组织资源停止使用某项能力的时间点。

系统交互(来自 SV-1 系统接口描述)或服务交互(来自 SvcV-1 服务背景描述)均可在 CV-5 中展现。此外,如果能力或资源的部署跨越许多组织机构,为了背景目的可以创建其父组织,能力或资源可延伸到整个父组织域。

体系架构师不能在图表中充斥能力和组织。CV-5 应当被看作是能力交付进度表的摘要(因此,有一种争议认为它应属于 PV 视角)。为防止约束解决方案空间,CV-5 不应在能力开发或用户需求阶段产生,而应在解决方案决定之后产生。相应的,从规划的角度看,CV-5 更应当是用来提供信息的。

CV-5 通常以表格形式表示,一个轴代表合适的组织结构、另一个轴代表能力,表示能力或资源的图形对象放置在两轴相关位置(相交处)。

(六)CV-6:将能力映射到作战行动

CV-6 描述了所需能力与支持这些能力的行动间的映射。

确保操作行动与所需能力的匹配十分重要。DoDAF 模型的 CV-6 视角为使用 CV 视角进行能力分析和使用 OV 视角进行操作行动分析建立了一座桥梁。特别是该模型标识了操作行动如何用不同的可用能力元素来执行。它在功能上与 SV-5a 操作行动的系统功能可追踪矩阵相似。能力到行动的映射可能既包括行动完全满足所需能力的情况,也包括行动部分满足能力需求的情况。

CV-6 的预期用法包括:

(1)能力需求到作战行动的追踪;

(2)能力审计。

详述如下:

CV-6 通过映射矩阵的方法展示了可以用哪些能力元素来支持特定的操作行动。如果 CV-6 是作为战略体系结构的一部分创建的(即支撑操作模型创建之前),建议 CV-6 中描述的操作行动应该是公共功能。这个模型可用来表示在某个特定阶段,某个操作行动完成或没有完成能力需求(也许反映了某个特殊用户的需求)。

在每个能力开发阶段,或者对不同的能力分段想定,原则上都需要创建不同的 CV-6。在大多数情况下,可以创立单个表格,因为与这个模型相关的操作行动很可能层次较高。如果相关能力是通用的(参看 CV-1 构想模型),那么它们可以呈现出清晰易懂的与标准操作行动集合之间的关系,并且这种关系不易随时间而改变。

这个模型与 SV-5a(操作行动到系统功能的可追踪矩阵)相类似,只不过该模型提供了能力与操作模型之间的接口,而非操作模型到系统模型之间的接口。

CV-6 可以用表格表示。行代表能力,列代表操作行动。表格中的 X 表示对应行的能力能够支持对应列的行动,空白则表示不支持。除此之外,表格中可以填写日期或时间段,表示在该日期或时间段内,对应行的能力能够支持对应列的行动。

(七)CV-7:将能力映射到服务

CV-7 描述了所需能力与支持这些能力的服务间的映射,确保服务匹配所需能力十分重要。CV-7 为使用 CV 视角进行能力分析和使用 SvcVs 视角进行服务分析建立了一座桥梁。特别是该模型标识了服务如何使用不同的可用能力元素来完成。它在功能上与 SV-5a 相似,后者将系统功能映射到操作行动。能力到服务的映射可能既包括服务完全满足所需能力的情况,也包括服务部分满足所需能力的情况。

CV-7 的预期用法包括:

(1)能力需求到服务的追踪;

(2)能力审计。

详述如下:

CV-7 描述所需能力到支持这些能力的服务间的映射。CV-7 通过映射矩阵展示了可以使用哪些能力元素来支持特定的服务。如果 CV-7 是作为战略体系结构的一部分创建的(即支撑服务模型创建之前),建议 CV-7 中描述的服务应为公共功能。这个模型可用来表示在某个特定阶段,某个操作行动完成或没有完成能力需求(可能反映了某个特殊用户的需求)。

在每个能力开发阶段,或者对不同的能力分段想定,原则上都需要创建不同的 CV-7。在大多数情况下,可以创立单个表格,因为与这个模型相关的服务很可能层次较高。如果相关能力是通用的(参看 CV-1 构想模型),那么它们可以呈现出清晰易懂的与标准的服务集合之间的关系,并且这种关系不易随时间而改变。

这个模型与 SV-5a(操作行动到系统功能的可追踪矩阵)相类似,只不过该模型提供了能力与服务模型之间的接口,而非操作模型到系统模型之间的接口。

CV-7 可以用表格表示。行代表能力,列代表服务。表格中的 X 表示对应行的能力能够支持对应列的服务,空白则表示不支持。除此之外,表格中可以填写日期或时段,表示在该日期或时段内,对应行的能力能够支持对应列的服务。

三、作战需求视图产品的描述方法

(一)OV-1:高级作战概念图

OV-1 描述了使命任务及其分类,或者想定;展现了主要的作战概念和一些感兴趣或者独特的作战情况;描述了主题架构和其环境间的相互作用,以及体系架构和外部系统的相互作用。OV-1 是 AV-1(全视角)概览和摘要信息书面内容的图形化表示。只用图形的方法不足以描述必要的体系结构数据。

OV-1 提供了图形化描述体系结构相关内容的方法,其中还包括参与者的思想和作战行动。一个 OV-1 可用于确定或者聚焦详细的讨论。其主要用途是帮助人们进行沟通,它意在表示高层决策者的想法。

高层作战概念图(OV-1)的预期用法如下:

(1)将作战态势和场景想定纳入环境背景之中;
(2)为讨论和表示提供工具,如在采办过程中辅助行业加入、参与;
(3)提供细节内容的总体说明,这些细节位于已发布体系架构中的高层组织或者更详细的信息之中。

详述如下:

在企业时间表中,每一个作战视角关联一个特定的时间点。OV-1描述了一个使命任务及其分类,或者作战想定。OV-1的目的是提供关于体系架构将能支持什么和怎么去支持的一种快捷、高层次的描述。一个OV-1可用于确定或者聚焦详细的讨论。其主要用途是帮助人们进行沟通,意在表示高层决策者的想法。一个OV-1标示了体系架构描述中涵盖的任务和范围。简而言之,OV-1传达了体系结构描述的内容,其中还包括参与者的思想和作战行动。

OV-1的内容依赖于体系架构的范围和意图,但一般来说,它描述了业务活动或使命任务、高层作战行动、组织机构以及资产的地域分布。该模型制定作战概念(例如,会发生什么,谁来做,按照什么顺序,达成什么目标),并强调了与环境和其他外部系统的相互作用。然而,其内容位于执行概要层,以便其他模型可以对交互和顺序进行更加详细的定义。

该模型可以更加突出展示关键作战概念和所感兴趣的或者独特的作战概念。OV-1提供了体系结构描述与其所处环境以及与外部系统之间的相互作用。图文并茂的描述方式非常重要,仅用图形不足以描述所有必要的体系架构数据。

一个OV-1由所描述体系结构的执行摘要图组成,并配以文字解释。

在体系架构的开发过程中,可能产生多个OV-1版本。最初的版本可能关注努力成果及其涵盖范围。当体系结构范围内其他模型得到开发、确认之后,OV-1的其余版本将陆续出台,作为体系结构开发的成果,用以反映对涵盖范围和其他体系架构描述细节的调整。在体系架构描述用于其预定目的,并完成适当的分析之后,可能生成另外一个版本的OV-1,用以总结已有成果,并将其提交给高层决策者。在其他情况下,OV-1是最后被开发的模型,因为其针对某给定作战想定,传达了整个体系结构的摘要信息。

OV-1适用于为一整套相关的作战模型建立背景。这种背景的建立可能体现在一个阶段、一个时段、一项使命任务或者是一个位置区域上。特别是,它为受时空限制的性能参数(度量)提供了一个容器。

举例来说,沙漠战的作战性能度量在第一个阶段应该不同于第二个阶段,而丛林战第二个阶段的作战性能度量也应该不同于沙漠战的第二个阶段。

背景也可能明确包含一项使命任务。当体系架构描述的主题是业务能力而不是战场空间能力时,术语的使用要做一些调整。但是,高级(业务)作战概念的思想,仍有其意义,OV-1中图形表示为更多可能创建的结构化模型增添了价值。

OV-1是最综合的一个体系架构模型,并且在表现形式上最具灵活性。但是,OV-1通常由一到多个图形(也可能是视频剪辑)组成,如果需要,配以文字解释。

(二)OV-2:作战资源流描述

OV-2的DoDAF模型将作战能力的背景应用到预期用户的团体。OV-2的主要目的是定义一个作战背景中的能力需求。OV-2也可表达一项能力的边界。

作为 DoDAF 2.0 版中新添加的内容，OV-2 可用来描述信息流，此外还可以描述资金、人员和物资流。OV-2 的一个特定应用是用来描述资源(信息、资源、人员、物资)流的逻辑模式。逻辑模式不必对应于特定的组织、系统或地点，资源流的创建允许在没有预先指定资源流处理的方法或者没有指定解决方案的情况下进行。

OV-2 的预期用法：
(1)作战概念的定义。
(2)能力需求的详细描述。
(3)协同需求的定义。
(4)能力应用的局部背景。
(5)问题空间的定义。
(6)作战计划。
(7)供给链分析。
(8)为资源分配相应的活动。

详述如下：

OV-2 描述了作战需求线，表明了资源交换的需求。作为 DoDAF 2.0 版中的新内容，OV-2 不仅展示了信息流，还展示了资金、人员和物资流。OV-2 也可以展示作战设施或者区域的地理位置，并且可选地注解作战活动之间的信息、资金、人员和物资流。OV-2 中的作战活动可以位于体系结构的内部，也可以是与内部活动有关联的外部活动。

OV-2 意在逻辑描述。它所描述的内容是"谁来做"或"做什么"，而非"怎样做"。该模型为作战需求提供了一个聚焦点，即能够反映任何明确的能力需求，这些能力需求在作战环境之内，用于描述作战体系结构。在当前的体系结构中，OV-2 可用作企业内部资源流的抽象(简单)表示。由于该模型简明展现了资源如何流动(或不流动)，因此对非技术利益相关者来说，OV-2 可以作为一种有力手段，用以表达当前体系结构和未来预期体系结构之间的差异。像在需求线和资源流中所表达的一样，OV-2 的目标是为与体系结构描述相关的预期用户团体以及它们之间的协同需求记录作战活动的特征。

OV-2 的一个特定应用是用来描述资源(信息、资金、人员和物资)流的逻辑模式。OV-2 模型的目的即是描述资源流的逻辑模式。逻辑模式无须对应特定的系统或者区域位置，资源流的创建允许在没有预先指定资源流处理方法或者没有指定解决方案的情况下进行。OV-2 意在跟踪特定作战活动和区域之间的资源流需求，在体系结构描述中起到非常关键的作用。OV-2 不描述活动与区域位置之间的物理连通性。OV-2 模型中构建的逻辑模式可以作为一个骨干，其他体系结构要素构建在该骨干之上，例如，SV-1(系统接口描述)模型能够指出哪些系统提供必要的能力。

该模型的主要特征是作战资源流，以及资源将要部署的位置区域(或者位置/环境类型)。需求线表明了资源交换或共享的需求。对应管理 OV-5a 作战活动树状划分或 OV-5b 作战活动模型中的作战活动，OV-2 指出了关键的参与者及其相互作用，用于指导 OV-5a (作战活动分解树)或者 OV-5b(作战活动模型)中相应的作战活动。

需求线记录了所需要的或者事实上的资源交换。需求线是一个或多个资源交换的导线，即它代表了资源流的逻辑组。需求线并不指出转移是如何实现的。例如，如果信息(或资金、人员、物资)产生于地点 A,途经地点 B,应用地点 C,结果地点 B 不出现在 OV-2 中,需求线将从 A 到 C。OV-2 不是一个沟通链条或者沟通网络图,而是关于资源交换逻辑需求的高层次定义。

OV-2 也可定义作战活动、位置区域和外部资源之间的交换细则的需求。(例如,严格意义上并不在体系结构描述主题之中的作战活动、位置区域或者组织,在体系结构内,细则需求的重要来源上,或者在体系结构内所提供细则的重要目的地上,却与其有着接口关系)。

OV-2 意在跟踪体系结构内部关键作战活动和位置区域之间的细则交换需求。OV-2 不描述作战活动与区域位置之间的物理连通性。OV-2 中需求线的建立可以通过 SV-1(系统接口描述模型)和 SvcV-1(服务背景描述模型)中的资源及其相互作用来实现。在 OV-2 中的作战活动和位置区域与 SV-1(系统接口描述模型)和 SvcV-1(服务背景描述模型)中的资源之间可能不存在一一对应的关系。例如,作战活动和位置区域可以由两个系统来实现,其中一个为另一个提供备份,或是由于现实原因,一项作战活动的功能必须分隔到两个位置区域之间。

由于用与图表中相一致的短语(或数字标签)来避免杂乱是很方便的,需求线可以用箭头表示(指出流动的方向),且具有唯一的图标,配以用于说明基本交换类型的简短文字——为了避免拥挤,将图中简短的文字(或者数字标签)用键值(key)来表示将会很方便。需要注意的是,图中带有标示的箭头只表示需求线。也就是说,每个箭头仅仅表明其所连接的活动或者位置区域之间需要某种资源转移。需求线可以是单向的。由于经常需要利用需求线的标示为资源流需求分析提供跟踪参考,因此也能够使用包含数字和文本标签的复合方法。

由于某些需求线仅与特定的场景想定、使命任务或者任务阶段相关,资源之间可能存在多条需求线(在同一方向上)。在此情况下,如果需要对指定的情形制定 OV-2,应该展现出所有需求线的子集。从需求线到资源流可能是一对多的关系(例如,OV-2 中的单条需求线表示了多个单独的资源流)。OV-2 中资源流与需求线的映射位于 OV-3(作战资源流矩阵)中。例如,OV-2 可以列出态势报道,作为两个作战资源之间需求线的一个描述名称。在此情况下,需求线表示一些资源流(此处指信息)交换,其中包括多种记录(信息元素)类型及其属性(例如周期和时期),这些属性与态势记录需求线相关联。个体元素及其属性的识别在 OV-3(作战资源流矩阵模型)中描述。

对于更加复杂的结构描述,OV-2 可能包含多张图。我们可以从几个不同的方面来剖析 OV-2。一种方法涉及使用多个抽象层次和进行资源流分解;另一种方法是在任何给定的图形中,将资源流和需求线限定在与作战活动的一个子集相关联的内容上。最终可以按照场景想定、使命任务或任务阶段来组织 OV-2。所有这些方法都是有效的,并且可以一起使用。

除了需求线之外,资源流连接器能用于覆盖前后关联的信息,这些信息是关于作战活动和位置区域如何通过物理流进行交互的,帮助为业务角色提供背景。资源流连接器的用法有:

(1)表示一种后勤能力,具有与涉及供应(物理交付)人员之间的相互作用。

(2)表示一种空中加油能力,具有与涉及转移燃料的空运平台之间的相互作用。

(3)表示一种传感器能力,通过传感物理能量流,具有与探测目标之间的相互作用;这里不是信息流。

上述用法通过在图上覆盖资源流连接器来实现,它使用一种与需求线(仅仅表示资源流的需求)明显不同的标记符号。

如果空间允许,可以将所执行的作战活动(来自 OV-5b 作战活动模型)列入图中。

OV-2 和 OV-5b(作战活动模型)的描述互为补充。OV-2 聚焦于作战资源流,作战活动位列其次。与之相反,OV-5b 则把作战活动放在第一位,资源流位列其次,认为资源流仅仅是在活动之上的注释或者泳道(即只起指引方向的作用)。在体系结构描述的开发过程中,OV-2 和 OV-5b 通常是起点,并且它们可以进行迭代开发。

(三)OV-3:作战资源流矩阵

OV-3 关注于作战活动与区域位置之间交换的作战资源流。

资源流进一步详述了与所关心的作战能力相关联的可互操作方面的需求,焦点是跨越能力边界的资源流。

OV-3 的预期用法是可互操作性需求的定义。

详述如下:

OV-3 明确了资源转移对支持作战行动是必要的,以完成特定的作战任务。该模型最初是从 OV-2 包含的信息中构建而成的。但是在一个预期用户团内,OV-3 提供了更为详细的作战资源流定义。

作战资源流矩阵通过确定在什么作战活动和地点来交换什么资源、和谁交换、为什么该资源是必要的及与资源关联的关键属性,详细说明了资源流的交换。OV-3 定义了资源流的资源元素及其相关属性,并将该交换与作战活动和地点的产生和使用,以及资源流所满足的需求线相关联。OV-3 是描述作战体系结构中资源内容的一系列作战模型之一(该系列中其他作战模型是 OV-2 作战资源流描述、OV-5b 作战活动模型和 DIV-2 逻辑数据模型)需求线是作战活动和地点之间基于需求分析的逻辑协同关系(正如 OV-2 作战资源流描述)。一条需求线可以是单向的。

一个资源元素(见 DIV-2 逻辑数据模型)是作战过程资源流的形式化表示。资源元素可以仲裁活动流和依赖性(见 OV-5b 作战活动模型)。因此,它们也可位于表达协同关系的需求线上。同一资源元素可用于一个或多个资源流中。

该模型的重点在于资源流交换的逻辑和作战特征,聚焦于跨越能力边界的资源流。尤其需要注意的是,OV-3 的意图并非穷举与体系结构描述相关的每个作战活动和地点的每个资源流中所包含的全部细节。该模型意在描述所选资源流的重要方面。

资源流的各个侧面对于作战任务至关重要,这些侧面将被循迹作为 OV-3 中的属性。例如,如果主题体系结构关注战场上的战术目标,那么敌人目标信息的时效性就是资源流中的重要属性。为了支撑安全体系结构的需求,资源流动也需要应对危险情况和分类问题。在使用 OV-3 时,需要为安全体系架构提供一个防止误用的声明。在那种环境下,识别每一个可能需要的交换是很重要的。

OV-3 中的资源流和 OV-2 中的需求线之间并不总是存在一对一的映射,许多单独的资源流可能与同一需求线相关联。

OV-3 信息可以用表格的形式表示。DoDAF 2.0 版并未在 OV-3 矩阵中指定列标题。

(四)OV-4:组织关系图

OV-4展现了组织结构及其相互作用。该组织结构可以民用或者军用。OV-4存在两种形式:基于角色的(例如一个典型的部队指挥结构)和真实的(例如某部或某局的组织结构图)。

基于角色的OV-4展现了各组织机构资源之间的可能关系。其中关键的关系是合成关系,即一个组织的资源是上一级组织的一部分。除此之外,该结构也可以展现每一个组织资源所具有的角色以及它们之间的关系,即这些角色代表了组织资源的功能方面。在DoDAF 2.0版本中没有指定资源之间的交互作用:体系架构师应该从DM2中选取适当的交互类型,或者添加新的交互。交互作用阐明了基础角色和管理职责,如监管报告、指挥控制(C2)关系、协同等。

实际的OV-4展现了在特定时间点的真实组织结构,用于为体系结构的其他模型(例如AV-1和CV)提供背景。

基于角色的OV-4的预期用法包括:

(1)组织结构分析。

(2)人员角色定义。

(3)作战分析。

真实的OV-4的预期用法包括:

(1)识别体系结构中的利益相关者。

(2)识别流程主管。

(3)阐明当前或未来的组织结构。

详述如下:

OV-4用于描述体系结构的组织关系。一个典型的OV-4演示了人员角色、组织结构或组织类型之间的指挥结构或关系(同与一个业务过程流相关的关系相反),其中人员角色、组织结构或组织类型是体系结构业务表示中的关键参与者。一个真实的OV-4展现了现实的组织结构以及它们之间的关系。

更多通用的组织关系类型将在DM2中及时给出定义。DoDAF定义了组织资源之间的基础关系,包括结构(整体—部分)和交互作用。交互关系囊括了绝大部分组织关系。OV-4澄清了存在于体系结构内部的组织及其下级组织之间,以及内外组织之间的各种关系。如果需要其他组织关系类型,应将其记录下来,并在AV-2综合词典中给出定义,作为对DM2的扩展。

组织结构关系对于描述体系结构模型相当重要,因为它们能阐明基础的人员角色(例如需要谁或者需要什么类型的技巧来指导作战活动)以及管理关系(例如指挥结构或者与其他关键参与者的关系)。另外,组织关系也是某些使用需求线展现的协同需求的驱动者。

注意,在DoDAF中不会出现个人,但是在实际的OV-4中,可能详细描述特定的军营或者人员类型。

在典型和特定的情况下,有可能覆盖资源交互关系,这些关系表示了不具有严格层次结构的组织元素之间的关系(例如,消费者—供给者关系)。

用OV-4建模的组织可能会出现在其他模型中,例如,在SV-1(系统接口描述)中组织作为一个能力或者资源的组成部分;在 PV-1(项目组合关系)中,组织主管项目。举例来说,用典型的 OV-4 定义的组织资源,在 SV-1(系统接口描述)中可能是能力或资源的一部分。并且,实际的组织可能构成实现系统层面需求的已投入使用的能力的要素(这一点也在 SV-1 中进行描述)。

一个 OV-4 可以展现组织的类型以及这些组织的典型结构。另外,OV-4 也可以在某时间点上展现实际的、特定的组织(例如国防部)。再者,一个 OV-4 也可是张合成图,用以展现典型的和实际的组织结构。

(五)OV-5a(作战活动分解树)和 OV-5b(作战活动模型)

OV-5a 和 OV-5b 描述了为完成一项使命任务或业务目标而通常进行的作战行动。它们描述了作战活动(或任务)、活动之间的输入/输出流,以及体系结构描述范围之外的进出活动。

OV-5a 和 OV-5b 描述了在使命任务或作战想定所指导的作战活动。它们能被用于如下方面:

(1)当与 OV-2 耦合时,清晰描绘各自职责划分。
(2)发现不必要的作战活动。
(3)做出关于简化、合并和取消活动的决定。
(4)定义或者标记那些需要进一步细察的问题、时机、作战活动以及它们的交互作用。
(5)为在 OV-6a(作战规则模型)、OV-6b(状态转移描述)、OV-6c(事件追踪描述)中描述活动顺序和时间安排提供必要的基础。

OV-5b 描述了与体系结构描述相关联的情报领域的作战、业务和防御部分,另外还描述了活动之间的关系或者依赖,活动间的资源交换,外部交换(模型范围之外进出的业务活动)。

一个作战活动就是指需要什么样的工作,以及单独指定如何执行这一工作。为了保持与具体实施的独立性,可以使用 OV-2(作战资源流描述)中的逻辑活动和地点来表示执行作战活动的结构。作战活动是作为系统功能(见 SV-4 系统功能描述)或服务功能(见 Svc-4 服务功能描述)来实现的,它表示了作战活动的"怎么办"以及"干什么",即利用执行其所用的资源来给出其规范描述。

OV-5a 和 OV-5b 的预期用法如下:
(1)活动和工作流的描述。
(2)需求获取。
(3)角色和职责的定义。
(4)为确定训练需求提供任务分析。
(5)问题空间定义。
(6)作战计划。
(7)后勤支援分析。
(8)信息流分析。

详述如下:

OV-5 的三个模型与 OV-2 在一定程度上是互补的。OV-5 侧重于作战活动,而 OV-2

侧重于与地点关联的作战活动。由于地点和作战活动之间的关系，这类模型通常应该共同开发。OV-5描述了在完成使命任务或业务目标过程中的通常进行的作战活动（或任务），OV-5还描述了活动间的输入/输出流及体系结构描述范围之外的进出活动。OV-5a和OV-5b同样适用于描述非军事活动，预期能将其扩展应用到业务建模中。

OV-5a或OV-5b中描述的活动是标准的作战活动，可以将这些活动映射到CV-6（能力映射到作战活动）中对应的能力上。标准的作战活动是在条令中定义好的活动，并不针对某一特定系统专门定制，即它们足够通用，无需为它们而停用一些可能的解决方案。

可能的构建方法：DoDAF不指定特定的活动建模方法。可以使用功能建模的集成定义或者类图来构建OV-5b。

描绘活动模型有两种基本的方法：

(1) 活动分解树利用树形结构展现活动，通常用于提供导航帮助。

(2) 活动模型展现了通过资源流连接起来的活动，它支持OV-3（作战资源流矩阵）的开发。

OV-5a帮助提供一个包含所有活动的整体图景，并为导航定位OV-5b提供快速参考。

(六) OV-6a, OV-6b, OV-6c 简介

前几节讨论的OV模型对体系结构元素及它们之间的关系的静态结构进行了建模。只有在对上述元素的动态行为进行建模，加入顺序和时间特征之后，体系架构的许多关键特性才浮出水面。

这里所指的动态行为关注的是事件的时间和顺序，以描述业务过程或者任务流程的作战行为。因而，这种行为与OV-5b中的活动相关。对于一个成功的体系架构描述，行为建模和相关文档编制是必不可少的，因为它描述了体系结构是如何运转的，这一点在很多情况下至关重要。作战活动和资源流交换方面的知识很重要，但是需要知道，如果我们向位置A的活动Y发送消息X之后，便会期望得到一个响应，诸如此类的动态特性对于成功完成作战行动也是必不可少的。

为了使OV能够充分描述体系结构的动态行为和时间特性，可以采用多种建模技术，以提炼和扩展体系结构描述的OV。OV-6的DoDAF模型包含OV-6a（作战规则模型）、OV-6b（状态转移描述）、OV-6c（作战事件追踪描述）三个模型。

OV-6的DoDAF模型描绘了一些相同的体系架构元素，还描绘了一些独特的体系结构数据元素。必要时，OV-6b和OV-6c可以根据需要分开或一起使用，以描述OV中关键的时间和顺序行为。上述两类模型可以用于多种业务过程方法之中，包括面向对象的方法。OV-6b和OV-6c描述了作战活动或业务过程对时间序列的响应。事件也可以指输入、事务处理或者触发器。事件可以产生于内部或外部，且能包含诸如消息已接收、计时器已过或条件测试已满足等事情。当一个事件发生时，可以依据OV-6a中描述的规则或者规则集（条件）采取行动。

1. OV-6a 作战规则模型

OV-6a指定了作战或业务规则，用以约束企业内部业务的执行方法。顶层规则应当至少包括OV-1中定义的作战概念，并为后续体系结构定义过程将要进行的更为详细的规则和行为定义提供开发指导。

OV-6a 的预期用法如下：

(1)定义符合条令要求的作战规程。

(2)定义业务规则。

(3)识别作战约束条件。

详述如下：

OV-6a 指定了作战和业务规则，用于约束企业内部业务的执行方法。虽然其他 OV 模型(如 OV-1 高级作战概念图、OV-2 作战资源流描述、OV-6b 状态转移描述等)描述一个业务的结构和运作，但它们在很大程度上并不描述底层运作的约束和规则。

在任务层面，OV-6a 可能基于包含在条令、指南和交战规则等内部的业务规则。在较低的层面，OV-6a 描述了在指定条件下体系架构的行为规则。这些规则能够以文字形式表达，例如，如果(某些条件)存在，并且(某事件)发生，那么(执行某些活动)。这些规则与业务或条令标准自身形成对照，为规则提供权威的参考来源(见 StdV-1 标准概述)。作战规则声明了对使命任务或体系结构某些方面的约束。规则可以用下述一种或者两种形式的自然语言(英语)来表达：

祈使语气——在所有条件之下所做的声明，例如，"战损评估(BDA)应该只在天气晴好的条件下进行"。

条件祈使语气——在其他条件满足时所做的声明，例如，如果战损评估表明打击不彻底，那么需要执行再次打击。

正如模型名称所指，OV-6a 描述的规则是关于作战(即面向任务)的，而 SV-10 和 SvcV-10 中定义的规则是面向资源的(OV-6 是 SV-10 的"干什么"，又是 SvcV-10 的"怎么干")。OV-6a 规则可以包括一些指导作为约束条件，在这些条件下，作战控制权从一个实体传到另一个实体；或者在这些条件下，一个人员角色被授权继续进行一项特定的活动。

OV-6a 中用文字形式定义的规则能够适用于 OV 中定义的任何体系结构元素。一条用多种结构方式(即为了与其他的体系架构达成共享的目的)定义的规则应该与地点位置、作战活动或者使命任务关联起来进行定义。

在 OV-6a 中定义的规则能够有选择性地出现在其他 OV 中。例如，一个"战损评估应该在天气晴好的条件下进行"的规则可以链接到 OV-5b 中的指导 BDA 活动中。任何表示的(如在图注中)自然语言规则均应该在 OV-6a 中列出。

OV-6a 的规则可以与 OV-5a 和 OV-5b 中的活动关联起来，并且也可用于在 OV-5a 和 OV-5b 上叠加规则。通过约束 DIV-2 元素的结构和有效性，OV-6a 还能用于扩展业务需求的描述。

详细的规则可以变得非常复杂，结构化的规则本身往往具有挑战性。除了英语之外，DoDAF 没有指定如何规范 OV-6a 中的规则。

从建模的角度来看，作战约束能够在逻辑数据模型中的地点位置、作战活动、使命任务和实体中起作用。

2. OV-6b：状态转移描述

OV-6b 是一种图形化方法，它描述一个作战活动如何通过改变其状态响应各种事件。

图表表示了活动所要响应的事件(通过采取一项行动,转移到另一个新的状态),作为其当前状态的一项功能。每一个转移都指定了一个事件和一项行动。

一个 OV-6b 能够用于描述业务过程中活动或工作流的详细顺序。OV-6b 在描述作战活动的行为和时间的关键顺序方面尤其有用,OV-5b 不能给出其充分的描述。OV-6b 关联事件和状态。一个状态的改变称为一个转移。行为可以与一个给定状态或者状态之间的转移相关联,以做出受激响应(例如,对触发器或者事件)。

OV-6b 的预期用法如下:

(1)业务事件的分析。

(2)行为分析。

(3)约束条件的识别。

详述如下:

OV-6b 反映了一个事实,作为对内外事件的响应,活动清晰的先后顺序不能用 OV-5a 和 OV-5b 进行充分的表达。作为另外一种选择,OV-6b 能够用于反映单一作战活动内部行动的清晰的先后顺序,或者反映作战活动的先后顺序。OV-6b 基于状态图。状态机制可以定义为"一种用于描述某些动态视图元素所有可能行为的规范。行为可以看作状态图中的一种横移,将这些状态通过一个或者多个连接在一起的转移弧线互连,这种横移通过一系列事件实例的发起而被触发。在这种横移过程中,状态机制执行了与其不同元素相互关联的一系列行动。"

状态图能够清晰地转换为结构化的文本规则,指定作战事件的时间和对这些事件的响应,且没有损失其主要表达的内容。但是,状态图的形式往往更便于快速分析规则集合的完备性、检测出死锁或者遗漏的条件。如果在作战分析阶段没有及早发现这些错误,往往会导致已投入使用的系统发生严重的行为错误,或者造成昂贵的修正代价。

OV-6b 中的状态能被嵌套使用。这就能为表现作战行为建立相当复杂的模型。

3.OV-6c:事件追踪描述

OV-6c 提供了资源流的一种时序检验,作为特定场景想定的一个结果。每一个事件追踪图应该伴有对特定场景或者态势的定义描述。作战事件/追踪描述,有时候称其为顺序图、事件想定或者时序图,允许在场景想定或者事件的关键顺序内进行行动追踪。OV-6c 可以单独使用,也可以与 OV-6b 结合使用,以描述活动的动态行为。

OV-6c 的预期用法如下:

(1)作战事件分析。

(2)行为分析。

(3)非功能性用户需求的识别。

(4)作战测试场景想定。

详述如下:

在把最初的作战概念转换到下一详细层次这一方面,OV-6c 是非常有用的。一个 OV-6c 模型有助于定义交互作用和作战流程。OV-6c 有助于确保每一个参与的作战活动和地点在执行为其指派的作战活动时,拥有其所需的必要信息。

OV-6c 能够在场景想定或事件的重要顺序之中追踪行动。OV-6c 可以单独使用,也可以与 OV-6b 结合使用,来描述业务活动或者使命任务/作战流程的动态行为。一个作战流程被定义为一组带有顺序和时间属性的作战活动,其中包括完成这些活动所需要的资源。一个特定的作战流程能够用来描述一项军事或业务能力。在这种方式下,依据完成一个给定任务目标所需要的属性,通过将该活动集合和它们的属性进行建模,给出一项能力的定义。活动的顺序为定义和理解影响全局能力的诸多因素提供了基础。

OV-6c 中消息的信息内容可能与 OV-3 中的资源流、OV-5b 中的作战资源流矩阵和 DIV-2 中的信息实体有关系。

该模型可能的构造方法:DoDAF 不指定一个特定的事件追踪建模方法。一个 OV-6c 可以使用任何建模符号(如 BPMN)来开发,这些建模符号支持活动的时序安排,也支持发生于给定场景想定中的作战活动/地点之间的资源流交换。分离的图形可以描述不同的场景想定。

四、服务需求视图产品的描述方法

(一)SvcV-1:服务接口描述

SvcV-1 阐述了服务的合成与交互。在 DoDAF 2.0 版中,SvcV-1 将人员要素合并到执行者类型,即组织和人员类型。

SvcV-1 通过描述资源的结构化和交互方式,将作战和服务体系结构模型链接起来以实现 OV-2 中提出的逻辑体系结构,一个 SvcV-1 可以代表在 OV-2 中所提需求的一种实现方法(即在"未来"体系结构描述中),因此可能存在许多可选的能够实现作战需求的 SvcV 模型。作为另外一种选择,在"当前"体系结构描述中,OV-2 作战资源流描述可以简单地作为 SvcV-1 的简化逻辑表示,允许与非技术利益相关人员沟通关键资源流。

SvcV-1 聚焦于资源流及所提供的服务,对于架构师来说认识到这一点很重要。这和 SV-1 有所不同。对于 SvcV-1,聚焦于提供者及其提供的数据,这是一种以网络为中心的数据战略原则,它适合于发布/订阅模式。这种模式不是 SvcV-1 所描述的仅有的服务类型。

如果认为合适,架构师可以在 SvcV-1 中划分出分解到任意程度(或深度)的子服务。SvcV-1 还可以确定用以部署资源的物理资产(如平台),并可有选择地覆盖使用这些资源的作战活动和地点。在很多情况下,OV-2 中关于作战活动和地点的描述恰好为 SvcV-1 中的资源提供逻辑描述。

SvcV-1 的预期用法包括:
(1)定义服务概念。
(2)定义服务可选项。
(3)捕捉服务资源流的需求。
(4)能力集成计划。
(5)服务集成管理。
(6)作战计划(能力和执行者的定义)。
SvcV-1 可通过以下两种互补的途径来使用:
(1)描述体系结构中资源之间交换的资源流。
(2)根据能力的组成部分以及它们在平台或其他设施上的物理集成,描述一种解决方案,或者解决方案的选项。

详述如下:

SvcV-1可以仅用于描述服务和子服务,并且识别它们之间的资源流。使用SvcV-1的真正好处是SvcV-1可以描述体系结构中的人员以及这些人员是如何与服务交互的。此外,DoDAF定义了能力和执行者的概念,可以用来描述配置方案中的服务、资产和人员,从而满足特定的能力要求。使用SvcV-1模型的主要目的是展现资源结构,也就是确定主要的子服务、执行者和活动(功能)及它们之间的交互作用。SvcV-1可以帮助使用者更好地理解解决方案中的结构特征。

为能力做出贡献的物理资源或者是组织资源或者是物理资产,也就是说服务不能单独起作用(它必须依托物理资产或者组织资源或者两者来使用)。组织方面现在可以在SvcV-1中展现出来(比如谁使用了服务)。在SvcV-1中,只要架构师认为合适,就可以将其中标示的资源结构细分到任意层次(即深度)。DoDAF并没有明确使用像子服务和组件这样的术语,因为这些术语通常表示与结构层次相关的位置。任何服务都可以结合硬软件或者作为可独立处理的(子)服务。DoDAF 2.0中包含人员因素(作为执行者类型中的人员类型)。如果架构师希望描述一种包含人员要素的服务,那么就应当利用服务分组、人员类别以及执行者来将人员要素和服务要素融合在一起。

对于OV-2中首先指定的作战活动和地点,可以有选择地在SvcV-1进行标注。这样就可以建立从逻辑OV结构到物理服务模型结构的可追踪性。

如果无可能建立单一的SvcV-1模型,那么应当把所感兴趣的资源分解成多个SvcV-1模型。

一些资源能够实现SvcV-4中描述的功能(活动),可以有选择地在SvcV-1上叠加这些功能。在某种意义上,SvcV-1和SvcV-4的服务功能性描述提供了互补的表述(结构和功能)。哪一个都可以首先得到审视,但通常的做法是采用迭代的方法将它们联合起来建立模型,逐渐构建起服务描述中的细节层次。注意,在给定SvcV-1模型中,同一个类型(类)的资源可能应用于不同的服务背景中。因此,从功能到资源的追踪要根据使用它们的背景来具体指定(详情见DM2)。

除了描述服务(执行者)及其结构之外,SvcV-1还阐述了服务资源流。就像SvcV-1描述的一样,服务资源流是资源从一个服务流向另一个服务的指示器。在服务的情况下,服务资源流还可以扩展到SvcV-2中进行更为详尽的表述。一个服务资源流就是一个对路径或者网络模式的简化描述,并且通常绘制成互连器的图形表示出来(也即是带有可能增费信息的线条)。SvcV-1描述所感兴趣资源之间所有重要的资源流。注意在SvcV-2(服务资源流描述模型)和SvcV-6(服务资源流矩阵)中,可能对资源流进行更详细的说明。

交互作用只可能存在于服务和系统之间。服务资源流提供了一个用服务实现资源流交换的规范,这种资源流交换在OV-2(作战资源流描述)需求线中详细阐述。OV-2作战资源流需求线描述中展现的单一需求线可以转化为多个服务资源流。服务资源流的实际实现可能有多种形式(例如多条物理链接)。接口实现的物理路径或者网络模式的更多细节参见SvcV-2服务资源流描述的相关文档。在SvcV-3a(系统—服务矩阵)或者SvcV-3b(服务—服务矩阵)关于资源流有相关的概述,对于每个资源流的详尽定义和具体属性在SvcV-6(服务资源流矩阵)中有描述。

资源执行的功能在 SvcV-4 中有详细说明,但是可能有选择地覆盖到 SvcV-1 中的资源上。

(二)SvcV-2:服务资源流描述

SvcV-2 指定了服务之间的资源流,并且列出了用于互连的协议栈。

SvcV-2 的 DoDAF 模型用以给出服务之间互连的精确说明,这个互连可能是已经存在的,也可能是将要进行互连的。

SvcV-2 的预期用法是资源流规范。

详述如下:

对于网络数据服务来说,SvcV-2 由服务、服务端口以及这些端口之间的服务资源流共同组成。此外 SvcV-2 还可以用于描述一些非 IT 类型的服务,比如搜救服务。架构师可能会选择为每一个服务资源流和源服务、每一服务资源流和目的服务分别制作一个图表,如果可能的话,也可在一个图表中展示所有的服务资源流。

每个 SvcV-2 模型可以展现以下四点内容:

(1)连接了哪些端口;

(2)端口对应生成的服务;

(3)使用服务资源流的服务;

(4)根据服务资源流在物理/逻辑连接性和在连接中使用的任何协议,对资源服务流所作的定义。

注意,网络是用服务来表示的。体系结构设计师可以选择展示作为网络部件的其它服务,其前提是它们是网络基础设施的一部分。

所有在 SvcV-2 的图表中涉及的协议都必须在 StdV-1 标准文件中定义。

(三)SvcV-3a:系统—服务矩阵

SvcV-3a 有助于快速形成浏览在一个或多个 SvcV-1 服务环境描述模型中详细说明的所有系统到服务的资源交互。SvcV-3a 可以为体系结构的描述提供一个 SvcV-1 服务关系描述中系统和服务交互的总结列表。对转型中的现有系统而言,这个模型在支持其提供服务方面非常有用。矩阵格式对潜在的共性和冗余提供了快速度量的支持。

可以通过多种方式来组织 SvcV-3a,从而加强系统到服务交互的联系,实现体系结构设计目标。

SvcV-3a 的预期用法包括:

(1)概括系统和服务资源之间的交互。

(2)接口管理。

(3)比较解决方案选项的互操作特征。

详述如下:

SvcV-1 关注服务资源及其之间的交互关系,这些在 SvcV-3a 或 SvcV-3b 中都有总结。SvcV-3a 的 DoDAF 模型能有效地管理解决方案和架构的演化、新技术和功能的加入、与作战需求发展相关的系统和服务,以及相关活动的重新分布。

取决于体系结构的设计目的,可能有多个 SvcV-3a 的 DoDAF 模型。一组 SvcV-3a 模型可以通过多种方式(例如按照地域、作战任务阶段、可选解决方案等)组织起来,用以加强对资源的联系,达到体系结构描述的要求。

SvcV-3a 通常以矩阵的形式出现,在矩阵中系统和服务资源以行和列的形式列出,矩阵中每一个单元格代表着一个系统和服务之间的交互作用。许多类型的交互信息都能够以矩阵中元素的形式出现。资源之间的交互作用可以用不同的符号和(或者)颜色进行编码,从而表现出不同的交互特性,比如状态(如在用的、计划的、潜在的、没有激活的),关键接口,类别(如指控、情报、人员、后勤),密级(如受限的、秘密的、机密的、绝密的),通信手段(如边缘环状接口、可伸缩环状接口)。

DoDAF 并不明确指定使用哪一个符号。如果用到一个符号,那么需要为这个符号提供键值。

(四)SvcV-3b:服务—服务矩阵

SvcV-3b 可以提供在一个或多个 SvcV-1 服务关系描述模型中所有的服务-服务的资源交互的快速浏览。SvcV-3b 为体系结构描述提供了一个在 SvcV-1 服务关系描述中阐明的服务间交互的总结列表。矩阵形式支持对潜在共性和冗余的快速度量。此外该模型对于支持以网络为中心(面向服务)的服务实现非常有用。服务的实现可以互相配合,例如作为 SvcV-10a 服务规则模型的输入、SvcV-10b 服务状态转换描述及 SvcV-10c 服务事件跟踪描述。

SvcV-3b 可以通过许多方式组织起来,加强服务之间的联系,以达到体系结构要求。一种组织类型就是服务层次结构或者服务分类。

SvcV-3b 的预期用法包括:
(1)总结服务资源交互作用。
(2)接口管理。
(3)解决方案可选项的互操作特征的比较。

服务—服务矩阵的一个应用就是在描述源服务和目的服务之间交互作用中能够支持以网络为中心(面向服务)的实现,注意到这一点很重要。

详述如下:

SvcV-1 关注服务资源及其之间的交互关系,这些在 SvcV-3a 或 SvcV-3b 中都有总结。SvcV-3b 能有效地管理解决方案和架构的发展、新技术和功能的加入、与作战需求发展相关的系统和服务以及相关行为的重新分布。

取决于体系结构的设计目的,可能有多个 SvcV-3b 的 DoDAF 模型。一组 SvcV-3b 模型可以通过多种方式(如按照地域、作战任务阶段、可选解决方案等)组织起来,用以加强对资源的联系,达到体系结构描述的要求。

SvcV-3b 通常以矩阵的形式出现,在矩阵中系统和服务资源以行和列的形式列出,矩阵中每一个单元格代表着一个系统和服务之间的交互作用。许多类型的交互信息都能够以矩阵单元格来表示。资源之间的交互作用可以用不同的符号和(或者)颜色进行编码,从而表现出不同的交互特性,比如状态(如在用的、计划的、潜在的、没有激活的),关键接口,类别(如指控、情报、人员、后勤),密级(如受限的、秘密的、机密的、绝密的),通信手段(如边缘环状接口、可伸缩环状接口)。

DoDAF 并不明确指定使用哪一个符号。如果使用一个符号,需要给出这个符号的键值。

(五)SvcV-4:服务功能描述

SvcV-4 的 DoDAF 模型描述人员和服务功能。

SvcV-4 的主要目的是:对每一资源输入(使用)和输出(生成)的必要数据流形成一个准确的描述;确保服务的功能衔接是完整的,即资源所需的输入均能得到满足;确保功能分解达到适当的详细程度。

服务功能描述提供关于以下内容的详细信息:将服务功能分配到资源中;服务功能之间的资源流;SvcV-4 对应于作战视角中的 OV-5b 作战行动模型。

SvcV-4 的预期用法包括:

(1)描述任务工作流。

(2)识别服务功能需求。

(3)服务的功能性分解。

(4)将人员和服务功能联系起来。

SvcV-4 的一个应用就是在描述源服务和目的服务中能够支持以网络为中心(面向服务)的实现,注意到这一点很重要。服务功能描述信息能够支持网络中心(面向服务)实现中的服务注册。

详述如下:

SvcV-4 用于说明体系结构中资源的服务功能。SvcV-4 在行为上对应于 SvcV-1 服务关系描述(这与 OV-5b 作战行动模型在行为上对应于 OV-2 作战资源流描述相同)。

在不考虑哪些资源完成哪些服务功能或不指定具体资源的情况下,该模型的应用范围很广。模型变化主要集中在资源数据流内部或者之间,也可能仅仅是将服务功能分配到资源所造成的模型改变。

描述 SvcV-4 主要有以下两种基本途径:①分类的服务功能层次体现了一个在树状结构中所描述的服务功能的分解,其一般应用于像产品线一样的并发但依赖的任务环境中。②数据流图展现了通过数据流箭头连接起来的服务功能和数据存储库。

在体系结构的描述中,SvcV-4 用文档列出了服务功能、服务功能之间的资源流、内部的系统数据存储库或者服务数据存储以及用于服务数据流的外部来源和接收器,该模型并不描述体系结构范围之外的内容。该模型也能说明用户与服务之间的行为关系。

(六)SvcV-5:作战活动到服务的可追踪矩阵

SvcV-5 给出 SvcV-4 中描述的服务功能与 OV-5a 或 OV-5b 中指定的作战活动之间的联系。SvcV-5 描述了服务功能(以及可选的,提供这些服务功能的能力和执行者)到作战活动之间的映射关系,并且识别出由服务解决方案完成的从作战要求到有目的活动的转化。

需求定义期间,在追踪与系统功能需求相关的体系结构元素到与用户需求相关的体系结构元素方面,SvcV-5 发挥了特别重要的作用。

SvcV-5 的预期用法包括：
(1)追踪服务功能需求到用户需求。
(2)追踪解决方案可选项到需求。
(3)标识出重叠和短板。

详述如下：

SvcV-5 是一个规范，阐明了应用于统一体系结构描述的作战活动集和服务功能集之间的关系。作战活动和服务功能之间的关系也能看作是多对多的映射关系（即单个作战活动可以由多个功能支撑，或者单项功能可以支撑多个作战活动）。SvcV-5 中所体现出来的服务功能与能力和执行者密切相关。如果需要的话，可以用更为聚焦的 SvcV-5 模型追踪特定的系统功能到作战活动。

DoDAF 使用 OV 中的"作战活动"和 SV 中的"服务功能"这两个术语来指代本质上术语同一类型的事物——作战活动和服务功能二者都是所执行的任务，接受输入并产生输出。作战活动和服务功能之间的区别在于"干什么"和"怎么干"。作战活动说明将要干什么，并不关心采用何种机制。服务功能则描述了资源如何完成具体任务。因此，SvcV-5 是一个重要的模型，它将 OV-5a 或者 OV-5b 中的逻辑规范同 SvcV-4 中的物理规范紧密结合在一起。服务功能可以由资源实现。

当发布带状态信息的 SvcV-5 模型时需要小心。任何表述都应当清晰说明发布日期，这样用户才能发现状态信息是否过期。

可以进一步对 SvcV-5 添加注释，内容包括服务、能力、执行者执行活动以及主导功能的能力和执行者等。

SvcV-5 通常用服务功能和作战活动之间的关系矩阵表示出来。SvcV-5 可以在矩阵的一个轴上表示作战活动，在另一轴上表示系统功能，并且在矩阵中适当的交叉单元格中填入 X、日期或阶段信息，从而展现需求的可追踪性。

另一种版本的 SvcV-5 表格能够展现每一个功能的执行状态。在这种不同的模型中，每一种服务功能到作战行动的映射都是用可以指示服务支持状态的交通灯符号的形式描述的。DoDAF 2.0 没有指定具体的表示方法。这些指示符号通常用带色圆圈表示：红色代表这种功能尚在计划中，还未发布；黄色代表部分功能可以使用（或者完整功能可以使用，但还没有加入域内）；绿色代表域内所有的功能都可以使用；空白单元格代表没有为作战活动提供的服务或者该处作战活动和服务功能没有关系。

（七）SvcV-6：服务资源流矩阵

SvcV-6 给出了服务之间交换的服务资源流的相关特性。该模型聚焦于跨越服务边界的资源。SvcV-6 重点在于用表格的形式表现服务资源流的具体方面和服务资源流的内容。

另外，这个模型对于网络中心（面向服务）的服务实现有很好的支持。根据网络中心数据战略，以网络为中心的实现应关注于服务资源流中的数据，以及服务资源流中生产和使用数据的服务。并不是所有的数据使用者都可知，这个模型重点强调数据生产者和服务资源流。

SvcV-6 的预期用法为资源流的详细定义。

详述如下：

SvcV-6 对服务之间交换的服务资源流的特性进行了详细的说明。SvcV-6 在物理上等同于 OV-3 作战资源流矩阵的逻辑模型,并且为服务连接提供了详细信息,这些服务连接实现了 OV-3 作战资源流矩阵中指定的资源流交换。资源流交换的解决方案,不论其是否自动化,如口头命令,都可以得到描述。

服务资源流的交换表示了 SvcV 模型中三大基本体系结构数据元素(即服务、服务功能和服务资源流)之间的关系,聚焦于服务资源流的具体方面和服务资源流的内容。服务资源流交换的这些方面对作战任务至关重要,也是理解由实现的物理方面(如安全战略、通信和后勤限制等)所引入的开销和约束的潜在可能性的关键所在。

SvcV-6 重点关注影响服务资源流交换的方式,在指定服务细节上包括资源交换的周期、时效性、吞吐量、大小、信息保证和安全特征等。此外,对于数据的服务资源流,其格式和介质类型、准确度、度量单位、适用系统的数据标准以及任何 DIV－3 物理数据模型等都在矩阵中有描述或者参照。

需要由模型设计原则来确保体系结构模型的一致性。SvcV-6 的表格中列出的每个服务资源流的交互都可追踪至 OV-3 作战资源流矩阵中列出的某一个作战资源流,并且可以上溯到 OV-2 作战资源流描述中某一特定的作战资源流描述。

应该注意的是,每个交换的资源都与生产和使用该资源的一个已知服务功能(来自 SvcV-4)密切相关。然而,SvcV-6 矩阵中的数据元素与相关 SvcVY 中生产和使用的资源流之间并不需要一一对应起来,这是因为 SvcV-4 是一个更为逻辑化的解决方案,这是 SvcV-6 属于偏向物理化的解决方案。此外,同一服务完成的已知服务功能之间的资源流在 SvcV-6 矩阵中并没有体现。SvcV-6 展现的是跨越服务边界的流或者一个服务边界。如果资源流是信息,将从数据和信息模型中反映出来。

SvcV-7 服务度量矩阵建立在 SvcV-6 的基础上并随之同步发展。

DoDAF 并不指定 SvcV-6 矩阵中的列标题。表中可以包含由服务资源流交换实现的作战资源流交换(OV-3)的标识符。所有由资源流交互产生的元素都将被展现出来。

(八)SvcV-7:服务度量矩阵

SvcV-7 描述资源的度量(指标)。服务度量矩阵对于在 SvcV-1 服务关系描述中的所描述资源的特征有详细说明。

此外,这个模型对于以网络为中心(面向服务)的服务实现有很好的支持。每个服务的针对服务级别协议的服务度量包括服务使用者的数量,针对使用者的服务用法,相应时间的最大值、最小值和平均值以及允许故障时间等等。首席信息官(CIO)或规划管理者所感兴趣的度量主要包括度量服务重用、处理效率和业务灵活性。

SvcV-7 的预期用法包括:

(1)性能特征和定量度量的定义。

(2)标识出非功能性需求。

详述如下:

SvcV-7 规定了资源的定性和定量度量。该模型指出了所有相关的度量,说明中包含了所有的度量内容。度量由终端用户团体选定,并由架构师进行描述。

性能参数包括所有性能特征,这些特征用于开发需求和制定规范。完整的性能参数集在体系结构描述的前期阶段可能还不知道,因此就希望模型通过规范、设计、开发、测试、甚至在部署和运行周期阶段得到不断升级完善。性能特征在第二章的度量元模型组中有所描述。

SvcV-7 的一个主要的目的就是沟通哪些度量对于成功达成所承担的任务目标是极其关键的。这些特定的度量往往成为采办和部署决议的决定性因素,并且在用于支持采办决议流程和系统涉及加工的服务分析与仿真中发挥重要的作用,此外也是决定服务级别协议内容的输入或者影响因素。效果度量(MOEs)和性能度量(MOPs)均能够在服务度量矩阵模型中得到描述和表示。

SvcV-7 通常采用表格形式,列出了相关时段内用户定义的度量(指标)。对于通过比较资源当前和未来的度量,从而进行演化分析,SvcV-7 有时也能够起到一定的作用。因此,贯穿体系结构、跨越多个阶段的 SvcV-7 混合模型能发挥重要作用。

(九)SvcV-8:服务演化描述

SvcV-8 表示资源(服务)的整个生命周期视图,描述它们如何随着时间而改变。它展现了一种将若干资源映射到时间表上的结构。

此外,这个模型对于以网络为中心(面向服务)服务的实现有很好的支持。这个模型能表示服务演化的时间表,或者说明服务如何随时间发展不断被替代,这里的服务包括体系结构内部和外部的服务。

SvcV-8 的预期用法包括:
(1)采办递增战略的开发。
(2)计划采用新技术。

详述如下:

当 SvcV-8 与其他演化模型,例如 CV-2 能力分类法、CV-3 能力分段、StdV-2 标准预测等相联系在一起时,提供了关于企业及其能力如何随时间演化的详细定义。在这种情况下,这个模型能够用于支持体系结构演化项目计划或者转变计划。

SvcV-8 能够根据时间表描述过去(遗留)、当前和未来不同时期的能力。该模型使用与 SvcV-1 类似的建模元素,展现了每个资源的结构以及资源的交互作用。

SvcV-8 模型中所描述的变化源自于 PV-2 模型中的项目里程碑。当 PV-2 项目时间表模型被用于能力采办项目中,这两种模型之间很可能存在紧密的关系。

(十)SvcV-9:服务技术和技能预测

SvcV-9 定义了当前和未来潜在的支撑技术和技能。未来支撑技术和技能能够从当前技术技能发展状态和期望的改进或发展趋势中预测出来。新技术和技能是和特定的时间段分不开的,这个时间段可以与 SvcV-8 服务演化描述模型中的里程碑时间段相关联,并且链接到能力阶段。

SvcV-9 概述了能够对体系结构造成影响的新兴技术和技能,该模型提供如下相关内容的描述:新兴能力,工业趋势,针对特定软硬件服务的可用性和就绪状态的预测(与信用因素有关),当前和未来可能的技能。

除了提供能力和服务的发展趋势之外,SvcV-9 还包含这些内容对体系结构的可能影响所作的估计。考虑到模型面向未来的本性，会给出短期、中期和长期的预测，比如 6 个月、12 个月、18 个月等。

此外，这个模型对于以网络为中心（面向服务）的服务实现有很好的支持。随着技术的变化，就像 web 服务描述语言中的表示状态转换（REST）服务的引入一样，这个模型可以表示与随时间变化的服务相关的技术时间表。

SvcV-9 的预期用法包括：
(1) 预测新技术成熟的时间。
(2) 人力资源（HR）发展趋势分析。
(3) 人员招募计划。
(4) 计划采用新技术。
(5) 可选项分析的输入。

SvcV-9 能以表格、时间表和箭头图的形式来表示。

详述如下：

SvcV-9 详细说明了对技术和人员变化趋势的预测。架构师可以为技术和人力资源设计独立的 SvcV-9 的模型。选择特定的时间段能够与体系结构转型计划相协同（由 SvcV-8 服务演化描述来支持）。也就是说，是否加入新能力、升级或重用现有资源，可能取决于新技术和相关技能的可用性。预测的内容包括对当前体系结构的潜在影响，以及因此对转型和目标体系结构的影响。预测聚焦于技术和人力资源领域，涉及如何描述给定的体系结构，以及影响该体系结构的问题等内容。

在给定体系结构中，如果标准是技术的一个必要部分，这些技术对于给定的体系结构演化比较重要，那么将 SvcV-9 和 StdV-2 标准预测合成一个适用视图将会很方便。

SvcV-9 是作为给定体系结构描述的一部分并与其目标相一致。通常在其初始阶段使用一个或多个适合体系结构使用的顶层参考模型或标准概览。通过使用这些参考模型或标准概览，架构师选择好服务范围和与体系结构相关的服务。定期的预测可能有助于决定中止使用或逐步淘汰与某种资源关联的某个标准，在这方面 SvcV-9 预测和 StdV-1 标准概览有一定关联。类似地，SvcV-9 预测和 StdV-2 标准预测有关联的部分是，可以根据某技术或技能是否可用来决定是否采用某标准（例如，JavaScript 的可用性能够影响是否决定采用一个新 HTML 标准）。

作为另一种选择，如果适用，SvcV-9 可能与服务模型要素（如服务）的预测相关。受到预测潜在影响的资源列表也可以在 SvcV-9 的附加信息中进行概述。

（十一）SvcV-10a，SvcV-10b 和 SvcV-10c：服务模型描述

一个体系结构的许多关键属性只有在定义和描述其动态行为的时候才能被揭晓。这些动态行为关注描述资源性能特性的事件的时间和顺序（如一个执行者执行在 SvcV-4 服务功能描述中描述的服务功能）。

行为建模和文档说明对成功描述体系结构非常关键，因为这有助于理解体系结构如何运转，在很多情况下这一点是至关重要的。当然功能和接口方面的内容也很重要，比如，发送信息 X 到服务 Y 后能否得到回应，对于整个作战行动来说至关重要。

SvcV-10 模型对于以网络为中心（面向服务）的服务实现有很好的支持。SvcV-3 服务

一服务矩阵能够提供 SvcV-10 模型的输入。SvcV-10a 服务规则模型、SvcV-10b 服务状态转移描述和 SvcV-10c 服务事件追踪描述三类模型能够用以对动态行为和服务元素的资源特征进行充分的描述。

SvcV-10b 和 SvcV-10c 可以根据需要分开使用或者一起使用,用于描述服务模型中关键的时间和顺序行为。这两类图表可以用于很多不同的服务方法论中。

SvcV-10b 和 SvcV-10c 都描述对于事件顺序的功能响应。事件也可以指输入、处理或者触发器。当事件发生时,所采取的行动可以遵从 SvcV-10a 中描述的一条或者一组规则。

1. SvcV-10a 服务规则模型

SvcV-10a 用于指定体系结构实现中的功能性和非功能性的约束,即是服务模型的结构和行为元素。

SvcV-10a 描述组成服务模型物理体系结构的资源、功能、数据和端口之上的约束。这些约束以文本的形式给出,可以是功能性的或者结构性的(即是非功能性的)。

SvcV-10a 的预期用法包括:

(1)定义实现逻辑。

(2)识别资源约束。

详述如下:

SvcV-10a 描述的规则主要用来管理、约束或者指导体系结构的实现。服务规则是关于业务方面的定义或约束的声明,可以应用于执行者、资源流、服务功能、系统端口、数据元素。

与 OV-6a 作战规则模型对照,SvcV-10a 聚焦于物理和数据约束,并非业务规则。这些约束可以分为以下几类:

(1)结构性声明,用来管理体系结构物理方面的非功能性规则。

(2)行动声明,用来管理资源行为、资源交互以及资源流交换的功能性规则。

(3)推导,包含用于计算事实的算法。

服务规则建立在某些标准之上,这些标准应在 StdV-1 标准概览中列出。

一些服务规则可以以注释的形式添加到其他模型中,这样 SvcV-10a 需要提供一个完整的规则集列表,同时给出它所影响的对任何模型的参考。

2. SvcV-10b 服务状态转移描述

SvcV-10b 使用图形化的方式描述资源(或功能)通过状态改变以响应不同的事件。这种图表基本上能够表示一个活动的资源所响应的事件状态(通过采取行动转移到新状态),作为它当前状态的一项功能。每个转换都对应一个事件和一个行动。

响应外界和内部事件的服务功能所需的显式时间顺序并没有在 SvcV-4 服务功能描述中清晰地体现出来,而 SvcV-10b 可以用于显式地描述服务功能的顺序。因此,SvcV-10b 可以用来反映单个服务功能内部行动的明显顺序,或者反映与特定资源相关的服务功能的顺序。

SvcV-10b 的预期用法包括:

(1)状态、事件和状态转换(行为建模)的定义。

(2)识别约束。

详述如下：

SvcV-10b 将事件和资源状态联系在一起，描述了从一个状态到另一个状态的转移。

SvcV-10b 是基于状态图的表示形式。一个状态机被定义为"描述某些动态视图元素的所有可能行为。行为可以看作状态图中的一种横移，将这些状态通过一个或者多个连接在一起的转移弧线互连，这种横移通过一系列事件实例的发起而被触发。在这种横移过程中，状态机执行了与其不同元素相互关联的一系列行动"。状态图能够清晰地转换为结构化的文本规则，指定事件的时间顺序和对这些事件的响应，且没有损失其要表达的内容。但是，状态图的形式往往更便于快速分析规则集合的完备性、检测出死锁或者遗漏的条件。如果在解决方案分析阶段没有及早发现这些错误，往往会导致已部署能力的严重行为错误，或者造成昂贵的修正代价。

从一个资源视角看 SvcV-10b 模型的状态转移，该模型聚焦于资源如何做出受激响应（如对触发器和事件）。而在 OV-6b 作战状态转换描述中，这些响应可能不仅取决于规则集或者使用情况，也取决于收到指令时的资源状态。状态的改变称为转移，每个转移都代表一个特定事件的响应及其当前状态。所有行为都与一个特定的状态或者状态之间的转换相关。一个状态及其相关的行为表示一个资源或者服务功能对事件的响应。当事件发生时，下一个状态取决于当前的状态（和它相关的行为）、事件、规则集或者防护条件。

SvcV-10b 能够用来描述在 SvcV-4 服务功能描述中所描述的详细服务功能顺序。但是，SvcV-10b 中所包含行为和 SvcV-4 中所包含功能之间的关系依赖于体系结构描述的目的和模型的抽象程度。响应内部和外部的事件的明显功能顺序在 SvcV-4 服务功能描述中并没有完整地展现。SvcV-10b 可以用以直观地反映功能顺序、对于特定功能的行为顺序或者对于特定资源的功能顺序。

SvcV-10b 模型中的状态是可以嵌套的，可以创建复杂的模型以表示服务的行为。依据体系结构项目的需求，SvcV-10b 可以被单独使用或者与 SvcV-10c 服务事件跟踪描述一起使用。

3. SvcV-10c 服务事件追踪描述

SvcV-10c 提供了一个按时序排列的关于服务功能资源之间交互作用的检测。每一个事件追踪图需要附带描述一个特定场景想定或者态势的定义。

SvcV-10c 在将初始的解决方案设计进行更深一层的细化方面有重要作用，可以帮助定义服务功能顺序和服务数据接口，确保每一个使用到的资源或者服务端口都有必要的信息说明，并且可以在适当的事件执行分配给它的功能。

SvcV-10c 的预期用法包括：

(1) 分析影响作战的资源事件。

(2) 行为分析。

(3) 识别非功能性系统需求。

详述如下：

SvcV-10c 说明了在资源或服务端口环境中资源流元素交换的顺序。服务事件追踪描述有时候被称作顺序图、事件想定或者时间表。SvcV-c 的组成部分包括功能性资源或服务端口、拥有的执行者以及端口等。

资源流从一个资源/端口流向另一个资源/端口,可以为其打上时间戳。服务事件追踪描述提供了关于资源流元素在所有使用到的资源和服务端口之间交互的时序检验。每个事件追踪图都应该附带一个关于特定场景描述的定义。

SvcV-10c 可以典型地用来将 SvcV-10b 服务状态转移描述同动态资源描述结合在一起。与 SvcV-10c 模型的资源流相关消息的数据内容将会与资源流(SvcV-1,SvcV-3a,SvcV-3b 中的交互作用)、数据流(SvcV-4 和 SvcV-6 中的数据)以及其他模型中建立的实体(位于 DIV-3 物理数据模型中)联系起来。

五、系统需求视图产品的描述方法

(一)SV-1:系统界面描述

SV-1 描述系统组成和系统之间的相互关系。在 DoDAF 2.0 中,SV-1 将人员因素合并为执行者-组织和个人的类型。资源定义详见第二章第二节。

SV-1 通过描述资源如何结构化和相互作用,把作战和系统体系结构模型联系起来,以实现 OV-2 中的逻辑体系结构。一个 SV-1 可以展现在 OV-2 作战资源流描述(如在"To-Be"体系结构中)中特定需求的实现。可能会有多个备选 SV 能够实现作战需求。作为另一种选择,在"As-Is"体系结构中,OV-2 作战资源流描述可以是 SV-1 的简化逻辑描述,以允许关键资源流到技术无关的利益相关者的联系。

一个系统资源流是一个路径或网络模式的简单展现,通常用一个连接器来表示(如带有可能放大信息的线条)。SV-1 描述用户关心的系统之间的所有系统资源流。注意系统之间的资源流可在 SV-2 系统资源流和 SV-6 系统资源流矩阵中进行详细描述。

子系统的装配可以在 SV-1 中适当的层次进行标识。SV-1 也可以标识资源配置的物理资产、候选的作战活动交接以及使用资源的位置。在许多情况下,在 OV-2 作战资源流描述模型中说明作战活动和位置,能够较好地以逻辑形式展现 SV-1 中的资源。

SV-1 的预期应用包括:
(1)系统概念的定义。
(2)系统选项的定义。
(3)系统资源流需求捕捉。
(4)能力集成计划。
(5)系统集成管理。
(6)作战计划(能力和执行者定义)。

SV-1 中在下列两种补充方式中被使用:①描述体系结构中子元件的资源流交换。②从能力组件、组件在平台上的物理集成和其他设施方面来描述一个方案或备选方案。

详述如下:

SV-1 能用来简要描述系统和子系统,并且标识它们之间的资源流。SV-1 的真正用处是它能够显示一个体系结构的人员因素以及人员因素如何与系统相互作用。另外,DoDAF 中有能力和执行者的概念,这些概念能把系统、资产和人组合成一种配置,以满足特定的能力需求。SV-1 模型的一个主要目的是展示资源结构,例如,标识主要的子系统、执行者、活动(功能)和它们之间的相互影响。SV-1 有助于帮助用户理解能力的结构参数。

对能力有益的物质资源可以是组织资源或物质资产,例如:一个系统不能独立作用(它必须立足物质资产并被组织资源使用)。组织方面因素在 SV-1 中展现(如谁使用系统)。资源结构可在 SV-1 中任何合适的层次(如深度)进行标识。DoDAF 没有对使用术语的特殊要求,例如子系统和组件这些名词都经常用于描述在结构化层次中的位置。任何系统都能组合硬件和软件,这些硬件和软件能够被看作独立(子)系统。DoDAF 2.0 包含人的因素(如人员类型和执行者类型)。假如架构师希望描述一个包含人员因素的系统,应使用系统、人员类型和执行者将人员和系统元素包装在一起。

SV-1 能够用最初在 OV-2 作战资源流描述模型中的作战活动、能力和/或位置来注解,从而建立从逻辑 OV 结构到物理系统视图结构的可追溯能力。

如果可能,应在同一个 SV-1 图表中同时展现系统、物质资产和系统界面,以给出体系结构的整体描述。但如果难以在单一 SV-1 中展现相关内容,可把关心的资源分解到多个 SV-1 模型。

有些资源能够执行一些 SV-4 系统功能描述模型中描述的系统功能(活动),这些功能也放在 SV-1 中。从某种意义上来说,SV-1 和 SV-4 系统功能描述模型提供了互补的表示形式(结构和功能)。它们中任意一个都可以先被建立,但通常使用迭代方法同时建立两个模型以逐步建立系统描述中的细节层次。需要注意的是,相同类型的资源能够在不同的 SV-1 环境中被使用。由于这个原因,从功能到资源的追溯要根据其使用环境(详见 DM2)来明确。

在描述系统(执行者)和它们的结构之外,SV-1 还描述资源流。如 SV-1 中所描述的资源流是资源从一个系统流向另一个系统的指示器。就系统来说,资源流可以在 SV-2 系统资源流描述中展开描述。

只有多个系统之间、多个服务之间以及系统和服务之间才会存在交互作用。系统资源流说明了在需求线(在 OV-2 作战资源流描述模型中有说明)中确定的作战资源流交互如何在系统中实现。在 OV-2 作战资源流描述模型中出现的单个需求线可以转换为多个系统资源流。

一个系统资源流在实际执行中往往采取多种形式(如多种物理连接)。实现接口的物理路径或网络模型细节记录在 SV-2 系统资源流描述中。系统资源流在 SV-3b 系统—系统矩阵中进行总结。资源执行的功能在 SV-4 系统功能描述不明确,但是有些功能可能放在 SV-1 资源上描述更好。

一个作战视角(OV)套装能够明确一系列需求,不论是特定的作战计划,还是应用想定。就像 OV-2 作战资源流描述、OV-5a 作战活动分解树、OV-5b 作战活动模型阐明了逻辑结构和行动一样,SV-1 和 SV-4 系统功能描述阐明了物理的结构和行为(到体系结构利益相关者需要的详细程度)。这种逻辑和物理的分离给有关人员一个基于 DoDAF 模型的体系结构内容专门研究体系结构的机会。

OVs 和 SVs 中的结构和行为模型,允许架构师和利益相关者在选择时能够快速地明确哪些功能由人执行和哪些交给系统执行,并进行风险分析、成本分析和可靠性分析。

(二) SV-2:系统资源流描述

SV-2 说明系统之间的系统资源流并可列出在连接时所用的协议栈。

SV-2 模型用于精确描述系统之间的连接。这个连接可以是已存在的，也可以描述将要建立的连接。

SV-2 的预期使用方法是资源流说明。

详述如下：

SV-2 包括系统、系统端口以及端口之间的资源流。系统架构师可以选择为每个资源流创建一个图表，也可在条件允许时用一个图表描绘所有资源流。

每个 SV-2 模型都能够显示以下信息：

(1) 哪些端口被连接了。

(2) 端口所属的系统。

(3) 从物理或逻辑连通性和连接协议方面定义系统资源流。

需要注意的是，在这里网络被表示为系统。系统架构师可以选择把其他系统作为网络的组成，如作为网络基础设施的一部分。

在 SV-2 图表中提到的任何协议都应在 StdV-1 标准文件中定义。

(三) SV-3：系统—系统矩阵

一个 SV-3 允许对一个或多个 SV-1 系统界面描述模型中全部的系统资源交互关系进行快速浏览。SV-3 针对体系结构描述提供一个表格，总结 SV-1 系统界面描述模型中所有系统交互关系。这个矩阵样式能够对潜在的通用内容和冗余内容进行快速评估（或者说，如果能够容忍失效，就减少冗余）。

可依据体系结构的目标，采用多种方法将 SV-3 组织起来以强调多组系统之间的关联。

SV-3 的预期用途包括：

(1) 总结系统资源之间的相互作用。

(2) 界面管理。

(3) 比较备选方案的互操作性能。

详述如下：

SV-1 专注于系统资源和它们之间的相互作用，SV-3 进行总结。SV-3 是一个有用的工具，它能够管理解决方案和基础设施的演变、新技术和功能性的增加，以及在作战需求发展背景下的系统和活动的重新划分。

根据体系结构描述的目的，可能会有多个 SV-3，一套 SV-3 模型可以用多种方式（如基于域、作战任务阶段或备选方案）组织起来，以强调多组资源对之间的关联。

SV-3 通常以矩阵形式展现，系统资源被列在矩阵的行和列中，每个单元格表示资源间的交互（如果存在）。SV-3 中单元格能够表现多种交互信息的类型。资源间相互作用能够使用不同的符号和/或颜色编码来描述，例如：状态（如现有的、计划中的、有潜力的、未激活的）、关键界面，类别（如指挥和控制、情报、人事、后勤）、分类级别（如受限、机密、秘密、绝密），通信方式（如环环接口、可扩展的环路接口）。

DoDAF 没有规定使用的符号，可按需使用符号。

(四) SV-4：系统功能性描述

SV-4 关注人员和系统的功能性，其主要目的是：

(1)给出每个资源输入和输出的必需的数据流的清晰描述。
(2)确保功能连通性的完整(即资源的输入需求全部被满足)。
(3)确保功能分解达到合适的细化程度。
系统功能性描述提供了资源的功能配置和功能之间的资源流的细节信息。
SV-4 是对应作战视角中 OV-5b 活动模型的系统视角模型。
SV-4 的预期用途包括:
(1)描述任务的工作流。
(2)标识功能系统的需求。
(3)分解系统功能。
(4)关联人员和系统功能。
详述如下:
SV-4 用于描述资源在体系结构中的功能性(在此情况下,包括功能资源、系统、执行者和能力)。SV-4 是对应于 SV-1 系统界面描述的行为副本(同样的,OV-5b 作战活动性模型是对应于 OV-2 作战资源流矩阵的行为副本)。

这个模型的范围有较宽的能力,既可以不考虑哪个资源执行哪个功能,也可能被指定资源。其差别在于是关注资源内部还是外部的数据流,也可以简单地分配功能给资源。

可描述 SV-4 的基本方式有以下两个:
(1)分类功能等级以树状结构描述功能的分解,通常用于任务并发但相互关联的情况,如生产线。
(2)数据流图以数据流箭头和数据存储表示功能的连接。

当需要对于特定能力(见 SV-5)相关的功能进行建模时,分类功能等级在基于能力的调配工作中特别有用。

在体系结构描述中,SV-4 将系统功能、功能之间的资源流、内部系统数据仓库或系统数据存储、系统数据流的外部生产者和消耗者等文档化。它们也表现了与那些系统有关的用户怎样工作。

功能可能与在 OV-5a 获得的作战活动有关。尽管作战活动模型(OV-5b)和 SV-4 的功能等级制之间有关系,这里不需要一对一地映射。因此,有必要使用作战活动可追溯性矩阵(SV-5)另外描述对应关系。

系统不限于内部系统功能,可以包括 HCI 功能、GHI 功能以及消耗或产生系统数据的功能。外部系统数据生产者或消耗者可用于表示与系统相互作用的人员。外部系统数据源/池(代表人员或系统)、HCI、GUI 或接口功能之间的系统资源流可以用来表现人员—系统相互作用或系统—系统界面。应用于系统功能的标准(如 HCI 标准和 GUI 标准)也在这个模型提出过程中被规定(并记录在 StdV-1)。

SV-4 数据流模型的图形化变量可用泳道表现。一个系统泳道可能包括:一个系统,一个能力和系统功能的组合(通常基于物质资产),一个执行活动的执行者。

泳道既可以是垂直的,也可以是水平的。一个功能可以放在一个泳道中,并关联系统、资源或执行一个在方案体系结构中已分配的活动的执行者。这提供了一个基于功能术语的图形手段来表示系统之间或能力(通过 SV-1 上的系统互连表现)之间的相互作用。这种技术对于肉眼观察几个备选方案(可能有一组功能)的差异非常有效。

(五)SV-5a：作战活动至系统功能追溯矩阵

SV-5a 关注于 SV-4 系统功能性描述和 OV-5a 作战活动分解树或 OV-5b 作战活动模型描述中描述的系统功能间的联接。SV-5a 描述了系统功能(也可能是能力、执行者)到作战活动的映射。SV-5a 标识作战需求向系统或方案执行的有目的活动的转换。

在需求定义过程中,SV-5a 在追踪与系统功能需求相关的体系结构元素到与用户需求相关的体系结构元素时起着尤其重要的作用。

SV-5a 的预期用途包括：

(1)由功能性系统需求追溯用户使用需求。

(2)由备选解决方案追溯需求。

(3)鉴别交集或缺口。

详述如下：

SV-5a 是对应用于体系结构描述的作战活动集和系统功能集之间关系的详细描述。作战活动和系统功能之间的关系也可认为是多对多(一个活动能被多个系统功能支撑,同时一个系统功能可支撑多个活动)。SV-5a 中的系统功能可与能力和执行者关联。如果需要,可用多个 SV-5a 模型详细地由系统功能追溯到作战活动。

DoDAF 在 OVs 中使用术语"作战活动",在 SVs 中使用术语"系统功能"指向同一类事物；活动和功能都是被执行的任务,接受输入并产生输出。作战活动和功能的差异类似于什么(what)和如何(how)间的差异。作战活动是说明要干什么,不管使用的方法。系统功能是说明资源如何执行它。因为这个原因,SV-5a 是一个有意义的模型,因为它将 OV-5a 中的逻辑描述和 SV-4 系统功能性描述中的物理描述联系在一起。系统功能可由功能性的资源(系统、正执行活动的执行者和执行者)执行。

SV-5a 通常表现为一个矩阵,矩阵内容是系统功能和作战活动之间的关系。SV-5a 把作战活动放在矩阵的一个轴上,把系统功能放在另一个轴上,并且把 X、日期或阶段放在交叉单元来显示需求追踪。

表格式 SV-5a 的另一个版本可显示每个功能的执行状态。在这种不同的模型中,每个系统功能与作战活动的映射使用一个交通信号灯符号来标识,这可以显示系统支持的状态。DoDAF 2.0 没有规定展现技术。这些符号通常用有颜色的圆圈来表示：红色表示功能已经列入计划但还没被研发；黄色表示部分系统功能已经被提供(或全部功能已经被提供但系统未被覆盖)；绿色表示全部系统功能已被提供；空白单元表示对于这个作战活动没有系统支持计划,或者是作战活动和系统功能之间不存在任何关系。

当发布带状况信息的 SV-5a 时要注意：任何陈述都应该清楚地声明日期,使用户可以看到状况信息是否已过期。

SV-5a 还能用系统能力、执行活动的执行者,以及执行功能的能力和执行者等信息进一步注释。

(六)SV-5b：作战活动至系统追溯矩阵

SV-5b 关注 SV-1 系统功能性描述和 OV-5a 作战活动分解树(或 OV-5b 作战活动模

型)中作战活动的联接。SV-5b 描述了系统(也可能是能力和执行者)与作战活动之间的映射。SV-5b 标识作战需求向系统或方案执行的有目的活动的转换。

在需求定义过程中,SV-5b 在追踪与系统需求相关的体系结构元素到与用户需求相关的体系结构元素时起着尤其重要的作用。

SV-5b 的预期用途包括:
(1)由功能性系统需求追溯用户使用需求。
(2)由备选解决方案追溯需求。
(3)鉴别交集或缺口。

详述如下:
SV-5b 是对应用于体系结构描述的作战活动集和系统集之间关系的详细描述。作战活动和系统之间的关系也可被认为是多对多(一个活动能被多个系统支撑,同时一个系统可支撑多个活动)。SV-5b 中的系统可与资源关联。如果需要,可用多个 SV-5b 模型详细地由系统追溯到作战活动。

SV-5b 通常表现为系统和活动之间关系的一个矩阵,可以作为作战活动至系统功能追溯矩阵(SV-5a)的一个总结。SV-5b 把作战活动放在矩阵的一个轴上,把系统功能放在另一个轴上,并且把 X、日期或阶段放在合适的交叉单元来显示需求追踪。

表格式 SV-5b 模型的另一个版本可显示每个系统的执行状态。在这种不同的模型中,每个系统到作战活动的映射使用一个交通信号灯符号来描述,这可以显示系统支持的状态。DoDAF 2.0 没有规定展现技术。这些符号通常用有颜色的圆圈来表示;红色表示功能已经列入计划但还没被研发;黄色表示部分系统功能已经被提供(或全部功能已经被提供但系统未被覆盖);绿色表示全部系统功能已被提供;空白单元表示对于这个作战活动没有系统支持计划,或者作战活动和系统功能之间不存在任何关系。

当发布带状况信息的 SV-5b 时要注意:任何陈述应该清楚地声明日期,使用户可以看到状况信息是否已过期。

SV-5b 还能用能力、执行活动的执行者、执行功能的能力和执行者等信息进一步注释。这可以用来鉴别哪个系统可以支持一个特定的能力。如果体系架构师希望在 SV-5b 中隐藏系统,该表格可以只显示由执行活动的执行者、能力和执行者到作战活动的映射。

(七)SV-6:系统资源流矩阵

SV-6 描述系统之间交换的系统资源流的特点,重点在跨系统边界的资源。SV-6 以表格样式关注系统资源流外貌和内容。

SV-6 中的潜在用法是资源流的详细定义。

详述如下:
SV-6 详细说明了系统之间资源流交换的特征。SV-6 和逻辑 OV-3 表在物理上是对等的,提供了关于用以实现 OV-3 中所给资源流交换的系统互连的详细信息。非自动化的资源流交换,如口头命令,也包括在内。

系统资源流交换表达了系统视角三项基本体系结构数据元素(系统、系统功能和系统资源流)之间的关系,侧重于系统资源流和系统资源内容的具体方面。系统资源流交换的这些方面可能对作战使命是至关重要的,同时对于理解由于具体实现的物理因素而引起的潜在开销和约束(如安全策略、通信限制等)也是很关键的。

SV-6 的焦点是系统资源流交换怎样受到周期、时限、吞吐量、大小、信息保障和资源交换安全特性等系统细节的影响。另外，系统资源流要素的格式和媒体类型、精确性、度量单位和系统数据标准在矩阵中也有描述。

需要确立建模规则以保证体系结构模型间的一致性。每个在 SV-6 表中列出的系统资源流交换应该至少可追踪到相应的 OV-3 作战资源流矩阵中所列出的某个作战资源流交换，而这些又可依次追溯到 OV-2 作战资源流描述中的作战资源流。

应该注意的是：每个被交换的数据元素都可能会关联到产生或消耗它的系统功能(来自于 SV-4)。不过，在 SV-6 矩阵所列出的数据元素和关联的 SV-4 服务功能描述中所产生或消耗的数据流(输入和输出)之间并不需要一对一的对应关系。另外，由相同系统执行的系统功能之间的数据流可能不会出现在 SV-6 矩阵中。SV-6 描述的是跨越系统边界的数据流。

SV-7 系统度量矩阵模型创建于 SV-6 之上，并且应该同时加以开发。

DoDAF 没有为 SV-6 矩阵规定列标题。通过系统资源流交换实现的 OV-3 中的作战资源流的标识符可能包括在表中。资源流交换附带的所有元素也都可能出现在表中。

(八)SV-7：系统度量矩阵

SV-7 描述资源度量。通过描述 SV-1 中的资源特征，系统度量矩阵对 SV-1 中给出的信息进行了拓展。

SV-7 的潜在用途包括：

(1)定义性能特征和度量。

(2)确定非功能性需求。

详述如下：

SV-7 详述了资源的定性和定量度量，它给出了所有的度量。这些度量由终端用户群体去遴选使用，由架构师进行描述。

性能参数包括所有的性能特征，基于此可以进行需求开发和规范定义。在体系结构描述的早期阶段，可能不会知道整套性能参数，因此可以得出这样的结论：这个模型的升级贯穿了需求规范、设计、开发、测试整个过程，甚至还可能覆盖部署和运作等生命周期阶段。性能特征被第二部分描述的度量元模型组加以获取。

SV-7 的一个主要功用是探讨哪些度量对于成功实现所指派的使命目标是最为重要的，以及如何满足这些性能参数。这些特定度量经常是采办和部署决策中的决定性因素，并且在用于支持采办决策过程和系统设计优化的系统分析和模拟中起着重要作用。效能度量(Measures of Effectiveness, MOEs)和执行者度量(Measures of Performers, MOPs)可在服务度量矩阵模型中获得和表述。

SV-7 模型的典型表现形式是一张表格，主要列出用户所定义的度量和相关联的时间段。有时通过比较当前和未来的度量，对于分析演进情况很有用。出于这个原因，跨越体系结构多个阶段的 SV-7 混合模型用处不小。

(九)SV-8：系统演进描述

SV-8 展现了资源(系统)整个生命周期的视图，描述了它们是如何随着时间的推移不断变化的,展示了几项资源映射到某一时间进度表上的结构。

SV-8 的潜在用途包括：

(1)开发渐进式的采办战略。

(2)规划技术的引进。

详述如下：

当 SV-8 与其他演进模型(如 CV-3 能力阶段划分和 StdV-2 标准预测)连接在一起时,就提供了期望企业及其能力如何随着时间进行演化的详实定义。以这种方式,该模型可用于支持体系结构演进项目规划或过渡规划。

SV-8 可以描述基于某一时间进度表的历史的(遗留的)、当前的和未来的能力。该模型使用 SV-1 中所用到的相同建模元素展现了每项资源的结构,同时予以展现的还有资源中发生的交互。

SV-8 中描述的变更来自于 PV-2 项目时间进度表中给出的项目里程碑。当 PV-2 项目时间进度表被用于能力采办项目时,这两个模型之间就有可能存在某种密切关系。

(十)SV-9:系统技术和技能预测

SV-9 定义了当前和预期的基础支撑技术和技能。预期支撑技术和技能指的是在当前给定技术和技能状态以及预期的改进或趋势下可以合理预测的技术和技能。新的技术和技能与特定的时间段相绑定,它们可以和 SV-8 里程碑中用到的时间段相关联,并链接到相应的能力阶段。

SV-9 提供了影响体系结构的已有技术和技能的总结,并提供了以下相关内容的描述：已有的能力,行业趋势,特定软硬件系统的可用性和准备情况的预测(和相关的置信因子),当前和未来可能出现的技能。

除了提供一份趋势、能力的详细目录外,DoDAF 模型 SV-9 还对体系结构中这些项目的潜在影响做了一个评估。考虑这个模型面向未来的特征,通常有短期、中期和长期几种时间段的预测,如 6 个月、12 个月和 18 个月。

SV-9 潜在的用途包括：

(1)预测一定时间内的技术就绪情况。

(2)人力资源发展趋势分析。

(3)招聘规划。

(4)规划技术的引进。

(5)为选项分析提供输入。

SV-9 可以以表格、时间进度表或箭尾图的形式加以表示。

详细描述：

SV-9 主要预测技术和人才的趋势。架构师可能会为技术和人力资源制作单独的 SV-9 产品。特定时间段的选择及所跟踪的趋势会与体系结构转型规划(SV-8 系统演进描述模型可支持实现)相协调。也就是说,新能力的引入和升级或对现有资源的再训练可能会取决于或受到新技术可用性及相关技能的驱动。预测包括对当前体系结构的潜在影响,以及对过渡期开发和目标体系结构的影响。

预测聚焦于和特定体系结构功用相关的技术和人力资源领域,同时还会标识出影响体系结构的问题。

如果标准是对某一体系结构演进很重要的技术的一个必需部分,那么为了方便起见,就可以将 SV-9 和 StdV-2 标准预测结合成一个复合的适用视图。

SV-9 是作为某给定体系结构描述的一部分创建的,并与体系结构描述的功用相一致。在通常情况下,这涉及从一个或多个顶层参考模型或体系结构必须遵循的标准概览着手。使用这些参考模型或标准概览,架构师选择与体系结构相关的服务领域及服务。SV-9 模型预测与标准概览(StdV-1)是这样互连起来的:一份及时的预测可能会有助于决定放弃或逐步淘汰某个标准及其关联资源的使用。同样,SV-9 预测与标准预测(StdV-2)的关联为:某个特定标准的采纳可能取决于技术或技能具备了可用性(如采用 JavaScript 的可用性可能会影响到采用新的 HTML 标准的决策)。

另一方面,SV-9 也可能适时将预测与 SV 元素(如系统)关联起来。受预测潜在影响的资源清单也可以作为一种附加信息总结在 SV-9 中。

(十一)SV-10a,SV-10b 和 SV-10c 介绍

只有当一个体系结构的动态行为被加以定义和描述时,该体系结构的许多重要特征才会被发现。这些动态行为涉及那些用以获取资源性能特征的事件(也就是 SV-4 中所描述的执行者所执行的系统功能)的时序。

行为建模和文档记录对一个成功的体系结构描述至为关键,因为它描述了体系结构是怎样工作的,而这在很多情况下都是非常重要的。尽管对功能和接口的了解也很关键,例如,知道发送信息 X 给系统功能 Y 后,会有响应返回,这可能对于整个操作的成功相当重要。

DoDAF 描述的 SV-10 模型对于将多个服务在网络中心化(面向服务的)下实现为服务编排提供了很好的支持。SV-3 系统—系统矩阵可以为 DoDAF 描述的 SV-10 模型提供输入。可以使用系统规则模型(SV-10a)、系统状态转换描述(SV-10b)和系统事件追踪描述(SV-10c)三类模型全面描述系统元素的动态行为和性能特征。

根据需要,SV-10b 和 SV-10c 可以单独或一起使用,来描述 SV 中的关键时序行为。两种图表都广泛运用在不同的系统方法学中。

SV-10b 和 SV-10c 都描述了对事件序列的功能响应。事件也可以被作为输入、事务或触发器。当某个事件发生时,所采取的行动应遵循 SV-10a 中描述的一条或一组规则。

1. SV-10a:系统规则模型

SV-10a 说明了体系结构实现方面的功能性和非功能性限定条件(也就是系统视角的结构和行为元素)。

DoDAF 描述的 SV-10a 模型描述了施于 SV 物理体系结构组成要素:资源、功能、数据和端口之上的限定条件。限定条件是以文本的形式说明的,可能是功能性的或结构性的(也就是非功能性的)。

SV-10a 的潜在用途包括:

(1)定义实现逻辑。

(2)明确资源限定条件。

详述如下：

系统规则模型描述了控制、约束或从另一方面来指导体系结构实现方面的规则。系统规则指的是用于定义或限定业务某个方面的陈述，可能应用于执行者、资源流、系统功能、系统端口和数据元素。

与 OV-6a 作战规则模型相比，SV-10a 侧重于物理和数据限定条件，而不是业务规则。限定条件可以归为以下几类：

(1) 结构性断言，管治体系结构某些物理方面的非功能性限定条件；

(2) 动作性断言，管治资源行为，它们之间交互和资源流交换的功能性限定条件；

(3) 派生，包括用于计算的算法等。

如果某项系统规则是基于某项标准的，就会将这项标准列入 StdV-1 标准概览中。

还可以将一些系统规则作为注解加入其他模型中。这时，SV-10a 就应该提供一份全套规则的清单，附带到它们所影响模型的引用。

2. SV-10b：系统状态转换描述

SV-10b 以一种图形化的方法描述资源（或系统功能）通过改变它的状态对各种事件的响应。该图基本上表示了活动中的资源以当前状态函数的形式所响应（通过执行一项动作转换到一个新状态）的一系列事件。每个转换都说明了一个事件和一个动作。

服务功能对内外部事件响应的明确时间序列在 SV-4 系统功能性描述中并未完全表达，而 SV-10b 可以用来描述功能的明确序列。从另一方面来说，SV-10b 可以用于反映一个功能内部活动的明确序列，或关于特定资源的系统功能的序列。

SV-10b 的潜在用途包括：

(1) 定义状态、事件和状态转换(行为建模)。

(2) 明确限定条件。

详述如下：

SV-10b 将事件和资源状态关联起来，描述了从一种状态到另一种状态的转换。SV-10b 建立在状态图的基础上。一个状态机被定义为："描述某个动态视图元素所有可能行为的规范说明。行为被建模为具体状态图的遍历，这些状态通过一个或多个由一系列事件调度引发的转换弧连接在一起。在遍历中，状态机会执行一系列与其各种元素相关的动作。"状态图可以准确地转换为结构化文本规则，以说明事件的时间特征和对事件的响应，这种转换不会带来任何表达上的缺损。不过，状态图的图形格式可以支持对规则集完备性的快速分析，并且可以检测到死锁节点或遗漏条件。这些错误，如果不在方案分析阶段的早期检测到，常会导致领域能力方面的严重行为失误，或者日后昂贵的修正工作。

SV-10b 从资源角度模拟了状态转换，重点关注资源对激励（如触发器和事件）怎样响应。如 OV-6b 作战状态转换描述中所述，这些响应可能会由于适用的规则集或条件，以及收到激励时资源所处的状态的不同而不同。状态的改变称为一次转换，每次转换说明了基于某个具体事件和当前所处状态的响应。动作可能会与给定的状态或状态之间的转换相关联。一种状态及其相关的动作说明了资源或功能对事件的响应。当某个事件发生时，下一个状态会因当前状态（及其相关动作）、这个事件、规则集或约束条件的不同而不同。

SV-10b 可用于描述 SV-4 所描述功能的详细序列。然而，SV-10b 所包括的动作与 SV-4

中的功能之间的关系取决于体系结构的功用和模型的抽象程度。对内外部事件响应的功能明确顺序在 SV-4 中并没有全部表述。SV-10b 可以用来反映功能的明确序列、单个功能内部动作的序列，或关于特定资源的功能序列。

SV-10b 模型中的状态可能是嵌套的。这样就可以创建相当复杂的模型来展现系统行为。根据体系结构项目的需要，SV-10b 可以单独使用或与 SV-10c（系统事件—追踪描述）一起使用。

3. SV-10c：系统事件—追踪描述

SV-10c 提供对功能性资源之间交互的时序检查。每个事件—追踪图表都应该附带一份定义特定场景或态势的描述。

SV-10c 对于将方案从初始设计向下一个更为详细的阶段推进是很有价值的，它有助于定义一系列功能和系统数据接口，并且可以用于确保每项参与资源或系统端口角色在合适的时间具有所需信息，以执行指派的功能。

SV-10 的潜在用途包括：

(1) 分析影响运作的资源事件。

(2) 行为分析。

(3) 确定非功能性系统需求。

详述如下：

SV-10c 详述了资源流要素在资源或系统端口上下文中的交换顺序。系统事件—追踪描述有时被称为序列图、事件脚本或时序图。SV-10c 的组件包括功能性资源、系统端口、拥有型执行者以及处于生命线主角的端口。

SV-10c 可以识别出具体的时间点。从一个资源/端口到另一个资源/端口的资源流可以用事件及它们的时间一起标识；对于在参与资源（外部的和内部的）或系统端口间交换的资源流元素，系统事件—追踪描述提供了一种时序检查。每个事件—追踪图表都应该附带一份定义特定场景或态势的描述。

SV-10c 一般和 SV-10b 一起描述资源的动态行为。连接 SV-10c 中资源流的消息数据内容可能会与资源流（SV-1"系统接口描述"和 SV-3"系统—系统矩阵"中的交互），资源流（SV-4"系统功能描述"和 SV-6"系统资源流矩阵"中的数据）和其他模型中模拟的实体（位于 DIV-3"物理数据模型"中）相关联。

小　　结

DoDAF 2.0 是美国国防部推出的用于支持复杂系统设计、规划和实施的体系结构框架，共包含八个视图及相应产品模型。军事需求视图主要从作战任务、作战活动、作战时序、作战规则、指挥体制、作战节点以及它们之间的关系等方面辅助军事决策人员构建军事需求模型。能力视图则用于描述能力分类、能力演化等。数据和信息视图用以描述组织机构业务活动的约束，即作战和业务信息需求以及其中的管理规则。作战视图描述指导作战所需的任务和活动、作战要素以及资源流交换。项目视图描述计划、项目、组合和初始行为是如何提供能力的，组织机构为其做了哪些贡献，它们之间的依赖关系如何。服务视图关注各类服务及彼此的相互联系,以及其是如何为国防部职能提供支撑的。标准视图是一组规则集合,包含学术的、作战的、业务的、技术的或者工业的标准。系统视图描述提供或支持国防部功能的系统和相互关系。

思 考 题

1. 简述 DoDAF 多视图描述的作用。
2. 简述 DoDAF 各视图之间的关系。
3. 简述作战视图各需求产品模型之间的关系。
4. 简述 OV-6 三个子模型的区别。

第九章 指挥信息系统需求分析案例

第一节 指挥信息系统需求视图产品的开发顺序

指挥信息系统需求描述框架的五个视图是从不同的视角来描述系统需求的。每个需求产品只是从不同角度对系统不同内容的抽象,或者说,单个需求产品只是系统需求描述的一个数据子集。而且,同一数据元素常常出现在多个需求产品中。因此,需求产品之间是内在关联的。例如,作战节点之间的信息交换是由作战活动之间的信息交换产生的,在作战节点需求产品的开发过程中,要遵循作战活动之间的逻辑关系,并保证作战节点之间的信息交换关系符合作战活动之间确定的逻辑关系。因此,在需求产品开发中,产品的开发顺序不是随意的,而是由产品内容以及内容之间的关系决定的。

为保证需求数据的一致性和逻辑性,需求产品的开发必须遵循一定的顺序。本小节将介绍需求产品的开发顺序,按照这个顺序开发产品更有利于开发满足一致性和逻辑性要求的需求产品。由于指挥信息系统需求描述框架以使命任务为驱动,以能力为核心,以项目为目的,所以,一般情况下首先开发军事视图需求产品,其次开发能力视图需求产品,最后开发项目需求视图产品。每个需求视图内部的产品还应遵循一定开发顺序的约束,值得注意的是,MV1、MV2等只是产品编号,并不表示产品的开发顺序。由于每个需求视图以及视图中的每个需求产品都不可能一次性完成,需要不断迭代,因此,本小节介绍的开发顺序主要反映各产品开发的逻辑顺序,而不是严格的时间顺序。

以下分别介绍各个视图产品的开发顺序。

一、军事需求视图产品的开发顺序

军事需求视图产品的开发建议按照图9-1所示的顺序进行,箭头表示产品开发的逻辑顺序,其中,没有连接关系的产品可以以任意顺序开发。

首先开发使命任务需求产品MV1,进行使命任务的分析,将使命分解为基本任务,并对任务进行层次化分解。在使命任务分解的基础上,针对MV1中典型的、复杂的任务,通过作战构想需求产品MV2的开发,

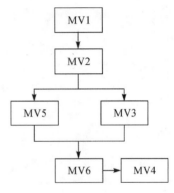

图9-1 军事视图需求产品开发顺序

分析完成任务的资源及关键过程。

在完成 MV2 后,可以同时开发作战活动需求产品 MV3 和指挥体制需求产品 MV5。用一系列相互关联的活动分析任务的执行过程,并构造作战过程或者活动模型,形成作战活动需求产品 MV3。该产品不仅反映作战过程、支持各过程的活动以及活动的组成关系,而且要确定活动之间的信息交换关系。虽然在进行活动动态特征分析时,作战活动模型还可能修改和完善,但在开发其他军事视图产品之前,必须形成较完整的活动模型,以支持后续产品的设计。

在需求产品 MV2 的基础上,可以同时开发指挥体制需求产品 MV5,确定相关指挥机构及其指挥关系。根据作战构想,确定执行所指派任务的作战力量及其指挥结构,指挥结构的关键元素是组织之间存在的指挥与协同关系。

在完成 MV3 和 MV5 之后,可以进一步开发作战节点需求产品 MV6,将作战活动分配到完成活动的单元,建立作战节点,同时建立作战节点与指挥组织之间的对应关系。根据作战活动的信息交换关系,建立作战节点连接关系,即需求线。需求线表示两个作战节点之间的信息流集合,这些聚合的信息交换都有类似的信息类型或者共同的特征。

在作战节点需求产品 MV6 的基础上,结合作战活动需求产品 MV3,可以开发作战时序需求产品 MV4,描述在各种场景下,各作战节点之间事件交换的时间顺序以及事件触发作战活动执行的顺序。

二、能力视图需求产品开发顺序

军事需求视图产品是能力视图需求产品开发的基础,在能力视图产品开发中需要直接使用军事需求视图的产品。例如,能力与任务映射需求产品的开发必须使用使命任务需求产品中定义的使命任务,能力与组织映射需求产品的开发必须使用指挥体系需求产品中定义的组织机构,等等。能力视图需求产品的开发建议按照图 9-2 所示的顺序进行。

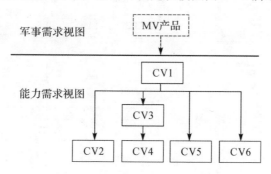

图 9-2 能力视图需求产品开发顺序

能力组成需求产品 CV1 是必须首先开发的能力需求产品,其他能力需求产品的开发都将使用到该产品。在开发该产品时主要参考使命任务需求、作战构想需求以及作战活动需求等军事需求。使命任务指明开发能力的目的,作战构想给出使用能力的场景,作战活动则直接说明了在作战过程中哪些环节需要什么样的能力支持。在描述能力需求产品 CV1 时,应注意不是所有能力都是新系统开发的,有些能力可以采用已有系统的能力。如果项目组有标准的能力字典(它属于体系结构参考资源)可供参考,则应尽可能使用能力字典中规定的术语和含义。

基于军事需求视图的使命任务分解关系,将使命分解的基本任务与能力进行映射和关联,分析每个基本任务所需要的基本能力支撑列表,由此开发能力与任务映射需求产品 CV2。因此,需求产品 CV2 的开发依赖于 MV1 的开发。同样,能力与组织映射需求产品 CV5 的开发依赖于 MV5 的开发,能力部署需求产品 CV6 的开发依赖于 MV6 的开发。在这些军事需求产品完成之前,不能开发相关的能力需求产品。

能力发展规划需求产品 CV4 的开发,需要分析能力之间存在着相互依赖关系,即一个能力的效能发挥必须依赖于其他的能力,因此应该优先安排被依赖的能力的开发时间表。所以,能力依赖关系需求产品 CV3 是产品 CV4 开发的基础,应先开发产品 CV3,后开发产品 CV4。当然,使命任务、指挥体制、作战节点部署等需求往往也决定了能力发展的先后顺序,因此 MV1、MV5、MV6 等军事视图需求产品也应在开发 CV4 之前完成。

从理论上讲,CV2、CV4、CV5 和 CV6 都可以同步开发。但在通常情况下,应将 CV4 放在最后开发,待军事需求和能力需求分析透彻之后,再仔细考虑能力发展规划的时间表。此外,开发能力需求产品过程要反复思考军事需求,必要时修改完善军事需求,不能一味追求军事需求驱动系统开发。从技术发展角度反推军事需求也是指挥信息系统需求开发的一个重要途径。

三、作战视图需求产品开发顺序

作战需求视图在军事需求视图的基础上开发,例如,高级作战概念需求产品中描述的作战情况应当基于使命任务需求产品,组织关系需求产品开发应当满足指挥体制需求产品的约束。作战视图需求产品的开发建议按照图 9-3 所示的顺序进行。

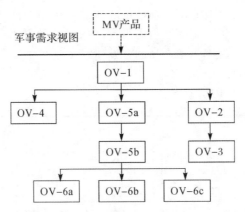

图 9-3 作战视图需求产品开发顺序

高级作战概念图是必须首先开发的产品,其他作战视图产品的开发都是基于该产品的。作战资源流矩阵需求产品 OV-3 描述资源流的相关属性,应当在作战资源流描述需求产品确定系统资源流之后开发。作战活动模型 OV-5b 开发依赖于作战活动分解树 OV-5a,之后才能开发描述作战活动的三个模型:作战规则模型需求产品 OV-6a、作战状态转换描述需求产品 OV-6b、作战事件/跟踪描述需求产品 OV-6c。

四、服务视图需求产品开发顺序

服务资源用以支撑作战活动和方便信息交换,服务模型将这些资源与作战和能力需求关联起来,除此之外服务视图需求产品中还描述了系统对服务的支持关系。因此,服务视图需求产品的开发应当在能力视图需求产品、作战视图需求产品和系统视图需求产品完成之后进行。服务视图需求产品的开发建议按照图9-4所示顺序进行。

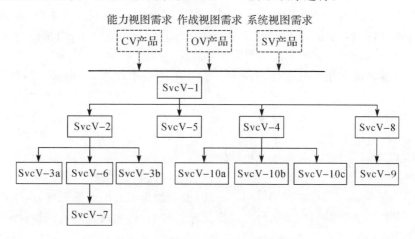

图9-4 服务视图需求产品开发顺序

服务接口描述SvcV-1应当首先开发,它可用于定义服务的概念和结构,在此基础上才能开发其他需求产品,系统—服务矩阵SvcV-3a、服务—服务矩阵SvcV-3b和服务资源流矩阵SvcV-6应当在服务资源流描述之后开发。

五、系统视图需求产品开发顺序

系统视图需求产品描述提供或支持功能的系统及其相互关系。DoD功能包括作战功能和业务功能。系统模型将系统资源和作战与能力需求关联起来。系统资源支持着作战活动并促进信息交换。因此,系统视图在作战视图与能力视图需求产品完成之后开发。系统视图需求产品的开发建议按照图9-5所示顺序进行。

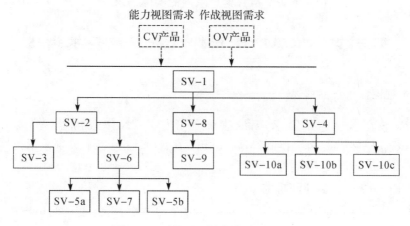

图9-5 系统视图需求产品开发顺序

第二节　指挥信息系统需求分析案例想定

某防空作战旅以东南沿海某地作为中心进行扇形部署,指挥机构分为旅、营、连三级,防空旅下属哨所、雷达营、通信营、导弹营和高炮营,每个营下属三个连,内部编组包括指控中心、情报中心和通信中心,每个中心下属多个席位。

防空旅的主要使命是保卫战区内的有关资源免遭空中攻击,重点保护指挥所、关键设施、战略储备、人口中心以及工业能力与基础设施。防空旅通过整合所有可用的监视、探测、识别、跟踪和拦截系统,使用防空导弹、高射炮、起防空作用的非防空资源、电子战以及其软杀伤性能力来应对所有的空中威胁。防空旅的拦截对象主要包括入侵所属防空区域的各种固定翼飞机、武装直升机、无人机和巡航导弹等。

某旅防空作战的基本过程如下:空情首先由雷达营或哨所监视预警,当发现可疑目标后,将空情通过有线、无线方式传输到情报中心,同时根据预先定义的作战规则,雷达营打开目标跟踪雷达。情报中心经过融合处理,再将情报信息通过有线、无线方式传到指控中心,指控中心进行目标威胁估计,根据气象、频谱以及通信等作战保障信息,拟制和修订拦截计划和频谱使用计划,然后将作战命令发送到高炮营和导弹营,并命令电子对抗部队进行电子干扰与防护。导弹营和高炮营情报中心接收上级机构和友邻部队提供的实时态势。旅级指控中心对来袭目标进行火力分配:首先由导弹营进行拦截,同时评估导弹拦截效果;如果拦截失败,指控中心再命令高炮营进行拦截,同时评估高炮拦截效果,并根据作战效果做进一步部署。

为了提高防空作战能力,加强信息化水平,防空旅计划在所属防空区域内建设和部署旅级防空指挥信息系统。该系统将装备于防空旅及其所属营指挥所,主要用于快速准确地采集、传递与处理空情,实时、有效地指挥作战,有效地控制防空武器系统,以提高防空作战的快速反应能力和武器系统作战效能,达到掩护我方部队和重要地面及空中对象安全的目的。

本案例仅仅是一个假想的教学案例,其主要目的是帮助学生理解和掌握指挥信息系统需求描述框架的应用方法和规则,并不反映真实防空作战的作战样式、作战编程、作战活动等军事需求,更不反映任何旅级防空指挥信息系统的实际需求。

第三节　旅级防空指挥信息系统需求描述

一、军事视图需求产品描述

军事需求视图包括六个需求产品:使命任务(MV1)、作战构想(MV2)、作战活动(MV3)、作战时序(MV4)、指挥体制(MV5)、作战节点(MV6),以下分别采用指挥信息系统需求框架对这些产品进行描述。

(一)使命任务需求产品(MV1)

防空旅的主要使命是保卫战区内的有关资源免遭空中打击,重点保护指挥所、关键设施、战略储备、人口中心以及工业能力与基础设施。使命可以具体分为三个,分别是要地防空、野战防空和人民防空。要地防空使命是指保护指挥所、关键设施(例如港口、重要桥梁)等要地的安全。野战防空使命是指保护野战部队在机动作战过程免遭空中攻击,保护作战部队向主要集中地点运动,以便展开作战(战术)队形部署,并且实施作战期间的机动。人民防空使命是确保人民生命财产的安全。本章以要地防空使命为例,说明使命任务的分解,如图9-6所示。

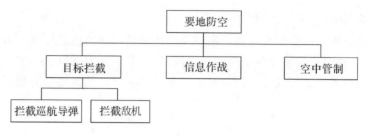

图9-6 使命任务分解图

要地防空使命分为目标拦截、信息作战和空中管制三个主要任务。其中,目标拦截任务又可以分为拦截巡航导弹(空射、地射、海射等)和拦截敌机(战斗机、侦察机、军用运输机、电子战飞机等)两个子任务。信息作战任务的主要目的是取得信息优势,即通过影响对手的信息、基于信息的过程和信息系统,获得信息优势,同时保卫自己的信息、基于信息的过程和信息系统,通过综合利用电子战、网络战、心理战等进攻性技术手段以及抗干扰、防辐射、防网络攻击等防御性技术手段来完成本任务。空中管制任务是指为空中机动的航空器提供安全的通行,防止在空中机动的航空器和其他在联合作战区内使用的航空器之间的相互干扰,该任务还包括提供对限定范围空域的协调、统一及管制。

(二)作战构想需求产品(MV2)

使命任务需求产品中的每个作战任务都可以进行作战构想的需求分析,并且每个作战任务可以根据需要绘制多个不同的作战构想图。以下以拦截敌机为例,说明完成敌机拦截的一种作战构想,如图9-7所示。

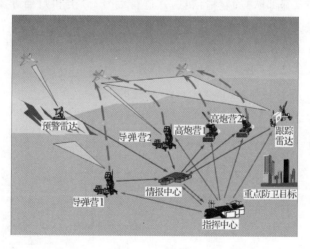

图9-7 某防空旅防空作战构想示意图

该作战构想图描述了地理位置、目标、组织、资产等作战构想的基本要素,并且描述了空中目标的运动轨迹和作战实体之间的指挥关系。由上图可知,为了保护重点防卫目标,防空旅进行敌机拦截的作战构想是:通过预警雷达对敌机进行远程预警,发现空中目标后由跟踪雷达进行跟踪,情报中心向指挥中心提供实时态势,指挥中心向导弹营和高炮营下达目标拦截命令,首先由导弹营进行远程拦截,并由高炮营进行二次拦截。

(三)作战活动需求产品(MV3)

作战任务可以进一步分解为作战活动以及作战活动之间的信息传递关系。本章以拦截敌机子任务为例,说明作战任务如何分解为作战活动,并采用 IDEF0 方法进行描述,其他任务可以采用类似的方法进行描述。拦截敌机任务的第一层作战活动分解如图 9-8 所示。

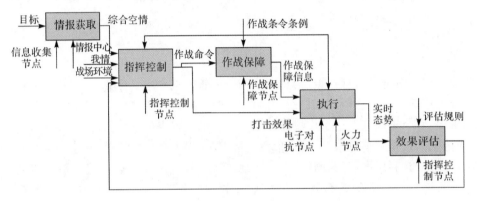

图 9-8 拦截敌机任务的顶层作战活动分解图

拦截敌机子任务包括情报获取、指挥控制、作战保障、执行和效果评估五个主要活动,每个作战活动还可以进一步分解。情报获取作战活动可以分解为信息收集、情报接收、情报处理以及情报融合等作战活动,其相互之间的信息关系如图 9-9 所示。其中,信息收集活动主要是指通过雷达或者哨所收集原始的空情信息,情报接收活动是指情报中心汇集不同来源(包括上级机构和友邻部队)的空情信息,并进行编号、分类和归档等操作,情报处理是将原始的空情信息经过各种处理(包括人工的和自动的识别与标注等)后转换为有价值的空情信息,情报融合是将不同信息源(包括跨军兵种的部署在不同地域、空域和海域的预警探测系统)的情报进行融合处理,形成综合的空情信息。

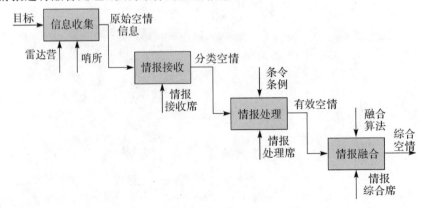

图 9-9 情报获取作战活动的分解图

图 9-8 中的"指挥控制"活动可以分解为态势综合、分析判断情况、修订计划、评估作战计划以及下达命令等五个子作战活动,其相互之间的信息关系如图 9-10 所示。其中,实时态势是指综合汇集了空情、我情以及战场环境,并且通过态势标绘形成综合的实时态势图。

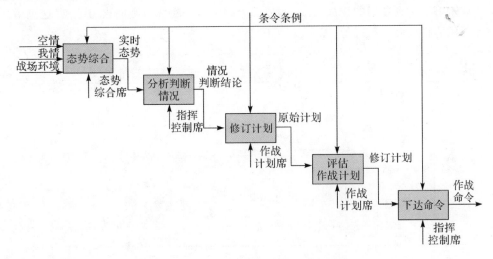

图 9-10 指挥控制作战活动的分解图

图 9-8 中的"执行"活动可以分解为电子干扰、导弹拦截和高炮拦截等三个子作战活动,其相互之间的信息关系如图 9-11 所示。

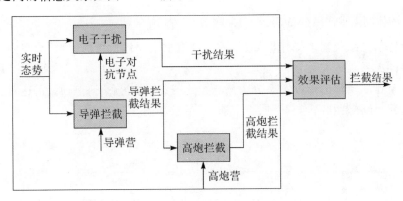

图 9-11 执行的作战活动分解图

(四)作战时序需求产品(MV4)

该案例中主要包括信息收集节点、情报处理节点、指挥控制节点、火力节点以及作战保障节点,每个作战节点执行的作战活动在作战节点需求产品中进行了描述。作战节点上每个作战活动的执行都是由事件进行触发的,事件触发的顺序决定了作战活动执行的顺序。

以下以拦截敌机为例,说明作战时序关系,如图 9-12 所示。首先,信息收集节点在搜索指定空域发现了敌情后向情报处理节点发出"发现目标"报警信息。情报处理节点通知指挥控制节点"敌机来袭",并向指挥控制节点提供"实时态势"信息。接着,指挥控制节点一边在接到"敌机来袭"的情报后向火力节点(这里指导弹营和高炮营)发出"火力准备"通知;一边又在接到"实时态势"信息后对敌情进行分析判断,修订(或拟定)作战计划,并向火力节点(这里指导弹营)发出"导弹拦截命令",同时也向作战保障节点发出"作战保障命令"。最后,当火力节点完成第一轮火力打击(这里指"导弹拦截")后,指挥控制节点对作战结果进行"效果评估";如果未达到预期的作战效果(即敌机突破了第一防线),则向火力节点(这里指高炮营)发出"高炮拦截命令";等等。

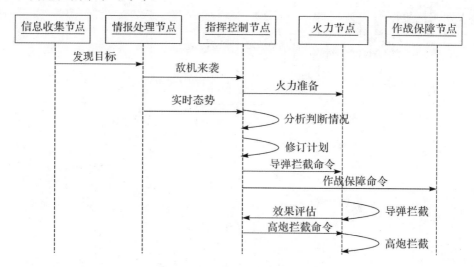

图9-12 拦截敌机的作战时序图

(五)指挥体制需求产品(MV5)

根据指挥信息系统需求描述框架,指挥体制需求主要包括指挥关系、组织内部编组关系以及指挥协同关系等三类关系。

旅级防空作战实体的指挥关系分为旅、营、连三级,防空旅下属哨所、雷达营、导弹营、高炮营和通信营,导弹营和高炮营下属三个连,其示意如图9-13所示。

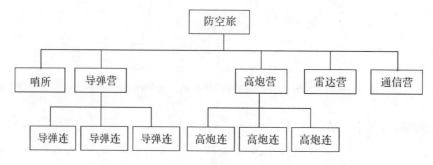

图9-13 防空旅指挥机构示意图

在旅级机关层面上,本次作战主要涉及司令部的内部编组及指挥关系,包括指控中心、情报中心和作战保障中心,每个中心下属多个席位,如图9-14所示。

指控中心下设作战计划席、指挥控制席和态势综合席。作战计划席综合分析情况,提出火力使用建议,拟制火力打击计划,提出决心建议,传达首长指示,拟制有关作战命令和计划;指挥控制席组织作战值班,统一指挥控制协调所属单位作战行动、检查作战命令执行情况等;态势综合席根据作战计划部署和综合情报,对战场态势进行分析和标绘,并将作战进展情况实时反映到综合态势图上。

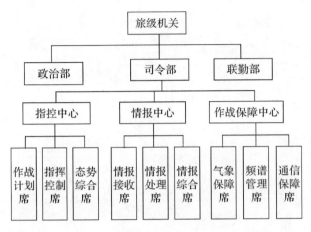

图 9-14 防空旅内部编组与职责示意图

情报中心下设情报接收席、情报处理席和情报综合席。情报接收席的职责是对情报进行预处理,将情报分类为目标情报、动向情报和态势情报等;情报处理席的职责是对各种情报进行分析、识别和统一标绘;情报综合席汇集不同来源(包括本级、上级和友邻部队)的空情信息,对各类情报进行综合处理,形成综合态势图,并提出敌情综合判断。

作战保障中心下设通信保障席、气象保障席和频谱管理席。通信保障席的职责是保障通信线路(无线和有线)的畅通和指挥控制系统的正常运行,以满足作战任务的需要;气象保障席的职责是收集气象水文信息,对局部天气趋势做准确判断,为指挥决策提供依据;频谱管理席的职责是监视作战区域的电磁环境,根据作战任务提出通信频率、信道等规划和设置建议,对作战区域的电磁频谱实施管控。

指挥协同关系是指不同作战实体之间的通信联络,它与具体的作战任务有密切的关系,而且针对不同的作战任务,相互之间的指挥协同关系也会发生变化。以下以拦截敌机为例,说明防空旅各下属作战实体的指挥协同关系,如图 9-15 所示。

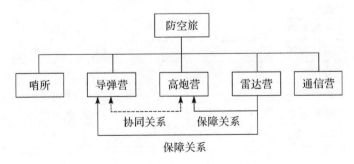

图 9-15 拦截敌机指挥协同关系示意图

(六)作战节点需求产品(MV6)

根据指挥信息系统需求描述框架,作战活动需求产品中描述的作战活动需要被分配到相应的作战节点上,形成作战节点需求产品,如图9-16所示。

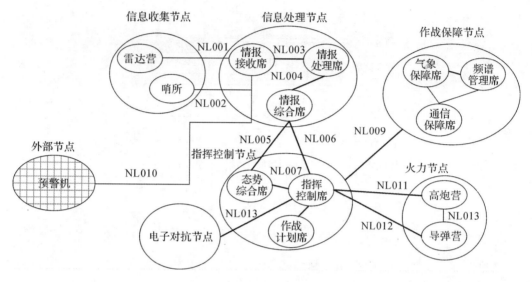

图9-16 作战节点需求描述

每个作战节点上都被分配了相应的作战活动,一般情况下应该在作战节点上直接标注相应的作战活动,但为了简洁和直观,在上图中并没有表现作战活动和作战节点之间的分配关系,而是在表9-1中进行了说明。

表9-1 作战节点与作战活动的关系描述

作战节点名称	作战活动名称
雷达营	信息收集
哨所	信息收集
情报接收席	情报接收
情报处理席	情报处理
情报综合席	情报融合
态势综合席	态势综合
作战计划席	修订计划
指挥控制席	分析判断情况
指挥控制席	下达命令
指挥控制席	效果评估
作战保障节点	拟制保障计划
信息防护席	电子干扰
导弹营	导弹拦截
高炮营	高炮拦截

二、能力视图需求产品描述

能力需求视图主要包括能力组成(CV1)、能力与任务映射(CV2)、能力依赖关系(CV3)、能力发展规划(CV4)、能力与组织映射(CV5)和能力部署(CV6),以下分别采用指挥信息系统需求框架对这些产品进行描述。

(一)能力组成需求产品(CV1)

根据作战使命任务的需求,可以将防空作战能力分为情报获取能力、情报处理能力、指挥控制能力、作战保障能力、目标拦截能力以及空中管制能力,如图9-17所示。根据需要,每个能力可以进一步分为多个子能力。例如,情报获取能力又进一步分为目标监视能力、敌我识别能力、目标跟踪能力和目标定位能力;指挥控制能力分为计划拟制能力、辅助决策能力、态势监控能力、联合指挥能力和毁伤评估能力;作战保障能力分为通信能力、电子干扰能力、气象保障能力和频谱管理能力;目标拦截能力分为高空拦截能力和低空拦截能力等。

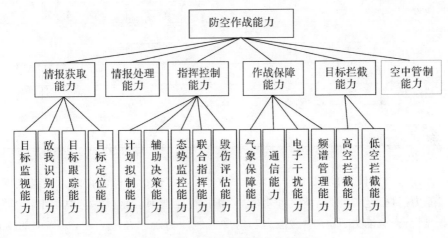

图9-17 防空作战能力分解图

能力的属性描述是能力需求描述的重要内容,可以以文字的方式进行,限于篇幅,以下以目标监视能力为例,其能力属性的描述见表9-2,其他能力也可以采用类似的方式进行描述。

表9-2 目标监视能力属性

属性名称	属性值
目标批数	10 批 000
监视距离	500 公里
虚警率	0.01
漏警率	0.005
…	…

(二)能力与任务映射需求产品(CV2)

根据军事需求视图中使命任务需求产品的内容可知,要地防空使命主要分为拦截导弹、拦截敌机、信息作战以及空中管制等任务,完成每个任务都需要通过一系列的能力进行支撑。通过矩阵的方式可以建立能力与任务的支撑关系,见表9-3。

表9-3 能力与任务映射关系

能力	拦截导弹	拦截敌机	信息作战	空中管制	……
目标监视能力	△	△	△		
敌我识别能力	△	△			
目标跟踪能力	△	△			
目标定位能力	△	△			
情报处理能力	△	△	△		
指挥控制能力	△	△	△	△	
通信能力	△	△	△	△	
电子干扰能力		△	△		
频谱管理能力					
高空拦截能力	△	△			
低空拦截能力					
空中管制能力	△		△	△	
……					

通过上述分析,可以初步得到能力需求的集合,主要包括目标监视能力、敌我识别能力、目标跟踪能力、目标定位能力、情报处理能力、指挥控制能力、通信能力、电子干扰能力、频谱管理能力、高空拦截能力、低空拦截能力和空中管制能力等。在上表中,矩阵中的△符号表示能力与任务具有支撑关系,否则不存在支撑关系。

(三)能力依赖关系需求产品(CV3)

通过能力与任务映射需求产品得到能力的集合,这些能力之间存在各种依赖关系,通过以下矩阵可以描述能力之间的依赖关系,见表9-4。为便于比较和分析,矩阵中的能力通常都是相同层次、相同维度的能力列表,并且行和列中能力的组成与排列次序完全相同。

表9-4 能力依赖关系

能力	目标监视能力	敌我识别能力	目标跟踪能力	目标定位能力	情报处理能力	指挥控制能力	通信能力	电子干扰能力	频谱管理能力	高空拦截能力	低空拦截能力	空中管理能力
目标监视能力		√				√	√					
敌我识别能力	√					√	√					
目标跟踪能力	√					√	√					
目标定位能力	√		√			√	√					
情报处理能力	√	√	√	√		√			√			
指挥控制能力	√	√	√	√								

续表

能力	目标监视能力	敌我识别能力	目标跟踪能力	目标定位能力	情报处理能力	指挥控制能力	通信能力	电子干扰能力	频谱管理能力	高空拦截能力	低空拦截能力	空中管理能力
通信能力												
电子干扰能力						√	√		√			
频谱管理能力						√						
高空拦截能力	√	√	√	√	√	√						
低空拦截能力	√	√	√	√	√	√						
空中管制能力						√	√					

在上表中，矩阵中的√符号表示能力与任务具有支撑关系，否则不存在支撑关系。

(四)能力发展规划需求产品(CV4)

根据作战能力与任务的支持关系，以及作战能力之间的映射依赖关系，可以进一步明确各个能力的发展顺序以及发展的时间规划。能力发展规划可以采用矩阵的方式进行描述，矩阵的行表示能力集合，矩阵的列表示时间，横条线表示能力发展的起始时间和结束时间，其示例见表9-5。

表9-5 能力发展规划

能力	2011年												2012年											
	1	2	3	4	5	6	7	8	9	10	11	12	1	2	3	4	5	6	7	8	9	10	11	12
目标监视能力																								
敌我识别能力																								
目标跟踪能力																								
目标定位能力																								
情报处理能力																								
指挥控制能力																								
通信能力																								
电子干扰能力																								
频谱管理能力																								
高空拦截能力																								
低空拦截能力																								
空中管制能力																								

(五)能力与组织映射需求产品(CV5)

作战能力将被相应的组织使用，以完成相应的作战任务。这些组织机构来源于指挥体制需求产品中的组织。每个组织必须具备和使用一定的能力，如果一个组织没有完成任务的能力，则该组织就没有存在的必要。所以，可以将指挥体制需求产品出现的组织机构和能力集合进行相互映射和关联,见表 9-6。

表 9-6 能力与组织映射关系

能力	雷达营	哨所	情报中心	作战保障中心	指挥中心	导弹营	高炮营
目标监视能力	√	√					
敌我识别能力	√						
目标跟踪能力	√						
目标定位能力	√						
情报处理能力			√				
指挥控制能力					√		
通信能力				√	√		
电子干扰能力				√			
频谱管理能力				√			
高空拦截能力						√	√
低空拦截能力						√	√
空中管理能力				√			

矩阵中的行表示能力集合,矩阵的列表示组织,矩阵中的√符号表示能力与组织存在"被使用"关系,否则不存在这种映射关系。

(六)能力部署需求产品(CV6)

一个能力可以被部署到多个节点上,同时,一个作战节点可以部署多个能力。根据能力组成需求产品中的能力集合和作战节点需求产品中的作战节点集合,可以通过矩阵的方式建立能力与作战节点的部署关系,见表 9-7。

表 9-7 能力部署关系

能力	信息收集节点	情报处理节点	作战保障节点	指挥控制节点	火力节点	电子对抗节点
目标监视能力	√					
敌我识别能力	√					
目标跟踪能力	√					
目标定位能力	√					
情报处理能力		√				
指挥控制能力				√		
通信能力			√	√		
电子干扰能力						√
频谱管理能力			√			
高空拦截能力					√	
低空拦截能力					√	
空中管理能力			√			

矩阵中的列表示能力集合、矩阵的行表示作战节点,矩阵中的√符号表示能力与作战节点之间存在部署关系,否则不存在部署关系。需要注意的是,能力与组织具有"被使用"关系。同时,从图 9-16 可以看出,组织和作战节点也隐含了某种关系,即作战节点中包含一个或多个组织。因此,在开发该产品时需要同时关注 CV5、MV5 和 MV6 三个需求产品,不能与这些产品相冲突;即从本产品看作战节点 n_1 部署了某种能力 c_1,从 MV6 中看节点 n_1 中只包含了组织 o_1(即 n_1 主要由 o_1 组成),但从 CV5 看 c_1 却不被 o_1 使用(或者 c_1 与 o_1 没有映射关系)。

三、作战视图需求产品描述

(一)高级作战概念图需求产品(OV-1)

高级作战概念图是作战想定的图形化表示,如图 9-18 所示。由于单从图形上不能够直接获得隐含的许多必要的信息,因此,除了给出图形之外,还需要给出特别重要的文字描述。

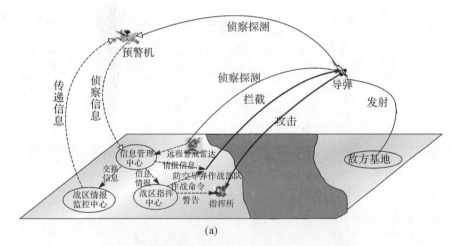

(a)

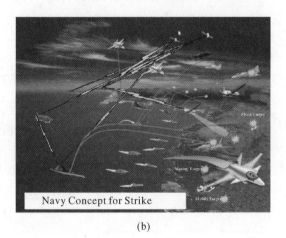

(b)

图 9-18 高级作战概念图

(二)作战资源流描述需求产品(OV-2)

作战资源流描述需求产品是指用图形描述作战节点和这些作战节点间的需求线。需求线说明需要交换的信息。作战节点连接能力图,包括这个体系结构内部的作战节点,也包含外部节点,如图9-19所示。

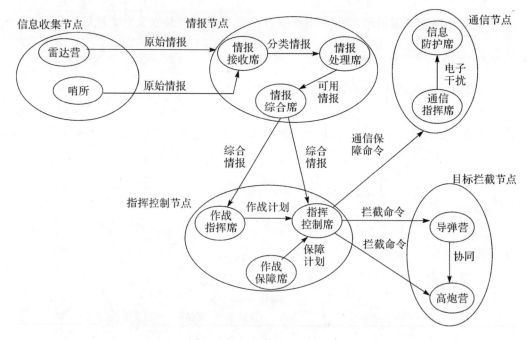

图9-19 作战信息资源流

(三)作战资源流矩阵需求产品(OV-3)

信息交换表示作战视图的三个基本的数据元素(作战行动、作战节点、信息流)与一个特别关注的信息流和信息容量之间的交叉关系。信息交换的某些特点可能是作战使命的关键,应当用信息交换矩阵的属性来描绘。产品使用表格描述,见表9-8。

表9-8 作战信息交换

作战信息元素名称	信息描述				信息来源		信息去向		信息交互属性		
	描述定义	介质(数字化声音、图像、文本)	大小(范围限制)	单位(英尺、公斤)	作战元素及活动		作战元素及活动		频度、时间表、吞吐率	安全性	互操作性
					产生方作战元素描述	产生方活动	接受方作战元素描述	接受方活动			
原始情报											

续 表

作战信息元素名称	信息描述				信息来源		信息去向		信息交互属性		
	描述定义	介质(数字化声音、图像、文本)	大小(范围限制)	单位(英尺、公斤)	作战元素及活动		作战元素及活动		频度、时间表、吞吐率	安全性	互操作性
					产生方作战元素描述	产生方活动	接受方作战元素描述	接受方活动			
综合情报											
通信保障命令											
拦截命令											

(四)组织关系需求产品(OV-4)

组织关系需求产品指通过组织结构图(如图 9-20 所示)或 UML 类图(如图 9-21 所示)阐明在体系结构中的组织与分组织之间和内部组织与外部组织之间可能存在的各种关系。组织关系图用图形描述的数据元素是构成体系结构的组织或资源。

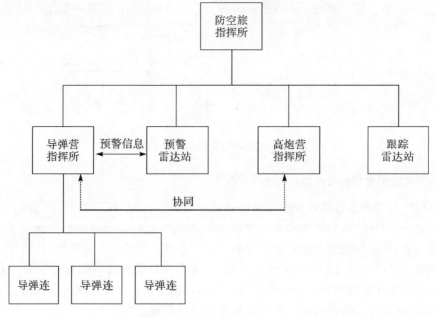

图 9-20 某旅组织关系图

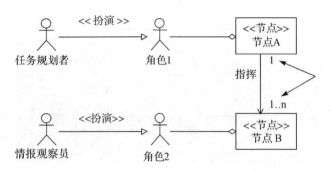

图 9-21 某旅组织关系类图

(五)作战活动模型(OV-5a、OV-5b)

作战活动模型用图形描述了一个体系结构的作战活动、信息交换等数据元素。定义或标记问题、时机或作战活动以及它们的接口(活动之间的信息流),这些都是需要细查的问题。当与 OV-2 产品关联时,可以显示作战节点应完成的一个或多个活动。这些活动往往是与其他作战节点协同完成的,因此节点间的连接能力是协同完成活动的基本条件。对一个接一个的串联活动、并行的合成活动或遗漏的活动进行决策,为描述在 OV-6a、OV-6b 和 OV-6c 中事件的先后次序和定时提供一个必要的基础。表现形式可以用 UML 活动图、用例图或 IDEF0 模型。旅级防空指挥系统 IDEF0 模型如图 9-22 所示。

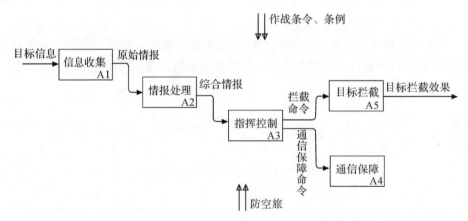

图 9-22 旅级防空指挥系统 IDEF0 模型

(六)作战规则模型需求产品(OV-6a)

作战规则模型描述作战过程中应遵循的条令、条例、计划、规则、约定等。在使命级,作战规则模型可以由条令、指南和交战的规则组成。在战役级,作战规则模型包括军事作战计划。在战术级,作战规则模型描述作战规则或特定条件下的约定。在顶级,作战规则模型至少要把高级作战图中定义的作战概念具体化,并应当为更详细的规则和特征的开发与定义提供指南。利用作战规则模型可以提供计划级的数据元素。表现形式可以采用文字、伪码、决策表、数学逻辑等。伪代码形式的防空旅低空导弹防御规则如下:

For each MISSILE TRACK entity Instance

If MISSILE TRACK boost phase code > 0,
　　Then MISSILE TRACK acceleration rate is non-null
　　Else MISSILE TRACK drag effect rate is non-null
　　　　And
　　　　　　There Exists a MISSILE TRACK POINT entity instance Such That
　　　　　　　　MISSILE TRACK. SOURCE TRACK identifier =
　　　　　　　　MISSILE TRACK POINT. SOURCE TRACK
　　　　　　identifier
　　　　　And
　　　　　　MISSILE TRACK POINT. SOURCE identifier
　　End If
End For

（七）作战状态转换描述需求产品(OV-6b)

作战状态转换描述需求产品是用图形的方法描述作战节点或活动如何响应状态变化的各种不同的事件。该图形从本质上描述了体系结构以目前状态为函数对一系列事件的响应。每一个变迁确定一个事件和一个活动。可以采用 UML 状态模型，如图 9-23 所示。

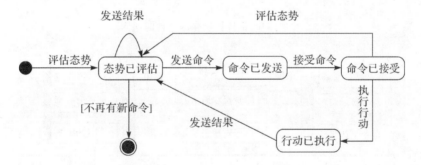

图 9-23　指挥控制作战状态模型

（八）作战事件/跟踪描述需求产品(OV-6c)

作战事件/跟踪描述需求产品描述提供作战节点之间的信息交换的时间顺序的检查。作战事件踪迹描述应当有伴随特定想定或态势的描述。作战事件踪迹描述从初始作战概念移向更详细的作战概念描述是非常有用的，有助于定义节点接口，并能够确保特定作战节点具有必要的信息，以便在正确的时间完成赋予它的作战活动。表现形式采用 UML 时序图，如图 9-24 所示。

四、服务视图需求产品描述

（一）服务接口描述(SvcV-1)

服务接口描述需求产品阐述了服务的合成与交互，将作战和服务体系结构模型链接起来以实现 OV-2 中提出的逻辑体系结构。一个 SvcV-1 可以代表在 OV-2 中所提需求的一种实现方法(即在"未来"体系结构描述中)。SvcV-1 聚焦于资源流及所提供的服务,对于架构师来说认识到这一点很重要。这和 SV-1(系统接口描述)有所不同。可以用 UML 部署图或其他图形描述,如图 9-25 所示。

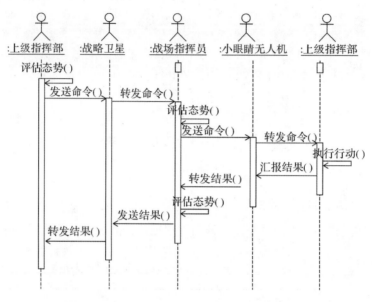

图 9-24 指挥控制作战事件时序图

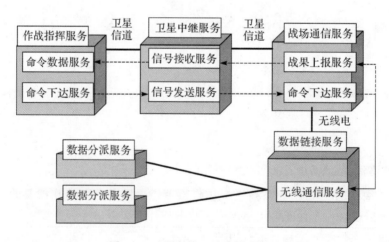

图 9-25 服务接口需求描述产品

(二)服务资源流描述(SvcV-2)

服务资源流描述给出服务之间的资源流连接,包括所连接的服务、使用的端口、遵循的协议等,除了网络数据服务外,也能描述其他服务的资源交换。同样使用 UML 部署图描述,如图 9-26 所示。

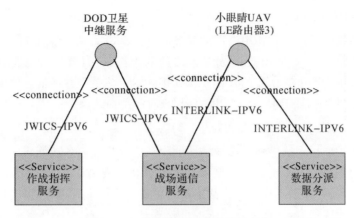

图 9-26 服务资源流描述需求产品

(三) 系统—服务矩阵(SvcV-3a)

系统—服务矩阵的目的是为体系结构提供一个总结列表,以支持对系统和服务之间交互的快速浏览,通常以矩阵的形式出现。在矩阵中,系统和服务资源以行和列的形式列出,矩阵中每一个单元格代表着一个系统和服务之间的交互作用,可以使用不同的颜色和符号编码不同的交互特性。表 9-9 为某战术的指挥信息系统系统—服务矩阵。

表 9-9 某战术级指挥信息系统系统—服务矩阵

	小眼睛无人机	上级指挥部	战略卫星	战场通信系统	排 1 通信系统	排 2 通信系统
作战指挥服务		*	*			
卫星中继服务		*	*	*		
战场通信服务	*		*	*		
数据链接服务	*				*	*
数据分派服务					*	*

(四) 服务—服务矩阵(SvcV-3b)

服务—服务矩阵的目的是为体系结构提供一个总结列表,以支持对服务之间资源交互的快速浏览,通常以矩阵的形式出现。在矩阵中交互的服务双方以行和列的形式分别列出,矩阵中每一个单元格代表着一个服务之间的交互作用,可以使用不同的颜色和符号编码不同的交互特性。表 9-10 为某战术级指挥信息服务—服务矩阵。

表 9-10 某战术级指挥信息系统服务—服务矩阵

	作战指挥服务	卫星中继服务	战场通信服务	数据链接服务	数据分派服务
作战指挥服务		*			
卫星中继服务	*		*	*	
战场通信服务		*		*	
数据链接服务			*		*
数据分派服务					

(五)服务功能性描述(SvcV-4)

服务功能性描述是体系结构中资源的服务功能。SvcV-4 在行为上对应于 SvcV-1 服务关系描述,用文档列出了服务功能、服务功能之间的资源流、内部的系统数据存储库或者服务数据存储以及用于服务数据流的外部来源和接收器。该模型并不描述体系结构范围之外的内容,可以用数据流图(DFD)或 UML 用例图、时序图描述该产品。

(六)作战活动到服务的可追踪矩阵(SvcV-5)

该矩阵阐明了应用于统一体系结构描述的作战活动集和服务功能集之间的关系。作战活动和服务功能之间的关系也能看作是多对多的映射关系(即单个作战活动可以由多个功能支撑,或者单项功能可以支撑多个作战活动),一般以表格形式描述,可在适当的交叉单元格中填入日期或阶段信息,从而展现需求的可追踪性。表 9-11 为某战术级指挥信息系统作战活动到服务可追踪矩阵。

表 9-11 某战术级指挥信息系统作战活动到服务可追踪矩阵

	信息收集	情报处理	指挥控制	通信保障	目标拦截
作战指挥服务		*	*		
卫星中继服务				*	
战场通信服务		*	*	*	
数据链接服务	*		*	*	
数据分派服务	*				*

(七)服务资源流矩阵(SvcV-6)

该矩阵描述跨一个服务视图的服务功能、服务和数据流这三个基本数据要素之间的关系,其焦点是数据流的有关特征,确定了服务之间交换信息的特征和要求。这个需求产品的焦点是服务自动完成的信息交换和数据交换。其表现形式以表格为主,见表 9-12。

表 9-12 某战术级指挥信息系统服务资源流矩阵

发出方	接收方	信道	内容	平台	频率	时间	流量

(八)服务度量矩阵(SvcV-7)

该矩阵指出了所有与服务相关的度量,主要的目的是沟通确定哪些度量对于成功达成所承担的任务目标是极其关键的。这些特定的度量往往成为采办和部署决议的决定性因素,并且在用于支持采办决议流程和系统涉及加工的服务分析与仿真中发挥重要的作用,此外也是决定服务级别协议内容的输入或者影响因素。效果度量(MOEs)和性能度量(MOPs)

均能够在服务度量矩阵模型中得到描述和表示。其一般采用表格形式描述,见表9-13。

表9-13 某战术级指挥信息系统服务度量矩阵

	度量参数	描述	性能阈值
作战指挥服务	运算速度		
	存储容量		
卫星中继服务	上传速度		
	下行速度		
战场通信服务	通信速度		
	覆盖范围		
	抗干扰能力		
数据链接服务	链接速度		
数据分派服务	最大并发量		

(九)服务演化矩阵(SvcV-8)

该需求产品是以时间为轴线描述在开发和演化的各阶段中服务特征的变化路线图,给使用者提供了体系结构和它的服务在各个时间节点上的移植或演进特征。可采用鱼骨图描述服务演化矩阵,如图9-27所示。

(十)服务技术和技能预测(SvcV-9)

SvcV-9能以表格、时间表和箭头图的形式来表示,详细说明了对技术和人员变化趋势的预测,定义了当前和未来潜在的支撑技术和技能。未来支撑技术和技能能够从当前技术技能发展状态和期望的改进或发展趋势中预测出来。

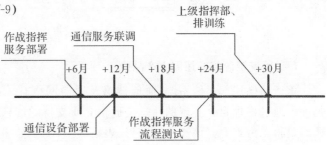

图9-27 某战术级指挥信息系统服务演化矩阵鱼骨图

(十一)服务规则模型(SvcV-10a)

SvcV-10a描述组成服务模型物理体系结构的资源、功能、数据和端口之上的约束。这些约束以文本的形式给出,可以是功能性的或者结构性的(即非功能性的)。

(十二)服务状态转移描述(SvcV-10b)

SvcV-10b是基于状态图的表示形式,描述资源(或功能)通过状态改变以响应不同的事件。这种图表基本上能够表示一个活动的资源所响应的事件状态(通过采取行动转移到新状态),作为它当前状态的一项功能。每个转换都对应一个事件和一个行动。

(十三)服务事件追踪描述(SvcV-10c)

SvcV-10c说明了在资源或服务端口环境中资源流元素交换的顺序。服务事件追踪描述有时候被称作顺序图、事件想定或者时间表。

五、系统视图需求产品描述

(一)系统接口描述需求产品(SV-1)

该产品描述为了满足作战需求,作战节点应该包括的系统(子系统),以及这些系统之间的接口。用来确定系统节点和支持作战节点的系统,系统接口的特征或系统数据交换集合的特征,实现系统的某些重要功能的机制,以及互操作性要求等。其表现形式采用 UML 部署图(Deployment View),如图 9-28 所示。

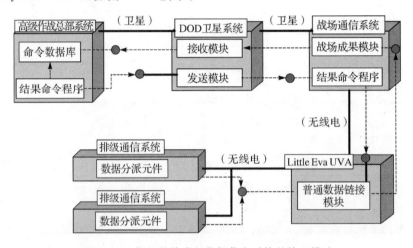

图 9-28　假想的战术级指挥信息系统的接口描述

(二)系统资源流描述需求产品(SV-2)

该产品描述与通信系统、通信链路及通信网络有关的信息,说明接口(SV-1 中描述)是如何通过物理媒介实现的。这类通信介质支持的信息种类在实现基础设施和进行系统采购时显得尤为重要。该产品以图形、表格为主,文字描述为辅,同样使用 UML 部署图表示,如图 9-29 所示。

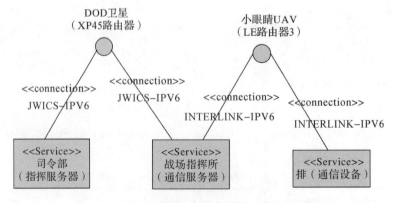

图 9-29　假想的战术级指挥信息系统资源流描述

(三)系统—系统矩阵需求产品(SV-3)

该产品以矩阵的形式详细地描述体系结构的系统接口描述 SV-1 产品中给出的接口特征。可以使人们很快地了解在可能的几个 SV-1 图中给出的所有接口的特征。矩阵形式可以支持快速评估可能的共性和冗余度。其表现形式以表格为主,见表 9-14。

表 9-14 假想的战术级指挥信息系统矩阵

	小眼睛无人机	上级指挥部	战略卫星	战场通信系统	排1的通信系统	排2的通信系统
小眼睛无人机				●	●	●
上级指挥部			●			
战略卫星		●		●		
战场通信系统	●		●			
排1的通信系统	●					
排2的通信系统	●					

(四)系统功能性描述需求产品(SV-4)

该产品描述系统功能的层次性、系统功能以及系统功能之间的数据流,有三个主要目的:一是清楚地描述每个系统要求的信息(数据流)或它输出的信息(数据流);二是确保功能的连接是完整的,即系统要求的输入全部满足;三是确保功能分解到合适的细度。表现形式包括:结构化(DFD)、UML(用例图、时序图)。

(五)作战活动至系统追测矩阵需求产品(SV-5)

该产品描述系统功能和作战活动之间的映射关系,把作战能力要求与体系结构中的特定单元建立联系。其表现形式以表格为主,见表 9-15。

表 9-15 作战活动—系统追踪表

	程序模块	接入情况	发送命令	接收命令	发送结果	发送结果
Hight HQ 系统	命令数据库	●	●			●
	命令发布程序	●	●			
国防部卫星系统	接收模块					●
	发送模块		●	●		
战场 COM 系统	战场结果模块		●			●
	命令发布程序		●	●		
小眼睛无人机	共有数据链接模块(CDL)		●	●	●	●
排 COM 系统	数据分发元件(DDE)			●		

(六)系统资源流矩阵需求产品(SV-6)

该产品描述跨一个系统视图的系统功能、系统和数据流这三个基本数据要素之间的关系,其焦点是数据流的有关特征,确定了系统之间交换信息的特征和要求。这个产品的焦点是系统自动完成的信息交换和数据交换。非自动的信息交换,如口头电话命令等则放在作战视图产品中。其表现形式以表格为主,见表9-16。

表9-16 某假想指挥信息系统资源流矩阵

	发出方	接收方	内容	中介	平台	频率	时间	流量
1	命令程序(HQ)	发送比例	命令	SAT-Trans	SATMAT	N/A	5sec	1GB/sec
2	命令程序(HQ)	命令数据库	发送命令	N/A	SQL	N/A	5sec	100MB/sec
3	发送比例	命令程序	前方命令	SAT-Trans	SATMA	N/A	5sec	1GB/sec
4	命令程序	命令数据连结比例(CDL)	战区命令	CDL-UAV	Voice,data	N/A	N/A	100MB/sec
5	命令数据连结比例(CDL)	信息传播元(DDE)	战区命令	DDE	Voice,data	N/A	N/A	100MB/sec
6	信息传播元(DDE)	命令数据连结比例(CDL)	运行结果	DDE	Voice,data	N/A	10sec	100MB/sec

(七)系统度量矩阵需求产品(SV-7)

该产品详细说明系统、分系统、它们的接口和它们的功能的定量特征。在采办和部署决策中,这些特定的参数可能是决策的因素,而且在支持采办决策和系统深化设计的系统分析和仿真中扮演着重要的角色。系统效能参数矩阵给系统的设计者和研制人员提供了体系结构的"如何与何时"方面的数据元素的详细特征。其表现形式以表格为主,见表9-17。

表9-17 某假想指挥信息系统度量矩阵

系统名称	运行范围入口和方法			
	网络协议	处理速度	RAM	……
HighHQ System	IPv6	3.60 GHz	512 MB	……
DoD卫星系统	IPv6	2.5 GHz	1,064 MBps(DDR SDRAM)	……
战区COM系统	IPv6	2.2 GHz	256 MB	……
Little Eye UAV	IPv6	733 MHz	256 MB	……
Platoon COM	IPv6	733 MHz	128 MB	……

(八)系统演化描述需求产品(SV-8)

该产品以时间为轴线描述在开发和演化的各阶段中系统特征的变化路线图,说明体系结构和它的系统如何发展改进,给使用者提供了体系结构在各个时间节点上的移植或演进特征。其表现形式以鱼骨图形为主,配合文字描述,如图9-30所示。

(九)系统技术和技能预测需求产品(SV-9)

SV-9定义了当前和预期的基础支撑技术和技能。预期支撑技术和技能指的是在当前给定技术和技能状态以及预期的改进或趋势下可以合理预测的技术和技能。SV-9 可以以表格、时间进度表或箭尾图的形式加以表示。

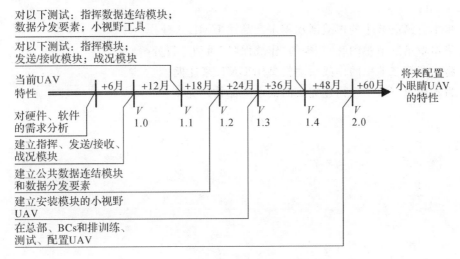

图 9-30 某假想指挥信息系统演化描述

(十) 系统规则模型需求产品(SV-10a)

该产品是对一个体系结构、一个系统或系统的构成单元和一个系统功能的约束方面的描述。为了理解系统与系统功能的行为规则和对其提出的约束，系统规则模型可以用来给设计者或建设人员提供"为什么"需要这些数据元素，并给系统体系结构设计人员提出约束。其表现形式以伪码（文字）为主，或采用其他数学逻辑描述方式。

(十一) 系统状态转移描述需求产品(SV-10b)

该产品是以图形的方法描述一个系统（或系统功能）对改变它的状态的不同事件的响应。系统状态转变描述既可以清楚地反映内部行动顺序对有关系统功能的响应，也可以用来反映系统功能对一个特定系统的响应顺序。其表现形式通常是 UML 状态图。

(十二) 系统事件轨迹描述需求产品(SV-10c)

SV-10c 详述了资源流要素在资源或系统端口上下文中的交换顺序。系统事件—追踪描述有时被称为序列图、事件脚本或时序图。SV-10c 的组件包括功能性资源、系统端口、拥有型执行者以及处于生命线主角的端口。可以使用 UML 序列图描述该产品。

小 结

指挥信息系统需求分析指使用相应的需求描述框架提供的产品模型对需求进行建模分析。指挥信息系统需求描述框架的五个视图从不同的视角来描述系统需求。根据各个视图之间的关系，相应视图产品模型之间的开发有默认的顺序，特别是在同一视图的几个产品模型之间，各产品模型之间的开发也有顺序。最后通过案例分析，介绍了案例中的各个产品模型。

思 考 题

1. 将本章第三节中的作战活动需求产品用 UML 来建模。
2. 将本章第三节中图 9-6 中的"作战保障"活动进行分解。
3. 将本章第三节中的作战活动模型用 UML 来建模。
4. 将本章第三节中未构建完成的需求产品构建完毕。

附件：实验指导书

实验一 IDEF0 功能建模

实验性质：设计性实验
实验计划学时：2

一、实验目的

熟练掌握 IDEF0 建模技术。

二、实验内容和要求

(一)实验内容

智慧军营的自动借阅机可用于官兵借阅和归还书籍的自助服务。使用时，先插入借阅卡，系统验证卡的有效性。如果是无效卡，则自动弹出插入的卡。如果是有效卡，则提示用户选择操作。如果用户选择"借书"，则提示输入要借阅图书的位置，系统屏幕显示用户所选图书的基本信息，用户确认后，从取书口获取该图书；如果用户选择"还书"，则提示扫描书籍的条形码，扫码完成后，系统屏幕显示该图书的基本信息，并提示用户将书籍放入指定位置。当用户操作完毕后，系统将借阅或归还信息记入用户借阅卡账户，并提示选择下一个操作。

为以上活动建立 IDEF0 模型。

(二)建模方法和技术要求

采用 IDEF0 方法进行建模，运用软件工具绘图。

(三)实验步骤

按照教材及课堂讲解的步骤完成。

三、实验环境(硬件环境和软件环境)

(一)硬件环境

PC 机(每人 1 台)，主频≥2GHz，内存容量≥2GB，硬盘容量≥40GB。

(二)软件环境

操作系统 Windows 10/Windows 7。

MS Office 软件工具：①Word 2016；②Visio 2013。

四、实验报告要求

实验报告大致包括以下内容：概述、需求文字描述、建模步骤、IDEF0 模型和小结。

实验二 IDEF1X 建模

实验性质：设计性实验
实验计划学时：2

一、实验目的

1. 安装 ERwin 7.2 建模工具。
2. 熟练掌握 IDEF1X 建模技术。

二、实验内容和要求

（一）实验内容

这是一个装备器材仓库信息管理系统。仓库管理员在该软件系统的支持下实现装备器材的电子化管理。所有的装备器材出入库需要登记，包括基本信息（编号、名称、用途等）和出入库信息（出入库时间、出入库事由、责任人等）。官兵领取或使用装备器材，需要提交申请，包括申请人信息、申请装备器材信息以及申请理由等。申请审批后，和管理员预约领取时间。如果因为故障需要维修或报废，也应由相关负责人提交申请，审批后完成出入库登记。在该系统支持下，还可以很方便地建立、修改和删除装备器材信息、用户信息、出入库信息和申请出库信息。

为以上活动建立 IDEF1X 模型。

（二）建模方法和技术要求

采用 IDEF1X 方法进行建模，运用软件工具绘图。
熟悉 C4ISR 系统体系结构设计工具和 ERWIN 软件建模工具。

（三）实验步骤

按照教材及课堂讲解的步骤完成。

三、实验环境（硬件环境和软件环境）

（一）硬件环境

PC 机（每人 1 台），主频≥2GHz，内存容量≥2GB，硬盘容量≥40GB。

（二）软件环境

操作系统 Windows 10/Windows 7。
MS Office 软件工具：①Word 2016；②Visio 2013。

专用建模软件工具:ERwin 7.3。

四、实验报告要求

实验报告大致包括以下内容:概述、需求文字描述、建模步骤、IDEF1X 模型和小结。

实验三 UML 建模

实验性质:设计性实验
实验计划学时:2

一、实验目的

1. 安装并熟悉 Rational Rose 工具。
2. 熟练掌握 UML 建模技术。

二、实验内容和要求

(一)实验内容

这是一个装备器材仓库信息管理系统。仓库管理员在该软件系统的支持下实现装备器材的电子化管理。所有的装备器材出入库需要登记,包括基本信息(编号、名称、用途等)和出入库信息(出入库时间、出入库事由、责任人等)。官兵领取或使用装备器材,需要提交申请,包括申请人信息、申请装备器材信息以及申请理由等。申请审批后,和管理员预约领取时间。如果因为故障需要维修或报废,也应由相关负责人提交申请,审批后完成出入库登记。在该系统支持下,还可以很方便地建立、修改和删除装备器材信息、用户信息、出入库信息和申请出库信息。

为以上系统建立 UML 用例分析模型,同时选用类图、用例图和时序图建立较为完整的装备器材仓库信息管理系统。

(二)建模方法和技术要求

采用 UML 方法进行建模,运用软件工具绘图。
熟悉 Rational Rose 软件建模工具。

(三)实验步骤

按照教材及课堂讲解的步骤完成。

三、实验环境(硬件环境和软件环境)

(一)硬件环境

PC 机(每人 1 台),主频≥2GHz,内存容量≥2GB,硬盘容量≥40GB。

(二)软件环境

操作系统 Windows 10/Windows 7。

MS Office 软件工具：①Word 2016；②Visio 2013。
专用建模软件工具：Rational Rose 7.0。

四、实验报告要求

实验报告大致包括以下内容：概述、需求文字描述、建模步骤、UML 模型和小结。

实验四　指挥信息系统顶层需求分析

实验性质：设计性实验
实验计划学时：2

一、实验目的

1. 全面理解指挥信息系统需求描述方法，能够运用各种工具进行军事需求视图和能力视图产品开发。
2. 较熟练地掌握 IDEF0 和 UML 建模方法与技术。
3. 掌握指挥信息系统顶层分析的基本方法。
4. 锻炼系统分析能力、报告撰写能力。

二、实验内容和要求

无人化作战指挥，利用无人机等无人侦察平台抵近目标附近区域进行侦察探测，发现目标并把目标信息发给数据处理中心。数据处理中心收到目标信息，进行计算处理，将处理后的信息发送给指挥控制平台。平台收到信息进行决策，下达命令给空中无人机打击群和地面无人战车打击群，并进行指挥引导。无人打击群实时收集战场情况信息并反馈给指挥控制平台。指挥控制平台根据无人打击群和无人侦察平台传回的战场实况实时调整指挥指令。如此循环往复，直至完成作战任务。

（二）建模方法和技术要求

MV1 产品采用基本流程图方式，用 Visio 工具作图。
MV2 产品采用丰富图形方式，自行定义图标，用 Visio 工具作图。
MV3 产品采用 UML 活动图方式，用 Rational Rose 工具作图。
MV4 产品采用 UML 时序图方式，用 Rational Rose 工具作图。
MV5 产品可以选择两种方式：①组织结构图方式，用 Visio 工具作图；②UML 类图方式，用 Rational Rose 工具作图。
MV6 产品可以选择两种方式：①基本流程图方式，用 Visio 工具作图；②UML 类图方式，用 Rational Rose 工具作图。
CV1 产品可以选择两种方式：①基本流程图方式，用 Visio 工具作图；②UML 类图方式，用 Rational Rose 工具作图。
CV2 产品可以选择两种方式：①表格方式，用 Word 工具作图；②UML 类图方式，用 Rational Rose 工具作图。

CV3 产品可以选择两种方式：①表格方式，用 Word 工具作图；②UML 类图方式，用 Rational Rose 工具作图。

CV4 采用表格方式，用 Word 工具作图。

CV5 可以选择两种方式：①表格方式，用 Word 工具作图；②UML 类图方式，用 Rational Rose 工具作图。

CV6 可以选择两种方式：①基本流程图方式，用 Visio 工具作图；②UML 类图方式，用 Rational Rose 工具作图。

(三)实验步骤

1. 认真阅读(自学)教材第九章内容，理解体系结构建模过程以及"无人化作战指挥"系统需求。

2. 安装各类建模工具，包括 Visio 和 Rational Rose。

3. 构思：对待开发的系统产品模型进行全面策划和构想。对教材中关于无人化作战指挥需求的不足之处可以进行分组讨论，以确定需求细节和建模思路。

4. 建模：着手开发指挥信息系统需求视图。

5. 总结：分组讨论，对开发的产品进行总结和完善，并撰写实验报告。

三、实验环境(硬件环境和软件环境)

(一)硬件环境

PC 机(每人 1 台)，主频≥2GHz，内存容量≥2GB，硬盘容量≥40GB。

(二)软件环境

操作系统 Windows 10/Windows 7。

MS Office 软件工具：①Word 2016；②Visio 2013。

专用建模软件工具：Rational Rose 7.0。

四、实验报告要求

实验报告大致包括以下内容：概述、需求文字描述、建模步骤、UML 模型和小结。

参 考 文 献

[1] 骆斌. 需求工程:软件建模与分析[M]. 北京:高等教育出版社,2009.
[2] 黄国兴、周勇. 软件需求工程[M]. 北京:清华大学出版社,2008.
[3] 金芝,刘璘,金英. 软件需求工程:原理和方法[M]. 北京:科学出版社,2008.
[4] 索姆维拉,萨武伊. 需求工程[M]. 赵文耘,等译. 北京:机械工业出版社,2003.
[5] 布雷. 需求工程导引[M]. 舒忠梅,罗文村,李卫华,等译. 北京:人民邮电出版社,2003.
[6] 赫尔,杰克逊,迪克. 需求工程[M]. 韩柯,译. 北京:清华大学出版社,2003.
[7] 惠滕,本特利. 系统分析与设计方法:第 7 版[M]. 肖刚,孙惠,等译. 北京:机械工业出版社,2007.
[8] 陈禹六. IDEF 建模分析和设计方法[M]. 北京:清华大学出版社,1999.
[9] 张维明. 信息系统建模[M]. 北京:电子工业出版社,2001.
[10] 巴拉赫,兰宝. UML 面向对象建模与设计:第 2 版[M]. 车皓阳,杨眉,译. 北京:人民邮电出版社,2006.
[11] 王智学,等. ROSE 对象建模方法与技术[M]. 北京:机械工业出版社,2003.
[12] 徐峰,陈暄. UML 面向对象建模基础[M]. 北京:中国水利水电出版社,2006.
[13] 解放军理工大学. 军事信息技术概论[M]. 北京:军事科学出版社,2010.
[14] 罗雪山,陈洪辉,刘俊先,等. 指挥信息系统分析与设计[M]. 长沙:国防科技大学出版社,2008.
[15] 张未平. 指挥信息系统体系作战结构研究[M]. 北京:国防大学出版社,2011.
[16] 苏锦海,张传富. 军事信息系统[M]. 北京:电子工业出版社,2010.
[17] 中国军事通信百科全书编委会. 中国军事通信百科全书[M]. 北京:中国大百科全书出版社,2009.